Peter und Rainer Höh

Ostseeküste Mecklenburg Vorpommerns

„Entwirf Deinen Reiseplan im Großen
und laß Dich im Einzelnen
von der Stunde treiben“

Kurt Tucholsky

Impressum

Peter und Rainer Höh
Ostseeküste Mecklenburg-Vorpommerns
erschienen im
REISE KNOW-HOW Verlag Peter Rump GmbH
Osnabrücker Str. 79, 33649 Bielefeld

7. komplett aktualisierte und neugestaltete Auflage **1999**

Gestaltung
Umschlag-Konzept: M. Schömann, P. Rump
Umschlag-Layout: Günter Pawlak, Faktor Zwo!, Bielefeld
Inhalt-Konzept: Günter Pawlak, FaktorZwo!, Bielefeld
Inhalt: Michele Caputo
Karten: Catherine Raisin, Bernhard Spachmüller, der Verlag
Fotos: Rainer Höh, Peter Höh

Druck und Bindung
Fuldaer Verlagsanstalt GmbH, Fulda

ISBN 3-89416-184-1
Printed in Germany

Dieses Buch ist erhältlich in jeder Buchhandlung der BRD, Österreichs, der Niederlande und der Schweiz. Bitte informieren Sie Ihren Buchhändler über folgende Bezugsadressen:

BRD
Prolit GmbH, Postfach 9, 35461 Fernwald (Annerod)
sowie alle Barsortimente

Schweiz
AVA-buch 2000, Postfach 27, CH-8910 Affoltern

Österreich
Mohr Morawa Buchvertrieb GmbH
Sulzengasse 2, A-1230 Wien

Niederlande
Nilsson & Lamm BV, Postbus 195, NL-1380 AD Weesp

Wer im Buchhandel trotzdem kein Glück hat,
bekommt unsere Bücher direkt bei: **Rump Direktversand**
Heidekampstraße 18, 49809 Lingen (Ems)
oder über den **Büchershop auf der Internet-Homepage**
von REISE KNOW-HOW.

Wir freuen uns über Kritik, Kommentare und Verbesserungsvorschläge.

Peter und Rainer Höh

Ostseeküste Mecklenburg-Vorpommerns

Reise Know-How im Internet

Aktuelle Reisetips und Neuigkeiten
Ergänzungen nach Redaktionsschluß
Büchershop und Sonderangebote
Weiterführende Links zu über 100 Ländern

http://www.reise-know-how.de/

Der
Reise Know-How Verlag
Peter Rump GmbH
ist Mitglied der Verlagsgruppe
Reise Know-How

Vorwort

„Warum hat Deutschland noch kein öffentliches Seebad?", fragte der Mathematikprofessor und begabte Aphorismenschreiber *Georg Christoph Lichtenberg* 1793 in einem Aufsatz, in dem er die Einrichtung eines Seebades in Cuxhaven an der Nordsee forderte. Der Artikel fand in Medizinerkreisen ein starkes Echo, und so war es dann der an der Rostocker Universität lehrende Arzt *Samuel Gottlieb Vogel,* der die Initiative ergriff und dem Herzog *Friedrich Franz von Mecklenburg-Schwerin* ein Schreiben übergeben ließ. Es sei unstrittig, daß das Baden im Meer *„sehr viele Schwachheiten und Kränklichkeiten des Körpers"* lindern könne, schrieb *Vogel* an seinen Landesherrn und verwies auf die englischen Seebäder.

Am 8.9.1793 traf Herzog *Friedrich* in seiner Doberaner Sommerresidenz ein und antwortete: *„Mir sind (...) Ihre Gedanken über die Anlegung eines Seebads übergeben worden: ich wünsche daher, mir darüber einen Plan aufzusetzen, um alsdann so viel als möglich zur Ausführung desselben beitragen zu können, besonders, da es mir nicht gleichgültig sein kann, manchen kranken Menschen glücklich zu machen. Ich erwarte daher mit Vergnügen Ihre Vorschläge in Betreff dieser heilsamen Anstalt und bin mit aufrichtiger Wertschätzung Ihr wohlaffektionierter F. F. Herz. z. M."*

Da das Baden im Meer *„wegen Schwachheit des Körpers, einfallender ungünstiger Witterung, des oft unschicklichen Grads der Kälte des Wassers, der Schwierigkeit, besonders für Frauenzimmer und der Furchtsamkeit"* nicht angebracht schien und der Plan, mit Hilfe von hölzernen Röhren Meerwasser in die Residenz Doberan zu leiten, verworfen wurde, entschloß man sich schließlich zur Errichtung eines Seebades in Heiligendamm. Lediglich mit einem Zelt und einem Schuppen begann im Sommer 1794 der Badebetrieb im ersten Seebad der Ostseeküste.

Für die Bewohner der Küste begann eine neue Epoche. Hatten sie bis dahin als Bauern, Fischer und Seefahrer ein hartes und kärgliches Leben gefristet, gründeten sich in den kleinen Küstendörfern zwischen Boltenhagen und Swinemünde ein *Badecommité* nach dem anderen. Die armen, abgeschiedenen Fischerdörfchen wandelten sich zu modischen Seebädern, in denen sich die betuchte Gesellschaft zur schicklichen Sommerfrische tummelte. Repräsentative Villen, luxuriöse Logierhäuser, Casinos, Promenaden, Kurhäuser, Seebrücken und Vergnügungseinrichtungen im charmanten Bäderstil prägten nun das Ortsbild.

Bis heute ist die Ostseeküste von Mecklenburg und Vorpommern ein Urlaubs- und Badeparadies von großer Anziehungskraft geblieben. Mehr als 1.000 Kilometer mißt die Küstenlinie. Von Horizont zu Horizont ziehen sich die feinen, breiten Sandstrände, wie Perlen an einer Kette reihen sich die traditionsreichen Seebäder aneinander.

Wo andernorts Betonbettenburgen das Bild prägen, haben sich die berühmten Kurorte und Seebäder wie Heiligendamm, Binz, Göhren, Heringsdorf oder Ahlbeck ihren nostalgisch-mondänen Charme aus der „Belle Epoque" bewahrt. Schneeweiß leuchtende klassizistische Villen, nach englischem Vorbild mit filigranen Holzfassaden verzierte Logierhäuser, herrschaftliche Edelherbergen und verspielte Seebrücken verleihen ihnen eine ungemein reizvolle, anmutig nostalgische Aura.

Ganz anders, aber nicht weniger einnehmend, zeigen sich die kleinen Fischerdörfchen an der Boddenküste. Als wäre die Zeit stehengeblieben, ducken sich hier reetgedeckte Fischerkaten und Kapitänshäuser um die mittelalterlichen Dorfkirchen. In den kleinen Häfen dümpeln Heringskutter, auf denen die Fischer ihren Tagesfang sortieren und reinigen. Über hohen Stangen hängen die Netze und Reusen zum Trocknen, und aus Hütten dringt der unwiderstehliche Geruch von frischgeräuchertem Fisch.

Eingestreut zwischen die Seebäder liegen die altehrwürdigen Hansestädte Wismar, Rostock, Stralsund und Greifswald. Ihre historischen Stadtkerne zeugen vom einstigen Reichtum, den die Kaufleute in der Hansezeit aufhäuften. Prachtvoll verzierte Kaufmanns- und Patrizierhäuser, mächtige Backsteinspeicher und Kontore säumen die Straßen und engen Gassen zu Füßen der gewaltigen Stadtkirchen. Interessante Museen geben die Möglichkeit, die Küstenregion von ihrer historischen und naturräumlichen Seite kennenzulernen.

Die Küste Mecklenburg-Vorpommerns ist nicht nur ein Bade- und Strandparadies für Wasserratten, Freunde der Freikörperkultur, Segler und Surfer, sondern auch ein einzigartiger Naturraum. Wasser, Wind und Wellen haben insbesondere an der Küste Vorpommerns eine extrem zerfurchte und bizarr zerlappte Küstenlinie geschaffen, tief ins Land drängende Buchten, stetig weiter ins Meer hinauswachsende Haken und Nehrungen, Steilküsten, aus denen die andonnernde See immer wieder gewaltige Stücke herausbricht. Wie Wellenbrecher der Küste vorgelagert sind die Inseln Fischland-Darß-Zingst, Rügen und Usedom.

Zwischen Inseln und Festland funkeln die seichten, schilfgesäumten Bodden und Achterwasser. Eine auf das Engste miteinander verwobene Land- und Wasserwelt, die einer Vielzahl bedrohter Wasser- und Watvögel als Brut- und Rastgebiet dient. Im Frühling und Herbst, wenn die Zugvögel ziehen, verdunkeln riesige Schwärme den Himmel. Zu Zehntausenden fallen dann nordische Gänse, Schwäne und Kraniche in die Boddengewässer ein, um sich für ihre kräfteraubende Reise zu stärken; ein tief beeindruckendes Naturschauspiel. Adler, Kormoran und Storch fühlen sich an der mecklenburg-vorpommerschen Küstenregion noch ebenso heimisch wie Uferschwalbe, Kornweihe oder Kiebitz. Als eine der letzten intakten Küstenlandschaften und einzigartiges Vogelparadies steht die vorpommersche Küste insgesamt unter besonderem Schutz. Vom Darß bis zur Westküste Rügens erstreckt sich der riesige *Nationalpark Vorpommersche Boddenlandschaft,* Rügen und Usedom wurden zu Naturparks erklärt.

Mecklenburg-Vorpommerns Küste ist in ihrer Gesamtheit ein ideales Urlaubsland. Nicht nur im Sommer, wenn Strände und Ostsee zum großen Badespaß locken, lohnt sich der Besuch. Beispielsweise im Frühling, wenn die bunt blühenden Wiesen und gelben Rapsfelder mit dem Blau des Meeres korrespondieren, oder Herbst, wenn die bunten Wälder impressionistische Bilder zeichnen und die Winde bei einsamen Wanderungen an menschenleeren Stränden einem die salzige Seeluft um die Nase wehen, im Winter, wenn Stürme die aufgewühlte See gegen die Kliffe der Steilküsten anrennen lassen, die Gischt über die Seebrücken spritzt und heißer Sanddornsaft danach die steifen Glieder wohligwärmend durchströmt.

Wer an die Küste Mecklenburg-Vorpommerns reist, der sollte in seinem Reisegepäck viel Zeit und Muße haben. Hier gehen die Uhren noch anders als anderswo. Hier hat die Zeit noch nicht die absolute Herrschaft an sich gerissen. Hier wissen die Menschen noch die unbestreitbaren Vorzüge der Langsamkeit zu schätzen und haben sie kultiviert. Und der Spott des „Eisernen Kanzlers" *Bismarck,* daß er im Falle des Weltuntergangs nach Mecklenburg gehen werde, weil dort alles erst 100 Jahre später geschehe, gereicht Deutschlands nordöstlichstem Bundesland zur Ehre. Seine Menschen bringen die Tugend kurz und prägnant auf das Lebensmotto *„Allens bliewt bi'n Ollen".* – Möge es so bleiben.

Zu diesem Buch

Wie alle neuen Bundesländer befindet sich auch die traditionelle Urlaubsregion der mecklenburg-vorpommerschen Ostseeküste in einem tiefgreifenden Wandel. Das gilt auch für den touristischen Bereich.

Wir haben uns nach besten Kräften bis zum Tage der Drucklegung dieses Buches bemüht, sämtliche Neuerungen und Änderungen zu berücksichtigen und Ihnen einen Ratgeber auf dem aktuellsten Stand in die Hand zu geben. Das zumindest war unser Ehrgeiz und unsere Verpflichtung Ihnen als Leser gegenüber. Dennoch wird dies angesichts der schnellen Veränderungen nicht gänzlich gelungen sein. So kann es vorkommen, daß die eine oder andere Angabe bereits wieder von der Zeit überholt wurde. Sollten Sie auf Ihrer Reise auf eine solche stoßen, bitten wir Sie um Ihre Nachsicht und Ihr Verständnis.

Falls Sie bei der Lektüre des Buches oder auf Ihrer Reise vor Ort auf falsche oder fehlende Angaben stoßen, möchten wir Sie bitten, uns dies in einem kurzen Schreiben an den Verlag (mit Angabe der Auflage!) mitzuteilen. Ihnen wird es zwar nichts mehr nützen, wenn Sie vor einem geschlossenen Museum stehen oder ein Restaurant suchen und einen Anglershop finden. Aber den Besuchern nach Ihnen wird dasselbe Ärgernis erspart bleiben.

Wenn uns an der einen oder anderen Stelle ein Irrtum unterlaufen sein sollte, wir einen Platz, eine Stadt oder eine Einrichtung nicht genügend gewürdigt haben oder sonst Ihren Unwillen erregen, so bitten wir Sie im Sinne des mecklenburgischen Heimatdichters *R. Tarnow: „Mötst di nich argern, hett keinen Wiert, mötst di blost wunnern, watt all passiert. Mötst immer denken, de Welt is nicht klauk, jeder hat Grappen, du hest se ok".*

Wir hoffen, daß wir Ihnen mit diesem Buch bei der Vorbereitung Ihres Urlaubs mit Tips, Anregungen und Hinweisen helfen konnten und Sie die Tage Ihres Aufenthalts an der schönen Küste ebenso individuell wie erholsam und abwechslungsreich gestalten können. Wir wünschen allen unseren Lesern eine entspannte und interessante Reise.

Peter und Rainer Höh

Inhalt

Vorpommern

Usedom

Anhang

Exkurse zwischendurch

001rmv Foto: rh

Allgemeine
Reisetips

Informationsstellen

Alle Städte, aber auch die meisten kleineren Orte haben eigene **Informationsstellen,** die touristische Auskünfte erteilen. Sie nennen sich *Tourist-Information, Kurverwaltung, Fremdenverkehrsamt* oder ähnlich, erfüllen aber alle die gleiche Funktion. Sie helfen dem Besucher bei allen Fragen und Problemen. Zumeist sind sie gleichzeitig zentrale **Vermittlungsstellen für Privatzimmer,** über deren Angebot sie detaillierte Listen (Lage, Ausstattung, Preis etc.) bereithalten. Fast immer kann man dort auch Verzeichnisse von Hotels, Pensionen und Ferienwohnungen erhalten.

Neben obligatorischem Material wie Stadtplänen, Verzeichnissen der Sehenswürdigkeiten, Kulturkalendern, Wanderkarten und Souvenirs bieten die Büros der größeren Orte oft auch eigene Leistungen an, wie z.B. Hafen- und/oder Stadtrundfahrten oder die Organisation von Gruppenreisen.

Die Adressen, Telefonnummern und Öffnungszeiten der Informationsstellen finden Sie in der jeweiligen Ortsbeschreibung.

Mit Fragen, die Mecklenburg-Vorpommern im Ganzen oder einzelne Regionen betreffen, wenden Sie sich an folgende Adressen:

- **Landesfremdenverkehrsverband Mecklenburg-Vorpommern**
  Platz der Freundschaft 1
  18059 Rostock
  Tel. (0381) 448426, Fax 448423
- **Tourismusverband Mecklenburg-Vorpommern**
  Platz der Freundschaft 1
  18059 Rostock
  Tel. (0381) 4030500, Fax 4030555
  M.-V.-Reiseservice-Tel.Nr. 0180 – 5000223
  (24 Std. tourist. Auskunft, Buchungen
  nur Mo-Fr. 9-20 Uhr, Sa 9-13 Uhr)
  Internet: http//www.tmv.de; e-mail: info@tmv.de
- **Verband „Mecklenburgische Ostseebäder"**
  Kühlungsborner Str. 4
  18209 Bad Doberan/Heiligendamm
  Tel./Fax (038203) 62120, e-mail: V.M.O.@t-online.de

- **Regionaler Fremdenverkehrsverband „Vorpommern"**
Fischstr. 11
17489 Greifswald
Tel. (03834) 898238, Fax 899256
Internet: http://www. vorpommern.de;
e-mail RFV.Vor@t-online.de
- **Tourismusverband „Rügen"**
Am Markt 4
18528 Bergen
Tel. (03838) 80770, Fax 254440
Internet: http://www.tourismusverband-ruegen.im-web.de
e-mail: Tourismusverband-ruegen@t-online.de
- **Tourismusverkehrsverband „Insel Usedom"**
Bäderstr. 4
17459 Ückeritz
Tel. (038375) 23410, Fax 23429
- **Insel-Information „Hiddensee"**
Norderende 162
18565 Vitte / Hiddensee
Tel. (038300) 64226, Fax 64225
Internet: http://www.insel-hiddensee.de,
e-mail insel.information@t-online.de
- **Reg. Fremdenverkehrsverband „Fischland/Darß/Zingst"**
Barther Str. 31
18314 Löbnitz
Tel. (038324) 6400, Fax 64034

Privatanbieter

- **Tourismuszentrum Mecklenburgische Ostsee**
Kühlungsborner Chaussee 1a
18236 Kröpelin
Tel. (038292) 8613, Fax 86145
(Angel-, Tauch-, Segel-, Kanureisen, Pauschalarrangements)
- **Rügen Service**
Am Bodden 100
18528 Ralswiek
Tel (03838) 311070, Fax 313627
Internet: http://www. ruegen.kultur.de, e-mail: info@ruegen-kultur.de (alle touristischen Dienstleistungen von Autovermietung über Segeltörns bis Zimmerreservierung)
- **PUR Reiseagentur**
Delbrückstr.1-4
17424 Heringsdorf
Tel. (038378) 82850, Fax 82852
(zahlr. tour. Dienstleistungen von Ausflüge über Erlebnisprogamm, Last-Minute-Buchung, Polen, Reiseleitung, Schiffsfahrt bis Zimmerbörse)

Anreise

Auto

Wer **aus den alten Bundesländern** mit dem Auto nach Mecklenburg-Vorpommern anreist, kann bis Lübeck die Autobahn benutzen. Dort beginnt bei Schlutup die B 105, die parallel zur Ostseeküste über Wismar, Rostock, Stralsund (ab hier B 109) und Greifswald via Anklam durch das östliche Vorpommern bis nach Prenzlau führt. Dort besteht Anschluß an die BAB Berlin - Stettin. Diese Hauptverbindung ist jedoch häufig stark befahren bzw. in Urlaubszeiten überlastet. Wer es nicht eilig hat, der sollte kleine Landstraßen benutzen.

Wer aus den Neuen Bundesländern, also **von Berlin** her, anreist, der kann die BAB Berlin - Rostock benutzen oder über die B 96 via Fürstenberg, Neustrelitz und Altentreptow nach Greifswald fahren. In das deutsch-polnische Grenzgebiet Vorpommerns führt die BAB Berlin - Stettin. Auch hier gilt: Wer genügend Zeit und Muße hat - und die sollte man sich im Urlaub auch nehmen -, der sollte die kleinen Landstraßen wählen, die zwar oft schmal und holprig sind, dafür aber von herrlichen Alleen gesäumt durch malerische Dörfer und wunderschöne Landschaften führen.

Die Inseln Rügen oder Usedom sind nur über Nadelöhre zu erreichen. Die Brücken, die auf die Inseln führen, sind Klappbrücken, die regelmäßig geschlossen werden, damit die großen Schiffe passieren können. Ein besonderer Tip: Der chronisch überlastete Rügendamm läßt sich durch die neu eingerichtete Fähre Glewitz/Stahlbrode umgehen: Sommer (1.4.-31.10.) täglich 6-21.40 Uhr, Winter (1.11.-31.3.) täglich 7-18.45 Uhr; Tel. (038328) 80513.

Schließzeiten der Brücken

- **Rügen**

Rügendamm (Ziegelgrabenbrücke): 2.30-2.50, 5.20-5.40, 11.20-11.40, 17.50-18.10, 21.30-21.50 Uhr

●**Usedom**
Brücke Wolgast und Zecheriner Brücke: 5.35-5.50, 8.35-8.50, 12.35-12.50, 16.35-16.50, 20.35-20.50

Bahn

Für diejenigen, die umweltbewußt mit der Bahn nach und in Mecklenburg-Vorpommern reisen, steht ein gut ausgebautes Schienennetz zur Verfügung. Seit 1996 gilt in M.-V. der Integrale Taktfahrplan, d. h. Fern- , Regional- und Nahverkehr sind umsteigefreundlich zeitlich aufeinander abgestimmt und verkehren im regelmäßigen 1- oder. 2 Std.-Takt. Auskunft zu den einzelnen Verbindungen und Fahrzeiten erteilt das Service-Center Ihres Heimatbahnhofs oder die

●**Reiseservice** *DB:* Tel (01805) 996633
Internet: http://www.bahn.de
●**DB-Kursbuch Mecklenburg – Vorpommern,** das handliche Kursbuch im TB-Format kostet DM 7.- und beinhaltet neben den Fahrplänen viele weitere nützliche Infos und Adressen.

Rügen hat einen direkten IC-Anschluß. Umständlich ist das Bahnreisen nach Usedom. Da die Insel über keinen Schienenanschluß verfügt, muß man in Wolgast /Hafen (Endstation) aussteigen. Zur Usedomer Bäderbahn gelangt man nur zu Fuß (ca. 10 Min.) oder mit dem Taxi. Den Gepäcktransport übernimmt gegen Gebühr ein Kleinbus. Fischland/Darß/Zingst ist nicht an das Bahnnetz angeschlossen.
●**Bahn & Bike:** Von 1.4. bis 31.10. bietet die DB Fahrradtages- und -netzkarten, die für alle fahrplanmäßigen Züge im Regionalverkehr Mecklenburg-Vorpommerns gilt und Fahrpreis incl. Fahrradmitnahme beinhaltet. Sie sind innerhalb von 6 Wochen an einem Tag bzw. drei frei wählbaren Tagen gültig.

DB-Radfahrer-Hotline: (0180) 3194194 (Mo-Fr 8-18 Uhr, Sa 8-12 Uhr)
●**FerienTicket:** Wer mit der Bahn an- und abreist und ein Anreiseticket für bis zu 5 gemeinsam reisenden Personen für mindestens 209.- bzw. 100.-DM mit Bahncard / 2. Kl. (314.-DM bzw.150.-DM / 1.Kl.) vorweisen kann, kann sich die Ferientickets *„Mecklenburgische Seenlandschaft"*, *„Mecklenburg"* und *„Vorpommern"* erwerben. Dies gilt eine Woche (Verlängerung ermäßigt zukaufbar) und berechtigt ab 8.30 Uhr max. 5 Personen zu beliebig vielen Fahrten in allen RB-, RE-, SE-, IR innerhalb der Region.
●**Urlaubs-Express Mecklenburg-Vorpommern:** vom 19.06 bis 28.08. verkehrt jeweils Sa (in NRW-Sommerferi-

en auch Mi) von Düsseldorf ein spezieller Urlaubsexpress zu den schönsten Feriengebieten Mecklenburg-Vorpommerns. Der Zug verfügt über ein *„Kinderland“*, ein Waggon als rollendes Spielparadies und eine Reiseleitung an Bord und bietet preiswerten Zubringertransfer zur Unterkunft. Der Express ist reservierungspflichtig.

- **Urlaubs-Express-Hotline:** (0180) 5000223 (tägl. 9-20 Uhr)

Schmalspurbahnen

Eine touristische Attraktion ganz besonderer Art sind die beiden denkmalgeschützten Schmalspurbahnen Mecklenburg-Vorpommerns. Der *„Molli“* verkehrt auf einer Strecke von 15,4 km zwischen Bad Doberan und Kühlungsborn, der *„Rasende Roland“* auf Rügen auf 24 km zwischen Putbus und dem Ostseebad Göhren. Beide verkehren ganzjährig nach Fahrplan. Beide bieten auch Sonderveranstaltungen und -programme wie Fotofahrten oder die Ausbildung zum „Ehrenlokomotivführer“ an.

Nähere Informationen erhalten Sie bei:

- **Mecklenburgische Bäderbahn „Molli“,** Am Bahnhof, 18209 Bad Doberan, Tel. (038203) 4150, Fax 41512
- **Rügensche Kleinbahn GmbH & Co („Rasender Roland“),** 18581 Putbus, Binzer Str. 12, Tel. (038301) 8010, Fax 80115.

0C2omv Foto: rh

Mit dem Auto unterwegs

Tanken

Das Tanken ist für gewöhnlich kein Problem. Sie sollten bei der Anreise jedoch beachten, daß Mecklenburg-Vorpommern ein dünn besiedeltes Land mit wenigen großen Orten ist und deshalb die Zapfsäulen abseits der Hauptrouten nicht allzu dicht gesät sind. Ein gefüllter Ersatzkanister kann also nie ein Fehler sein.

Pannen

Im Falle einer Panne wenden Sie sich am besten an die nächstliegende Touristen-Informationsstelle. Dort erfahren Sie Adressen und Telefonnummern von Pannen- und Abschleppdiensten oder Werkstätten. Der **ADAC „Hansa“** hat in folgenden Städten Büros:

- **Rostock,** Trelleborger Str. 1, Tel. (0381) 7783311
- **Stralsund,** Frankenstr. 1, Tel. (03831) 612311
- **Zentr. ADAC-Notrufnummer,** (0180) 2222222
- **Zentr. ADAC-Infoservice,** Tel. (0180) 5101112

Unfall

Im Falle eines Unfalles mit Verletzten gelten, wie überall in Deutschland, folgende Notrufnummern:

- **Polizei,** Tel. 110
- **Feuerwehr,** Tel. 112
- **Rotes Kreuz** (Unfallrettung), Tel. 115

Straßen

Die Straßen in Mecklenburg-Vorpommern sind unterschiedlich gut ausgebaut. An den **Autobahnen** und **Bundesstraßen** wird mit Hochdruck gearbeitet. Große Abschnitte sind bereits fertiggestellt und von tadelloser Qualität. Andererseits behindern eine Vielzahl von Baustellen wohl noch für einige Zeit den Verkehrsfluß. Darüber hinaus sind diese Hauptverkehrsadern stark überlastet. Das gilt insbesondere für die B 105 von Schlutup

Der „Rasende Roland“ auf Rügen

über Rostock bis Stralsund. Zu deren Entlastung wird eine neue Ostseeautobahn geplant.

Die **Landstraßen** sind oft schmal und haben keine befestigten Seitenstreifen. Dafür sind sie häufig mit wunderschönen alten Bäumen gesäumt. Im Sommer bilden diese Bäume regelrechte grüne Tunnel, was zwar das Auge erfreut, aber auch tagsüber Dämmerlicht entstehen läßt. Auf diesen Strecken auch am Tag das Licht einschalten!

Noch nicht erneuerte Landstraßen sind häufig sehr holperig und schief, und an den Rändern lauern **heimtückische Löcher.** Der Belag ist unter-

003omv Foto: rh

schiedlichster Natur und kann unvermittelt wechseln. Kommt ein großes Fahrzeug entgegen: Besser rechts ran und anhalten, als den Rückspiegel oder gar einen Achsbruch riskieren. Um Rückgrat, Stoßdämpfer und Umwelt zu schonen – aber auch, um die herrlichen Alleen zu genießen, – sollte man hier grundsätzlich langsam und umsichtig fahren.

Ortsdurchfahrten sind öfters noch Pflasterstraßen, die ja bekanntlich bei Nässe sehr rutschig werden. Da es des öfteren keine oder nur sehr schmale Fußgängerwege gibt, muß mit Fußgängern auf der Fahrbahn gerechnet werden. Auch hier gilt: Langsam und vorsichtig fahren!

Das, was die kleinen Dörfchen, Weiler und Gehöfte mit der Außenwelt verbindet, sind vielfach **keine Straßen** im gewohnten Sinne. Im besten Falle erwischen Sie hier eine befestigte einspurige Straße. Oft sind es aber noch **Pflasterwege**, an denen offensichtlich niemand mehr etwas gebaut oder repariert hat, seit Napoleons Heerwürmer in Richtung Osten darüberzogen. Nerven- und knochenzerrüttend sind die **Betonschwellenwege**, schmale quergelegte Betonplatten. Sie lassen sich ungefähr wie Eisenbahnschwellen befahren. Oft geht es nur im Schritt-Tempo voran. In so manchem Falle sind die Schwellen auch längs verlegt, und links und rechts dieser Spuren geht es steil hinab. Hier muß genau „gezielt" werden, wenn Sie nicht Gefahr laufen wollen, aufzusitzen.

Geradezu erholsam dagegen sind die reinen **Sandpisten.** Forstfahrzeuge und Regen haben diese Feldwege, die eigentlich keine sind, jedoch zuweilen derartig ruiniert, daß wir nicht mehr glauben mochten, uns auf einer regulären Verbin-

Wunderschön, aber auch gefährlich.
Deshalb auf Alleenstraßen immer mit Licht!

dungsstraße zu befinden. An unpassierbaren Stellen suchen sich die Einheimischen einfach neue Wege, so daß mit interessanten Straßenverläufen zu rechnen ist. Meistens kommt man aber durch. Manchmal – besonders nach Regenfällen – hilft jedoch nur noch, umzukehren und Umwege über größere Straßen in Kauf zu nehmen.

Parken

Wie jeder, der mit dem PKW unterwegs ist, unweigerlich feststellen wird, haben die Gemeinden in den Neuen Bundesländern schnell erkannt, daß mit Parkgebühren die chronisch knappe Gemeindekasse ohne viel Aufwand ordentlich aufzubessern ist. Parkuhren pflastern nun zwischen Klütz und Zinnowitz Ihren Weg. Und dort, wo der Andrang groß ist und die Stellflächen klein, wird ziemlich ungeniert zugelangt. Wer an Ausflugszielen wie dem Königsstuhl, dem Kap Arkona oder den Usedomer Seebädern parken will, muß dafür echt bluten. So verständlich dies aus Gemeindesicht ist, so muß doch kritisiert werden, daß die Kosten für einige Stunden Parken an so manchen Stellen die eines Strafzettels für falsches Parken deutlich übersteigen und die ganze Angelegenheit damit völlig kontraproduktiv wird. Außerdem fühlen sich viele

004omv Foto: rh

durch die überzogenen Gebühren nicht ganz zu Unrecht einfach geneppt und ausgenutzt, was dem Image ja nicht gerade dienlich ist.

Das Beste ist natürlich, ein Fahrrad mitzunehmen. Dann bleibt einem der ganze Ärger erspart, und der Gesundheit und Umwelt tut's auch noch gut. Wer dennoch auf das Auto nicht verzichten kann oder will, der sollte stets einen wohlgefüllten Beutel mit Parkgroschen (richtiger wäre „Parkmärker") mit sich führen.

Mit dem Fahrrad unterwegs

Aus gutem Grund erfreut sich Urlaub auf dem Fahrrad zunehmender Beliebtheit. Nicht nur die akuten Umweltprobleme, die der verheerende Ausmaße angenommene Autoverkehr für Natur, Mensch und Tier mit sich bringt, bewegen immer mehr Mitmenschen aller Altersschichten, die Benzinkutsche gegen den Drahtesel auszutauschen. Wer regelmäßig in die Pedale tritt, spart schließlich auch viel Geld für Diäten, Fitnessclub oder sonstiges modisches Kommerz-Bodystyling.

Doch es spricht noch mehr dafür, sich im Urlaub auf den Sattel zu schwingen. Anstatt isoliert im Blechkasten zu sitzen und die Aufmerksamkeit auf den Straßenverkehr richten zu müssen, erlebt man mit dem Fahrrad die Schönheit und Vielfalt der Landschaft unmittelbar. Gerüche, Geräusche, Temperaturunterschiede, Höhendifferenzen, Luftbewegungen, ein Schwätzchen am Wegesrand – der Radfahrer entdeckt Land und Leute unendlich intensiver und differenzierter als der Autopilot. Von Vorteil ist das Fahrrad auch dort, wo Autos nicht hindürfen; und das sind stets die schönsten Picknickplätzchen, die bunteste Blumenwiese, der romantischste Badestrand und viele der besonderen Attraktionen der National- und Naturparks. Daß in besonders ausgewiesenen Schutzgebieten die Einschränkungen und Verbote auch für Radfahrer gelten, sollte eigentlich keiner besonderen Erwähnung bedürfen.

Wer nicht gänzlich auf das Auto verzichten kann oder will, der ist in jedem Fall gut beraten, ein Fahrrad mitzuführen. Wem dies nicht möglich ist, der braucht auf die Zweiradwonnen dennoch nicht verzichten. In fast allen Ferienorten halten **Verleihstationen** die Fortbewegungsmittel für radlose Zeitgenossen bereit.

Die Ostseeküste Mecklenburgs ist das **ideale Fahrradland,** für den Ungeübten ebenso wie für die ganze Familie. Das nur dünn besiedelte Bauernland mit seiner unendlich schönen Natur bietet überall eine Fülle von herrlichen Strecken und Zielen. Lange Steigungen und steile Berge braucht man nicht zu fürchten. Ein dichtes Netz von verkehrsarmen Nebenstrecken, Feld- und Wanderwegen bietet die Gewähr, nicht auf den großen, gefährlichen Straßen radeln zu müssen. Mancherorts ist aber auch mit beschwerlichen Streckenabschnitten wie Kopfsteinpflaster, Sandpfaden oder Betonschwellen zu rechnen. Ein stabiles, für leichte Geländefahrten geeignetes Fahrrad ist deshalb empfehlenswert. Bei Stellen mit lockerem Sand hilft nur absteigen und schieben. Was durchaus kein Beinbruch, sondern der Lockerung der Schenkelmuskulatur dienlich ist.

Viele Gemeinden haben befestigte **Radwanderwege** angelegt, die oft idyllisch abseits der Autostraßen quer durch Wald und Feld führen. An vielen Orten sind Rundtouren von unterschiedlicher Länge und Schwierigkeit ausgeschildert. Häufig halten die örtlichen Info-Stellen Kartenmaterial und Faltblätter der ausgewiesenen Strecken bereit. Ergänzende Kurzbeschreibungen von Wissens-

Reisetips

005omv Foto: rh

und Sehenswertem links und rechts der Route ermöglichen die Entdeckung von versteckten Kleinodien, die nur die Einheimischen kennen und die der Autofahrer nie zu Gesicht bekommen wird. Hinweise auf Rastplätze, Gaststätten und Übernachtungsmöglichkeiten ergänzen diese praktischen Wegweiser.

Wer seine Strecken schon vor Reiseantritt aussuchen und festlegen will, für den hält der Buchhan-

Das „Fischlandhaus“
mit Gemeindebibliothek in Wustrow

del eine große Zahl von **Radwanderführern** und speziellen **Radkarten** bereit.

Seit wilde **Mountainbiker** Wald und Flur für sich entdeckt haben und manche von ihnen quer durch das Gelände brechen, schwelt der Konfikt zwischen Pedalrittern und Wanderern. Ein beherztes Wort ist bei derartigen Begegnungen durchaus an der richtigen Stelle. Grundsätzlich gilt gegenseitige Rücksichtnahme, und im Zweifelsfalle hat der Schwächere, also der Fußgänger Vorfahrt. Da in der Region öfter mal auch schmale Wanderpfade ganz offiziell als Radwege ausgeschildert sind, bleiben Begegnungen an Engstellen nicht aus. Sich rechtzeitig bemerkbar machen und ein freundlicher Gruß beim langsamen Passieren lassen mögliche Aversionen gar nicht erst aufkommen.

Bei mehrtägigen Radwanderungen stellt sich die Frage nach der **Übernachtungsmöglichkeit.** Eine Vielzahl von Hotels, Pensionen, Privatzimmern und Campingplätzen aller Kategorien stellen die Unterkunft auch ad hoc sicher. Am einfachsten ist es, die örtlichen Informationsämter aufzusuchen, da diese über Gesamtverzeichnisse aller Unterkünfte samt Preisangaben verfügen und meist auch die Zimmervermittlung übernehmen. Bei besonders stark frequentierten Urlaubszielen ist es jedoch ratsam, sich in der Hochsaison rechtzeitig um das Nachtlager zu kümmern.

Info

- **ADFC LV Mecklenburg-Vorpommern,** Lange Str. 14, 17489 Greifswald, Tel. (03834) 897412, Fax 894523

Gruppentouren mit Gepäckservice

- **Mecklenburger Fahrradtouristik,** Schweriner Str. 47, 19412 Brüel, Tel. (038483) 20386
- **Die Mecklenburger Radtour,** Rudenstr. 2, 18439 Stralsund, Tel. (03831) 280220, Fax 280219
- **Strandläufer,** Eselföterstr. 21, 18055 Rostock, Tel. (0381) 452827

Literatur

- **Rad-Wanderführer „Ostseeküste und Rügen", Kompass Deutscher Wanderverlag** (ausgewählte Rund- und Streckentouren mit Streckenskizzen und Wissenswertem entlang der Tour)

Unterkunft

Entlang der gesamten Ostseeküste gibt es eine sehr große und noch ständig wachsende Zahl von Hotels, Pensionen, Feriendörfern, Appartementhäusern und Privatzimmern. Dennoch muß an touristischen Brennpunkten wie auf den Inseln Rügen und Usedom mit sommerlichen Engpässen gerechnet werden. In Prerow auf dem Darß, den Seebädern Rügens und Usedoms oder auf der Insel Hiddensee in den Sommerferien ohne Vorbuchung auf eine Unterkunft zu hoffen, ist ein mehr als riskantes Spiel. Außerhalb der Sommersaison ist es jedoch überall unproblematisch, auch spontan ein Zimmer zu bekommen.

Standard

Die überwiegende Zahl der älteren Hotels und Pensionen sind zwischenzeitlich grundlegend modernisiert und bieten, je nach Kategorie, die dem Standard angemessene Ausstattung. Neuerrichtete Hotels und Appartementhäuser sowieso. So sind einfache, preiswerte Hotelunterkünfte zwi-

006omv Foto: rh

Orient an der Ostsee – das Kleopatrabad im Hotel Ahlbecker Hof auf Usedom

schenzeitlich leider sehr selten geworden. Bei den wenigen, die noch schlichten DDR-Standard haben, darf man viel mehr als ein Waschbecken auf dem Zimmer nicht erwarten. Dusche und WC befinden sich hier auf der Etage. Dafür sind die Preise dementsprechend niedriger.

Preise, Buchung

Traditionsreiche, vielbesuchte Ferienregionen sind stets nicht gerade die preisgünstigsten Urlaubsorte. Und da die Küste Mecklenburg-Vorpommerns sich zu einer der begehrtesten Urlaubsadressen in Deutschland entwickelt hat, sind die Preise hier im Schnitt noch etwas höher. Man kann mit durchschnittlichen Preisen von etwa DM 60.- pro Person/Nacht im DZ mit Frühstück rechnen. Preisangaben dieser Art sind jedoch relativ und problematisch, weil sich je nach Ort, Lage und Ausstattung ebenso günstigere wie wesentlich teurere Zimmer finden lassen. So sind die Preise in den vielbesuchten Seebädern höher als in weniger frequentierten Gebieten wie Vorpommern. Hinzu kommt, daß die meisten Hotels und Vermieter das System von Hochpreisen in der Saison bzw. deut-

907omv Foto: rh

lich günstigeren Angeboten außerhalb der Hauptreisezeiten eingeführt haben.

Einen guten Überblick über das jeweilige Hotelangebot verschaffen die detaillierten Unterkunftsverzeichnisse der regionalen und lokalen Fremdenverkehrsämter, die auf Anfrage zugesandt werden.

Von Mitte Okt. bis 20. Dez. und 3. Jan. bis Ende März wird jährlich die *Herbst-Winter-Aktion „99 DM"* (DZ incl. Frühstück) durchgeführt, an der sich zahlreiche Hotels im ganzen Land beteiligen. Über die jeweiligen Teilnehmer informiert die beim Tourismusverband M.-V. erhältliche Broschüre *„99 DM-Qualität zum günstigen Preis"*.

Zahlreiche Hotels haben sich einer zentralen, landesweiten Buchungsstelle angeschlossen, die nicht nur die Vorbestellung problemlos gestaltet, sondern mit ihrem Datenpool auch einen Überblick über Belegung bzw. Freikapazität und einen Preisvergleich ermöglicht.

Buchungen sind auch bei den Informationsbüros der einzelnen Orte oder direkt beim Anbieter möglich. Die Adressen der Tourist-Infos und einer Auswahl von Unterkünften finden Sie in den Info-Anhängen der einzelnen Orte.

- **Zentraler Buchungsservice:** TOURBU M.-V., Platz der Freundschaft, 18059 Rostock, Tel. (0381) 4030700, Fax 4030755 (Mo-Fr 9-18 Uhr, Sa 9-12 Uhr)

Kurtaxe

Die Seebäder an der Ostseeküste und auf den Inseln erheben allgemein eine Kurtaxe. Ihre Höhe bewegt sich in der Hauptsaison (meist Mai-Sept.) zwischen DM 2,- und DM 4,- pro Tag/Erwachsener. Rentner, Kinder und Behinderte erhalten üblicherweise eine Ermäßigung von 50 %. Kleinkinder sind abgabefrei. Die Kurtaxe ist mancherorts, wie beim Spitzenreiter Seebad Sellin auf Rügen, mit

Das Wohnmobil macht's möglich: spontane Siesta
im Schatten mit Hängematte und frisch gebrühtem Kaffee.

DM 4,50- durchaus ein Betrag, der sich in der Reisekasse bemerkbar macht. Gerechtfertigt wird dieses ebenso unzeitgemäße wie ärgerliche Zwangsgeld, das übrigens der preußische Landtag 1893 erfunden hat, durch die Kosten für Strandreinigung oder kostenfreie Veranstaltungen wie Promenadenkonzerte und ähnlich „Vergnügliches", von dem der Urlauber im allgemeinen schon Monate vor Reiseantritt sehnsuchtsvoll träumt.

Privatzimmer und Ferienwohnungen

Auch eine große Anzahl von Privatzimmern steht zur Verfügung. Gewöhnlich sind diese Zimmer gut ausgestattet. Es werden auch Zimmer und Appartements mit eigener Dusche und WC, manchmal auch mit separaten Eingängen, angeboten. Die Preise schwanken, je nach Lage, Ausstattung und Jahreszeit. Überwiegend bewegen sie sich jedoch zwischen DM 20,- bis DM 30,- pro Person. Frühstück ist entweder eingeschlossen oder für meist DM 5,- zusätzlich zu erhalten.

Privatzimmer haben den großen Vorteil, daß man durch den Kontakt zu den Gastgeberfamilien nicht nur die Menschen vor Ort kennen- und verstehenlernt, sondern auch wertvolle Tips und Hinweise erhält, die dem Fremden gewöhnlich verborgen bleiben. Dort, wo Vollpension geboten wird, kann man die einheimische Küche im Original kennenlernen. Und schließlich entwickelt sich manchmal gar eine Freundschaft, die die Urlaubstage überdauert. Privatzimmer sind also durchaus eine zu empfehlende Alternative, zumal sie unseren Erfahrungen nach im Preis-/ Leistungsverhältnis öfters besser abschneiden als manches Hotel. Bei der Auswahl einer Privatunterkunft sind die Gastgeberverzeichnisse ebenfalls sehr hilfreich.

Neu im Übernachtungsangebot der Neuen Bundesländer sind Appartementhäuser und Urlaubsdörfer, die voll ausgestattete Ferienwohnungen und kleine Ferienhäuschen anbieten. Besonders in den Urlaubshochburgen nimmt deren Zahl stetig zu. Für kleinere Reisegruppen und Familien stellen sie eine interessante Möglichkeit dar, als Selbstversorger preisgünstig zu logieren. Je nach Lage und Größe bewegt sich die Wochenmiete der Wohnungen und Häuschen etwa zwischen DM 400,- und DM 800,-.

„Urlaub auf dem Land"

Für *„Urlaub auf dem Land / Bauernhof"* gibt es einen illustrierten Katalog mit zahlreichen, meist sehr schön gelegenen Unterkünften und vielen Informationen zu Land und Leuten bei der

- **AG Urlaub auf dem Lande M.-V.,** Griebnitzer Weg 2, 18196 Dummersdorf, Tel. (038208) 60672, Fax 60673

Jugendherbergen

Im Bereich der Ostseeküste findet man neunzehn Jugendherbergen. Fünf Häusern ist ein Zeltplatz angeschlossen, bei dessen Nutzung nur der halbe Preis berechnet wird. Die Nutzung einer JH setzt grundsätzlich die Mitgliedschaft in einem Jugendherbergsverband voraus. Mitgliedsausweise sind in allen Häusern erhältlich.

Für Familien und Gruppen ist eine schriftliche **Anmeldung** unbedingt erforderlich. Einzelreisende sollten sich nach Möglichkeit einen Tag vor Ankunft telefonisch ankündigen. Die Adressen und Rufnummern der einzelnen Häuser finden sich in der Rubrik „Unterkunft" im Infoteil des jeweiligen Ortes.

Vom 19. bis 27. Dezember sind die Jugendherbergen in Mecklenburg-Vorpommern **geschlossen**. In den Monaten November bis März ist die Aufnahme in den JH Dassow-Holm, Beckerwitz und Großenhof nur nach Voranmeldung möglich.

Genaue Informationen zu Jugendherbergen im allgemeinen und den einzelnen Herbergen entnehmen Sie dem **Deutschen Jugenherbergsverzeichnis,** das entweder über den Buchhandel erhältlich ist oder direkt bei:

- **Deutsches Jugendherbergswerk,** Bismarckstr. 8, 32756 Detmold, Tel. (05231) 74010, Fax 740149
- **Deutsches Jugendherbergswerk,** Landesverband Mecklenburg-Vorpommern, Erich-Schlesinger-Str. 41, 19059 Rostock, Tel. (0381) 77667-0, Fax 7698682.

Camping

An der Küste und auf den Inseln (mit Ausnahme der Insel Hiddensee) stehen dem Besucher flächendeckend rund 50 Campingplätze zur Verfügung. Fast alle Plätze sind zwischenzeitlich umfassend renoviert und mit modernen Sanitärtrakten, Stromanschluß etc. versehen.

Die meisten Plätze sind nur in der **Saison,** also von Mai bis September, geöffnet. Einige haben auch ganzjährig geöffnet. Adressen, Rufnummern, Lage, Ausstattung und genaue Öffnungszeiten der einzelnen Campingplätze finden Sie im Infoteil der einzelnen Orte.

Die **Campinggebühren** sind von Platz zu Platz sehr verschieden, so daß sie im Einzelfall bei der jeweiligen Verwaltung erfragt werden müssen. Ein vollständiges Gesamtverzeichnis aller Campingplätze in M.-V. existiert nicht. Die beim Tourismusverband M.-V. herausgegebene Karte „Camping" mit rückseitigem Verzeichnis der einzelnen Plätze und Angaben zu Öffnungszeiten, Lage, Ausstattung u.a. führt landesweit 83 Plätze auf. Das beim Verband der Campingplatzbetreiber M.-V. (VCMV) erhältliche Verzeichnis enthält 76 Mitgliederplätze.

008omv Foto: rh

Regionale Campingplatzverzeichnisse gibt es vom Fischland/Darß/Zingst und den Inseln Rügen und Usedom und sind bei den regionalen Fremdenverkehrsämtern erhältlich.

- **Info:** VCMV, Platz der Freundschaft 1, 18059 Rostock, Tel./Fax (0381) 448402
Internet: http://www.all-in-all/camping/vcfmv.htm

Wohnmobile und Caravans

Die überwiegende Mehrheit der Campingplatzbetreiber hat sich auch auf Wohnmobilreisende eingestellt und die nötigen Voraussetzungen dafür geschaffen. Nahezu alle Plätze verfügen über Ver- und Entsorgungseinrichtungen für Wohnmobile, viele bieten diesen Service gegen eine Gebühr auch ohne Übernachtung an. Allerdings sind Plätze auf hügeligem und / oder im sandigen Gelände oft nur bedingt für schwere Wohnmobile nutzbar. Und so mancher Betreiber hat für Wohnmobile häufig eine separate Stellfläche ausgewiesen, die meist wenig attraktiv (vielfach in der unmittelbaren Nähe des belebten Eingangs) liegt.

Freies, sog. „wildes" Campen ist in Deutschland nicht erlaubt, ebensowenig das Übernachten auf öffentlichen Parkplätzen. Möglich ist dagegen laut StVO, über Nacht „seine Fahrtüchtigkeit wieder herzustellen". Diese Regelung gilt für einmaliges Übernachten. In Mecklenburg-Vorpommern ist jedoch auf vielen Gemeinde- und Privatparkplätzen gebührenpflichtiges Übernachten (ca. 10 DM pro Nacht) mit dem Wohnmobil offiziell erlaubt.

- **Literaturtip:** Reihe „Wohnmobil Kompakt Reisen / Dtsch. Ostseeküste", Motorbuch Verlag (durchgehend farbig illustrierter Spezialreiseführer für Wohnmobilisten mit detaillierten Routenplänen und Angaben zu Strecke, Straßenbeschaffenheit, Campingplätze, Reisemobilhäfen, Park-/Stellplätze, Ver- Entsorgung u.a.)

Freiheit auf Rädern –
mit dem Wohnmobil am stillen Achterwasser

011omv Foto: rh

Land
und
Leute

Überblick

„Als unser Herrgott die Welt erschuf, fing er bei Mecklenburg an, und zwar von der Ostseeseite her, er machte es eigenhändig fertig. (...) Und wenn ein fremder Mensch hierherkommt, und er hat Augen zu sehen, dann kann er sehen, daß unser Herrgotts Hand über Wiese und Wald, Berg und See geruht hat, daß er Mecklenburg im Auge hatte, als er sagte, daß alles gut gemacht war." So beschreibt ein großer Sohn des Landes, der Mundartdichter *Fritz Reuter, „De Urgeschicht von Meckelnborg"*. Natürlich auf Plattdeutsch.

Von dem nordöstlichsten und bevölkerungsärmsten aller Bundesländer liest und hört man wenig. Schlagzeilen werden woanders gemacht, Spektakuläres geschieht anderswo. Ein Umstand, der in unserer schnellebigen, sensationslüsternen Zeit gemeinhin als gravierender Nachteil gewertet wird. Viel mehr als Rügen und seine Kreidefelsen fällt den meisten nicht zu dem Land ein. Vielleicht noch die traditionsreichen Seebäder mit ihren endlosen Sandstränden entlang der Bernsteinküste, deren Charme und Schönheit sich zwischenzeitlich auch in den westlichen Bundesländern einigermaßen herumgesprochen haben. Doch Mecklenburgs und Vorpommerns Ostseeküste haben viel mehr Gesichter als nur Kreidefelsen und Küste.

Der hier beschriebene Teil Mecklenburg-Vorpommerns gliedert sich in Regionen, die sich landschaftlich, teilweise aber auch kulturell und geschichtlich deutlich voneinander unterscheiden. Dem Kapitel Ortsbeschreibungen liegt nicht die rein geographische Gliederung des Landes zugrunde. Die Einteilung folgt aus reisepraktischen

Unberührter Naturstrand im Klützer Winkel

Gründen den von den sechs existierenden Regionalen Fremdenverkehrsämtern jeweils betreuten Gebieten. Ein ausführliches Register am Ende des Buches stellt sicher, daß auch Informationen zu einzelnen Gebieten und Orten schnell und gezielt aufgefunden werden können.

Dem Westen Mecklenburgs vorgelagert ist die Region **Mecklenburgische Ostseebäder**, die sich im schmalen Streifen vom Klützer Winkel bis zur Warnowmündung hinzieht und die Hansestadt Rostock einschließt. Ihr schließt sich die Region **Fischland/Darß/Zingst** an, zu der auch der boddenseitige Festlandstreifen mit der Bernsteinstadt Ribnitz-Damgarten zählt. Die Hansestadt Stralsund ist das Tor zu Deutschlands größtem und schönstem Eiland, der **Insel Rügen**, der die ihr vorgelagerte Trauminsel Hiddensee zugerechnet wird. Bei Wolgast beginnt die **Insel Usedom**, die sich bis zur polnischen Grenze ausdehnt und dank ihrer grandiosen Strände die Badeinsel schlechthin ist. Den Osten des Doppellandes nimmt die Region **Vorpommern** ein, die ungefähr den Bereich von der Linie Demmin – Altentreptow – Straßburg – Pasewalk bis zur Oder einnimmt.

012omv Foto: rh

Jede einzelne der Regionen bietet soviel Sehens-, Erlebens- und Entdeckenswertes, daß eine einzige Reise keinesfalls ausreichen kann, Mecklenburgs Ostseeküste in ihrer ganzen Schönheit und Vielfalt zu erfahren. Wer einmal durch das bezaubernde Bauernland gereist ist, wird *Fritz Reuter* recht geben müssen, daß die göttliche Schöpfung an diesem Fleckchen Erde außergewöhnlich phantasievoll waltete und gestaltete und seine von alters her materiell benachteiligten Bewohner mit einem Schmuckkästlein voller wertvoller Kleinodien an Naturräumen entschädigte. Und ganz bestimmt wird er dann besser verstehen, warum wir seit unserer ersten Erkundungsreise durch das östliche Neuland so oft als möglich wiederkommen.

Ostseeküste

Die Ostseeküste ist so vielgestaltig und abwechslungsreich wie nur wenige Küsten. Über rund 350 km erstreckt sich die **Außenküste** zwischen der Lübecker Bucht und Ahlbeck auf Usedom. Doch zusammen mit der stark gegliederten **Innenküste,** den zahlreichen Buchten, Haffs, Nehrungen und Inseln ergibt sich eine Küstenlänge von fast 1100 km.

Entstehung und Veränderung

Die Herausbildung der Küstenlandschaft, so wie wir sie heute kennen, begann erst vor rund 7000 Jahren und dauert bis heute fort. Damals erreichte der Meeresspiegel seinen heutigen Stand. In dieser Zeit bildeten sich auch die Steilufer heraus, die sich allerdings seither wesentlich verändert haben. Der Grund dafür sind die komplexen und auch heute noch andauernden Abläufe, die man unter dem Begriff **„Küstenausgleich"** zusammenfaßt: Die Steilufer werden abgetragen, das Material

013omv Foto: rh

wird vom Meer weggespült, kilometerweit transportiert und an der Flachküste wieder abgelagert.

Der Sommerurlauber merkt hiervon nur wenig, aber der Strandwanderer im zeitigen Frühjahr ist oft erstaunt, welche **Zerstörungen** in nur wenigen Wintermonaten angerichtet worden sind. Manchmal stürzen von den Kliffen über 100.000 Kubikmeter Land ins Meer, die vom ersten Sturmhochwasser (Gezeiten gibt es an der Ostsee kaum) dann „aufgearbeitet" werden. Feines Material wird fortgespült, nur der typische Geröllstrand vor den Kliffs bleibt zurück. Durch besonders heftige Stürme können aber auch Geröllbrocken bis zu Faustgröße abtransportiert und am Ufer von wachsenden Küstenlinien aufgeworfen werden. So sind beispielsweise die 3000–4000 Jahre alten „Feuersteinfelder" auf der Schmalen Heide Rügens entstanden.

Der Sand wird über längere Strecken parallel zur Küste transportiert, und wo er sich ablagert, bilden

Die Feuersteinfelder der schmalen Heide auf Rügen

sich sogenannte **Sandhaken**, wie z. B. Gellen und Bessin auf Hiddensee, die mehrere Meter pro Jahr ins Meer hinauswachsen können. Wachsen sie bis zum nächsten Landvorsprung oder bis zu einer Insel, so entsteht eine **Nehrung,** wie die Schaabe und die Schmale Heide auf Rügen. Ganze Inseln sind auf diese Weise untereinander und mit dem Festland zusammengewachsen, wie etwa die Halbinsel Fischland-Darß-Zingst, die einst aus drei Inseln bestand. Vom Strand treibt der Wind den trockenen Sand landeinwärts, wo er sich an den ersten Hindernissen ablagert und zu **Dünen** aufhäuft, wie man sie an jeder Flachküste findet.

Ein ganz anderes Bild bietet sich an den vor Wind und Wellen geschützten Binnenküsten der **Haffs, Bodden und Buchten.** Hier dehnen sich lange Schilfgürtel aus, ein Paradies für zahlreiche selten gewordene Vogelarten und Material-Ressource für die Reetdächer der Bauernhäuser und Fischerkaten.

Küstenschutz

Seit Jahrhunderten bemühen sich die Küstenbewohner, die Außenküste vor Abtragung und Zer-

014omv Foto: rh

störung zu schützen. Mit Steinwällen, Buhnen, Deichen, Wellenbrechern oder Aufspülungen versuchen die Menschen, ihre Heimat vor den Urkräften der See zu sichern. Doch trotz aller Anstrengungen sind zwei Drittel der Außenküste Mecklenburg-Vorpommerns Abtragungsküste. Strömungen, insbesondere aber winterliche Sturmfluten, nagen hier an den Ufern und spülen unaufhaltsam Landmasse mit sich fort. Auch die mühevolle Bepflanzung der Stranddünen mit Strandhafer und die Anlegung von Küstenschutzwäldern können den Landverlust nur bedingt aufhalten. All die Maßnahmen dienen aber nicht nur dazu, Küstenrückgang zu vermeiden, sondern schützen auch die Bewohner vor dem „Blanken Hans". Verheerende Überschwemmungen fordern immer wieder Menschenleben und zerstören Haus und Hof. Darüber hinaus sind die Uferzonen ebenso wichtiger wie verletzlicher Lebensraum für vielerlei seltene Tier- und Pflanzenarten.

Um die Anstrengungen zum Schutz von Küste und Mensch, aber auch um die einzigartige Küstenlandschaft für die kommenden Generationen zu erhalten, ist es unerläßlich, die Schutzbestimmungen zu beachten. Bedenken Sie, daß eine achtlos an falscher Stelle erbaute Sandburg dazu führen kann, daß die nächste Sturmflut an dieser Stelle die Düne durchbrechen und gewaltige Zerstörungen anrichten kann. Tragen Sie deshalb durch verantwortungsbewußtes Verhalten und Aufklärung mit dazu bei, daß wir uns auch im nächsten Sommer an den Stränden erholen können.

Buhnen verhindern, daß der Strand davonwandert.

Die „Zehn Gebote" des Küstenschutzes

1. Benutzen Sie nur die gekennzeichneten Strandzugänge. Übersteigen oder beschädigen Sie keine Einzäunungen.
2. Bauen Sie keine Sandburg näher als 2 m vom Dünenfuß.
3. Brechen Sie von Büschen und Bäumen keine Äste ab.
4. Benutzen Sie die Steilufer nicht für Klettereien oder als Rutschbahnen und benutzen Sie die befestigten Strandabgänge.
5. Kein Feuer oder Rauchen im Küstenschutzwald.
6. Überqueren Sie Deiche nur an den gekennzeichneten Stellen.
7. Fangen oder beunruhigen Sie keine Tiere.
8. Pflücken Sie keine Blumen und Pflanzen.
9. Entsorgen Sie Ihren Abfall sachgerecht.
10. Befahren Sie nur die erlaubten Wege und parken Sie nur auf ausgewiesenen Stellplätzen.

Naturschutz – Naturschonung

Zahlreiche Berichte in den Medien haben zuzeiten von kaltem Krieg und Mauer von den katastrophalen Folgen berichtet, die die ebenso maß- wie rücksichtslose Industrialisierung und Ausbeutung der Ressourcen auf dem Gebiet der verblichenen DDR angerichtet haben. Eine skrupellose Greisenriege habe aus rein ideologischen Machterhaltungsgründen nicht nur die Natur ihres Landes großräumig zerstört, sondern auch gleichzeitig ihre Bevölkerung vergiftet. Ein Bild, das bis heute in vielen westdeutschen Köpfen lebendig geblieben ist. Und betrachtet man sich die immensen Verheerungen, die beispielsweise der Uranbergbau in Sachsen, die Braunkohletagebaue in der Lausitz oder die chemische Industrie im berüchtigten

Chemiedreieck um Bitterfeld in Sachsen-Anhalt hinterließen, so ist der Vorwurf völlig gerechtfertigt. Doch das ist nur die halbe Wahrheit. Jeder, der schon einmal in den Neuen Bundesländern unterwegs war, wird wie wir überrascht festgestellt haben, daß hier noch großflächige, unberührte Naturparadiese bestehen, wie man sie im „umweltbewußten" Westen nur selten oder gar nicht mehr antrifft. Schon ein Blick auf eine Karte der deutschen Nationalparks macht deutlich, daß bei dem im Westen vermittelten Bild eine gehörige Portion Propaganda mit von der Partie war. Von insgesamt 12 ausgewiesenen Großschutzgebieten Deutschlands, die den strengen internationalen Kriterien eines Nationalparks entsprechen, liegen allein sechs auf dem relativ kleinen Gebiet der ehemaligen DDR. Und drei davon kann Mecklenburg-Vorpommern sein eigen nennen. Viele Tier- und Pflanzenarten, die im Westteil Deutschlands äußerst selten geworden oder gänzlich ausgestorben sind, haben in den unberührten, naturbelassenen Regionen der Beitrittsländer Zuflucht gefunden. Biber und Adler, Kranich, Fischotter, Weiß- und Schwarzstorch, Kormoran und Kolkrabe sind nur einige der Tiere, die der Westmensch nur noch aus dem Fernsehen kennt. Und seit dem Zerfall des Ostblocks sind aus den Urwäldern Polens sogar wieder erste Wölfe in Waldgebiete wie die Schorfheide eingewandert.

Man fragt sich natürlich, wie es denn dazu kommen konnte, daß die arme DDR viel mehr intakte Naturräume besitzt als der reiche Westen, der doch seit vielen Jahren von Schlagworten wie „Ökologie" und „Umweltschutz" beherrscht wird und dafür auch eine erkleckliche Summe ausgibt. Die Antwort ist einigermaßen überraschend. Es war im wesentlichen jenes sozialistische System, das doch ohne Rücksicht und ohne Protest von Bürgerinitiativen fürchten zu müssen, die Landschaft gräßlich ruinieren konnte und dies auch tat. Andererseits fehlte aber die kapitalistische Profit-

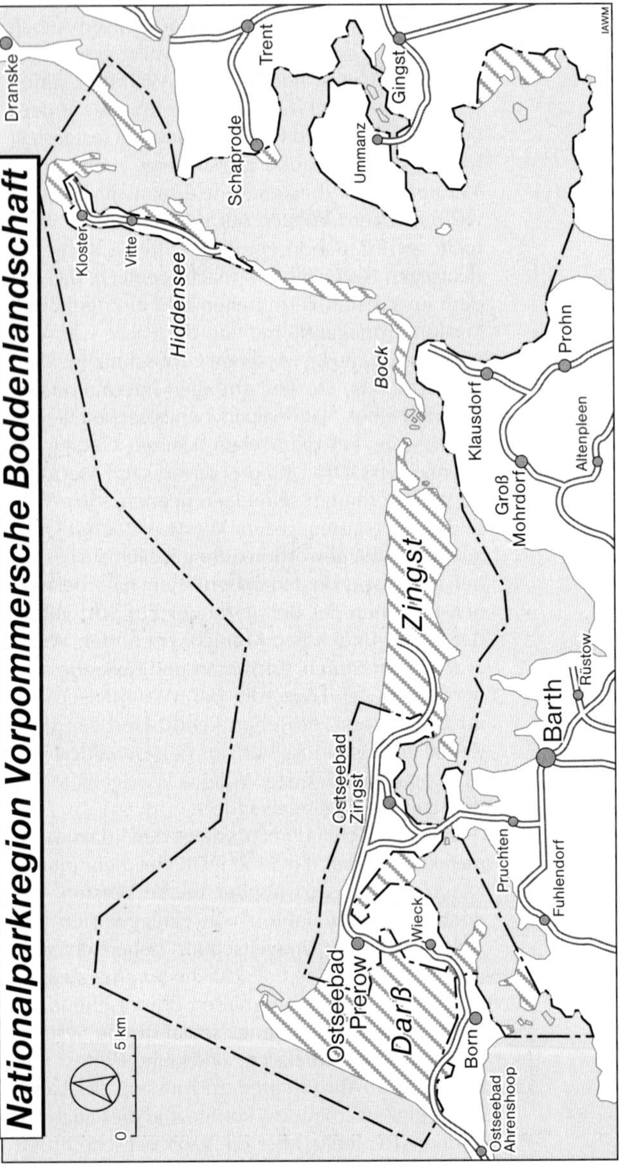
Nationalparkregion Vorpommersche Boddenlandschaft
0
5 km
IAWM
Dranske
Trent
Gingst
Schaprode
Ummanz
Kloster
Vitte
Hiddensee
Bock
Prohn
Klausdorf
Altenpleen
Groß Mohrdorf
Zingst
Rüstow
Barth
Ostseebad Zingst
Pruchten
Fuhlendorf
Wieck
Ostseebad Prerow
Darß
Born
Ostseebad Ahrenshoop

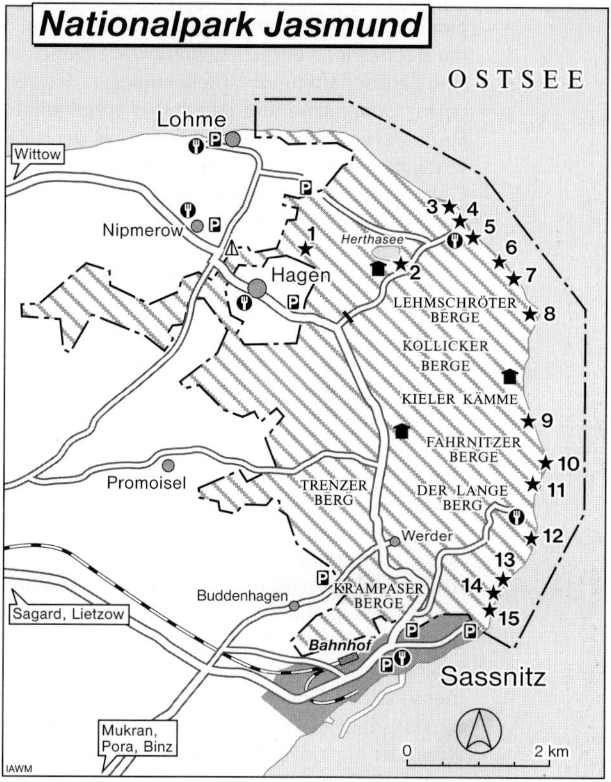

- ★ 1 Pfenniggrab
- ★ 2 Opferstein
- ★ 3 Gr. Stubbenkammer
- ★ 4 Königsstuhl
- ★ 5 Kl. Stubbenkammer
- ★ 6 Aser Ort
- ★ 7 Mönchsteig
- ★ 8 Kollicker Ort
- ★ 9 Siegfriedsbuche
- ★ 10 Tipper Ort, Ernst-Moritz-Arndt-Sicht
- ★ 11 Schnacks Ufer
- ★ 12 Wissower Klinken
- ★ 13 Der Hengst
- ★ 14 Piratenschlucht
- ★ 15 Gakower Ufer
- Gaststätte
- Schutzhütte, Unterstellmöglichkeit

gier der Freizeitindustrie, die im Westen nicht minder skrupellos als die SED-Gerontokratie die schönsten Landschaften mit Hotelkomplexen, Freizeitparks, Golfplätzen und Jachthäfen zubetonierte. Ein weiterer Grund resultiert direkt aus der größten Schwäche der sozialistischen Planwirtschaft: Geldmangel. Es fehlte schlicht an den notwendigen Finanzen, um Flüsse zu begradigen oder das Straßennetz auszubauen, das kleinste Fleckchen, den letzten Winkel dem Menschen ökonomisch untertan zu machen, kurz, die Natur so intensiv zu erschließen und auszubeuten, wie dies im Westen geschah. So säumen im Osten Deutschlands noch herrliche uralte Alleen die Straßen, haben die großen Flußläufe wie Elbe und Oder noch ihre natürlichen Auen. Große Staatsjagden und Privatrefugien der Nomenklatura, einst von der Stasi streng bewacht und dem Volke versperrt, konnten sich so ihre Urwüchsigkeit bewahren. Und schließlich, auch wenn es fast pervers klingen mag, verdanken viele Großschutzgebiete ihre Existenz dem menschenverachtenden Grenzregime. Innerhalb des gesperrten Streifens entlang der innerdeutschen Grenze war die Natur über Jahrzehnte vor menschlichen Eingriffen geschützt und sich selbst überlassen. Diesem Umstand verdanken beispielsweise der Nationalpark um den Brocken oder der Naturpark Elbetal ihr Dasein.

Seeadler, Fischadler, Waschbär

Vor allen Dingen aber, und das kann gar nicht genug betont und gelobt werden, verdanken wir die herrlichen Großschutzgebiete auf dem Gebiet der ehemaligen DDR dem selbstlosen Engagement und Einsatz weitsichtiger Menschen vor Ort. Bis zur physischen Erschöpfung bemühten sich Naturschützer und Bürgerkommitees, die politischen Freiräume zwischen Honeckersturz und Wiedervereinigung zu nutzen, um, ohne von den allmächtigen Wirtschaftslobbys des Westens be- und gehindert werden zu können, so viele Gebiete wie möglich vor den Übergriffen des großen Geldes in Sicherheit zu bringen. Nur wenige Wochen vor der Wiedervereinigung, genau am 12. 9. 1990, also in letzter Minute gelang es, zumindest die wichtigsten und größten Refugien unter gesetzlichen Schutz zu nehmen. Fünf Nationalparks, sechs Biosphärenreservate und drei Naturparks konnten so gesichert werden. Eine grandiose Leistung, die unseren ganzen Respekt, unsere Aner-

Kreidefelsen im Naturpark Jasmund auf Rügen

016omv Foto: rh

kennung und Hochachtung verdient. Und unsere Unterstützung! In die Gebiete, die früher nicht betreten werden durften, strömen jetzt Besucherscharen. Das Straßennetz soll im Hauruck-Verfahren ausgebaut werden. Neue Betonschneisen wie die geplante Ostseeautobahn sollen durch die Landschaft getrieben werden. Golfareale werden in derartig schwindelerregender Zahl beantragt,

Mittelalterliche Dorfkirche auf Usedom – nicht nur die Ostseenatur ist schützenswert

daß man meinen könnte, das elitäre Vergnügen sei der Volkssport Nummer Eins. Die Freizeitindustrie hat sich längst die schönsten Stellen ausgeguckt, um jeden von ihr selbst inszenierten Wunsch nach Luxus und Unterhaltung in Stahlbeton zu gießen.

Es ist nicht zu leugnen, daß es einen massiven Interessenkonflikt gibt zwischen Ökonomie und Ökologie. Es ist den Menschen vor Ort auch zu gönnen, möglichst schnell Arbeit zu finden und ihren Lebensstandard zu erhöhen. Doch Bürger wie Planer sollten nicht kurzsichtig nach dem schnellen Geld schielen, sondern aus den Fehlern, die im Westen gemacht wurden, lernen. Wie eifrig hat man hier alles „Alte" abgerissen, aus den Dörfern seelenlose Siedlungen gemacht. Wie gründlich hat man alle Alleen dem Verkehr geopfert, für wieviel teures Geld Flüsse und Bäche in zementierte Kanäle gezwungen. Nun werden sie mancherorts wieder für noch mehr Geld „krumm" gebaggert, wird versucht, den Dörfern mit Umgestaltungsprogrammen wieder ein bißchen Leben einzuhauchen.

Die Neuen Bundesländer haben – noch – die einmalige Chance, aus den kapitalen Fehlern zu lernen und die Entwicklung behutsam zu betreiben. In manchen Rathäusern hat sich diese Erkenntnis durchgesetzt, und es gibt erfreuliche Beispiele dafür. Hiddensee beispielsweise hat es geschafft, die kapitalkräftigen Konzerne fernzuhalten und so die Einnahmen den Inselbewohnern zugute kommen zu lassen. Andererseits zeigen viele Baumaßnahmen, daß man für die kurzfristig höhere Dividende sein wertvollstes Kapital, die traditionellen Ortsstrukturen und natürliche Landschaft, opfert.

Wenn das Erhaltenswerte erhalten werden soll, wenn die Naturzerstörung nicht „Weststandard" erreichen soll, dann müssen wir jetzt dafür Sorge tragen. Dann müssen beide Seiten, Naturfreunde wie Planer und Politiker, die um dringend benötigter Arbeitsplätze willen jedes noch so zwielichte wie real ruinierende Projekt genehmigen, verantwortungsbewußt und vorausschauend handeln.

Auch die Besucher, auch Sie können helfen, daß nicht eben das unwiederbringlich zerstört wird, was wir vorgeben zu lieben. Denn ist es einmal verloren, ist es für immer verloren. Ihre Ansprüche und Ihr Verhalten haben einen wesentlichen Einfluß auf die weitere Entwicklung. Werden die künstlichen Plastikwelten der industriellen Ferien- und Freizeitparks nicht gebucht, werden sie auch nicht gebaut. Und wer es als unzumutbare Einschränkung empfindet, nicht in jeden Winkel mit seinem lärmenden Motorboot fahren zu dürfen, trägt dazu bei, daß die letzten ursprünglichen Naturräume zu Wassersportzentren mit Disco und Pommesbude umfunktioniert werden und Tiere wie Adler und Biber endgültig verschwinden. Tragen Sie deshalb aktiv dazu bei, daß die herrlichen Naturlandschaften mit ihren gefährdeten Tier- und Pflanzenarten eine reelle Chance haben, auch noch von Ihren Enkeln besucht werden zu können.

Großschutzgebiete

Besonders Mecklenburg-Vorpommern konnte sich als das am schwächsten besiedelte und weitgehend industriefreie Bundesland seine Natur großflächig bewahren. Im Bereich der Ostseeküste findet man fünf der zehn Großschutzgebiete des Bundeslandes, hinzu kommen die vielen kleineren und kleinen Landschafts- und Naturschutzgebiete wie das Tal der Peene, des letzten Flusses Deutschlands, der von menschlichen Eingriffen verschont geblieben ist.

An der Ostseeküste Mecklenburgs befinden sich zwei Nationalparks. Der größere ist der **Nationalpark Vorpommersche Boddenlandschaft**, der sich auf einer Fläche von mehr als 800 km² zwischen der Halbinsel Darß/Zingst und der Westküste Rügens erstreckt. Die ständig sich verändernde Abtragungs- und Anlandungsküste mit ihren Strandseen, Lagunen, Steilküsten, Haken, Nehrungen und Windwatten und die Moore und Brüche

017omv Foto: rh

sind das Brutgebiet unzähliger Vogelarten und einer der bedeutendsten Rastplätze für Zugvögel. Bis zu 40.000 Kraniche versammeln sich hier im Frühling und Herbst und bieten ein überwältigendes Naturschauspiel.

Wesentlich kleiner ist der **Nationalpark Jasmund** auf Rügen. Er bedeckt zwischen den Orten Sassnitz und Lohme eine Fläche von 3.000 ha und schließt die weltberühmte Steilküste mit ihren Kreidefelsen ein. In dem alten Rotbuchenwald, der über das gesamte Stubnitzplateau sein grünes Dach spannt, finden sich zahlreiche steinzeitliche Großsteingräber.

Der Nationalpark „Vorpommersche Boddenlandschaft" ist ein einzigartiger Naturraum und Vogelparadies.

Eiszeit und eiszeitliche Landschaftsformen im Ostseeraum

Eiszeiten mit weiträumigen Vergletscherungen hat es bereits in früheren erdgeschichtlichen Epochen gegeben. Als *„die"* Eiszeit im engeren Sinne bezeichnet man jedoch nur das jüngste Eiszeitalter etwa von 800.000 bis 20.000 v.Chr. mit vier Kaltzeiten (Temperatur um 8-12 °C niedriger als heute) und drei zwischenliegenden Warmzeiten (Temperatur wie heute oder höher). Wodurch es zu den Schwankungen kam, die den Wechsel von Kalt- und Warmzeiten beding(t)en, darüber spekulieren rund 50 verschiedene Eiszeit-Theorien.

Gletscher

Während der letzten Kaltzeit, hier Weichsel-Eiszeit genannt, rückten die ***Gletscher*** von Skandinavien über die Ostsee vor und bedeckten mit einer bis zu 1 km starken Eisschicht das heutige Mecklenburg und den nördlichen Teil Brandenburgs bis zur Linie Schwerin – Bad Freienwalde. Die nordöstlich von Rügen liegende Granitinsel Bornholm teilte die Gletschermasse in zwei Hauptströme: den *Beltsee-* und den *Oder-Strom.*

Moränen

Durch die Bewegung und durch ihre Ablagerungen prägten die Gletscher die Landschaft dieser Region. Sie transportierten gewaltige, vom Eis abgeschliffene Felsblöcke mit einem Gewicht von bis zu 1600 Tonnen, die nach dem Schmelzen als ***Findlinge*** liegenblieben.

Die riesigen mitgeführten Geröllmassen wurden als ***Moränen*** verschiedener Form abgelagert. Am Rande der Eisflächen bildeten sich die ***Endmoränen*** durch Material, das der Gletscher vor sich herschob. Da der Eisrand nicht stillstand, sondern sich wechselweise vorschob und zurückzog, liegen die Endmoränen als girlandenförmige Staffeln hintereinander. Nach dem Schmelzen des Eises behinderten sie den Ablauf des Wassers, und es entstanden ***Endmoränen-Stauseen,*** wie beispielsweise die Müritz.

Die häufig zu beobachtenden ***Endmoränenbögen*** kamen dadurch zustande, daß das Eis meist nicht in breiter Front, sondern mit einzelnen *Zungen* vorrückte. Innerhalb jedes Endmoränenbogens liegt das ehemalige ***Gletscherzungen-Becken.***

Moränenlandschaften

Der Bereich der *Endmoränen-Landschaften* gliedert sich in zwei Zonen: eine innere mit den regellos kuppigen ***Jungmoränen*** der letzten Eiszeit, zwischen denen oft zahlreiche Seen liegen, und eine äußere mit teilweise wieder abgetragenen und eingeebneten ***Altmoränen,*** in denen man keine Seen findet.

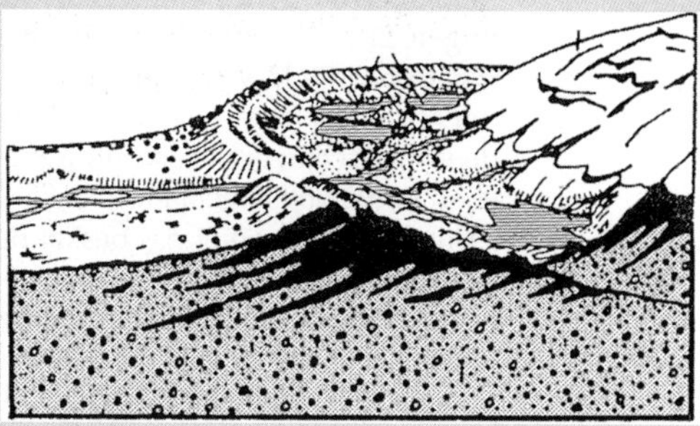

Das beim Rückgang der Eismassen auf den weiten, vorher vom Gletscher bedeckten Flächen abgelagerte Geröllmaterial bezeichnet man als ***Grundmoränen.*** Durch sie werden die unregelmäßig welligen, kuppigen und von kleinen Seen durchsetzten *Grundmoränen-Landschaften* geprägt, die weite Teile Mecklenburgs einnehmen. Die abfließenden Schmelzwasser bildeten die sogenannten ***Urstromtäler.*** Da die Gletscherfront den Abfluß des Wassers nach Norden behinderte und von Süden her die Mittelgebirge den Weg versperrten, verlaufen die Urstromtäler in Ost -West-Richtung.

Einzelformen

Wo die Moränenwälle später von Wasserläufen durchbrochen wurden, bildeten sich eine Reihe von Einzelformen nacheiszeitlicher Abtragung *(Erosion)* und Aufschüttung *(Akkumulation)*. Zu ihnen gehören die aus Moränenmaterial bestehenden Rundhöcker, die als ***Drumlins*** bezeichnet werden und durch Eisdruck aus bereits abgelagerten Moränen herausmodelliert wurden. Sie treten meist massenweise auf (das größte Drumlinfeld im Ostseebereich zählt über 3000 Hügel) und können zwischen 5 und 50 m hoch sein. Eine weitere Einzelform sind die ***Oser,*** langgestreckte schmale Kiesrücken, die an Bahndämme erinnern und über 20 km lang sein können. Vermutlich sind sie durch Ablagerung des in Spalten zwischen totem Eis angesammelten Materials entstanden.

Als ***Sander*** bezeichnet man die ausgedehnten flachen Sandablagerungen im Vorfeld der Gletscher.

Eine andere auffällige Einzelform, der man in Mecklenburg häufig begegnet, sind die ***Sölle,*** rundliche Vertiefungen von bis zu 25 m Durchmesser, die an die *Dolinen* in Karstgebieten erinnern. Entstanden sind sie dadurch, daß Toteisblöcke in die Geröllablagerungen eingeschlossen wurden, die bei ihrem Abschmelzen Löcher hinterließen.

Praktisch die ganze Insel gehört zum **Naturpark Rügen**. Der 770 km² große Park bewahrt die landschaftliche Perle vor plan- und hemmungsloser Zersiedlung. Neben seinen fünf bereits bestehenden Naturschutzgebieten sind weitere sechs gesichert und 22 neue geplant.

Einen besonderen Status besitzt der südöstliche Inselteil. Das **Biosphärenreservat Südost-Rügen** erstreckt sich zwischen Putbus und dem Mönchgut und schließt die Granitz, den Rügischen Bodden und die Insel Vilm ein. Das fast 24.000 ha große Schutzgebiet ist eines der weltweit 300 großflächigen Areale, die dem UNESCO-Programm „Der Mensch und die Biosphäre" angehören.

Auch Vorpommerns zweite große Insel wurde zum **Naturpark Usedom** erklärt. Dem 800 km² großen Territorium gehören neben der Insel selbst auch die Haffküste und der Peenestrom an. Ein Hinweis: Die Schwesterinsel Wolin auf polnischer Seite ist zum großen Teil Nationalpark und unbedingt besuchenswert.

Alle genannten Großschutzgebiete unterhalten vor Ort Informationszentren/-hütten und Ausstellungen, in denen man sich über das jeweilige Schutzgebiet informieren kann. Über alle Schutzgebiete existieren praktische Faltblätter, die neben einer genauen Karte des Territoriums auch wichtige Kurzinformationen über die Besonderheiten des Gebietes enthalten. Daß die darauf eingezeichneten Totalreservate und vermerkten Beschränkungen und Verhaltensweisen unbedingt respektiert werden sollten, sollte sich von selbst verstehen. Die einzelnen Verwaltungen bieten auch eigene Programme wie Führungen, Fahrradexkursionen, Tierbeobachtungen, Vorträge u.a. an. Unter Führung und Anleitung eines Fachmannes die Naturparadiese zu durchstreifen, ist mit Sicherheit ungleich lehr- und aufschlußreicher, als auf eigene Faust und ahnungslos durch die Natur zu wandern. Die der Jahreszeit entsprechenden Angebote erfahren Sie bei den lokalen Parkverwaltungen.

Info

- **Nationalparkamt Mecklenburg-Vorpommern,** Fritz-Reuter-Platz, 17139 Malchin (ab 1/99 Tel / Fax noch unklar)
- **Nationalparkamt Vorpommersche Boddenlandschaft,** Im Forst 5, 18375 Born, Tel. (038234) 50 20, Fax 50 22 4
- **Nationalparkamt Rügen,** Blieschow 7a, 18586 Lancken-Granitz, Tel. (038303) 8850, Fax 88588
- **Nationalparkhaus Hiddensee,** Vitte, Norderende 1, Tel. (038300) 242
- **Außenstelle Stubbenkammer (NP Jasmund),** Außenstelle, Pf 34, 18540 Sassnitz, Tel. (038392) 35011, Fax 35054
- **Naturpark Usedom,** Gothenweg 1, 17419 Korswandt, Tel./Fax (038378) 31913

Literatur

- **National- und Naturparkführer M.-V.** und **Flora und Fauna an der Ostseeküste von M.-V.,** Demmler Verlag (empfehlenswerte, illustrierte Führer mit kompetenten Texten und Übersichtskarten)

Menschen und Bräuche

Mötst di nich argern,
Hett keinen Wiert,
Mötst di blot wunnern,
Watt all passiert.
Mötst ümmer denken,
De Welt is nich klauk,
Jeder hett Grappen,
Du hest se ok!

Mötst di nit argern,
Hett keinen Sinn,
Wart di blot schaden,
Un bringt nix in,
Ward an die fräten
As Qualm und Rook.
Is't nahst vergäten,
Büst grad so klauk!

Mötst di nich argern,
Is Uhnrecht di dahn,
Haug mal up'n Disch
Un gliek is't vergahn.
Kort is din Läben
Un lang'n büst du dod,
Minsch, blot nich argern,
Ne, lachen deiht gaud!

(R. Tarnow, 1927)

018omv Foto: rh

„Unrecht dahn" wurde den Menschen in Mecklenburg-Vorpommern oft in ihrer zumeist leidvollen Geschichte.

„Es sint die Einwohner sehr ein mordisch und zenkisch Folck, das eben schir wahr wird, wie das lateinische Sprichwort sagt: omnes insules mali." So schildert der Geschichtsschreiber *Helmhold* (1125-1177)

Das Akkordeon ist eines der beliebtesten Instrumente an der Ostseeküste

die Bewohner der Küste und ihrer Inseln. Damals waren dies aber noch slawische Stämme. Die heutigen Bewohner Mecklenburgs und Vorpommerns sind Nachkömmlinge jener deutschen und christlichen Zuwanderer, die die Slawen verdrängten.

Th. Fontane

Wesentlich freundlicher fallen aber Charakteristika der heutigen Einheimischen immer noch nicht aus. *Theodor Fontane,* der Wanderer durch die Mark Brandenburg, notierte über die Nachbarn wenig schmeichelhaft: *„Sie haben unbestreitbar eine wundervolle Durchschnittsbegabung, werden aber ungenießbar dadurch, daß sie einem dies Durchschnittsmäßige, dies schließlich doch immer furchtbar Enge und Kleinstädtische als etwas Höheres, als das eigentlich Wahre aufdrängen möchten. Das nennen sie dann Humor, wenn sie plötzlich, mit einem ziemlich unverschämten Gesicht, aus ihrem Mustopf herauskucken."* Das geflügelte Wort *„einen Mecklenburger zu Hilfe rufen"* bedeutet in mancher Stube noch immer der Griff zum Prügelstock.

Vom rauhen Norden sind sie geprägt, von der gefahrvollen See und den kargen Böden, denen sie seit Jahrhunderten ihre Existenz abringen. Von den Stürmen, undurchdringlichen Wäldern und weiten Sümpfen, die große Flächen des heutigen Landes früher bedeckten. Abgeschiedenheit und Einsamkeit formte ihre Seelen, förderte Einsilbigkeit und kantige Köpfe. Die Arbeit prägte diesen Menschenschlag. Die tägliche schwere körperliche Arbeit in Fischerei und Landwirtschaft, die sie bis heute verrichten. Bis 1830, als auch in Mecklenburg schließlich die **Leibeigenschaft** abgeschafft wurde, mußten sie dies als Tagelöhner, Mägde und Knechte für die feudalen Landjunker tun, die ihre *„Bauern legen"* konnten, wie sie wollten. „Bauernlegen" bedeutete, daß der Rittergutsbesitzer die Höfe der Bauern einfach einziehen, beschlagnahmen konnte. Von diesem Recht machten sie derartig häufig Gebrauch, daß die Zahl der eigenständigen Höfe zwischen 1600 und 1800 von 12.000 um 90%

auf 1200 sank. Der **Landadel** verschaffte sich auf diese krumme Tour riesigen Grundbesitz. Als rechtlose Untertanen mußten die Bauern nun für die Herren schuften. Geknechtet und ausgebeutet, der Tag ausgefüllt mit harter Fron, die die Kinder dennoch nicht satt machen konnte. Das formt. *„Das Ringen in harter Arbeit mit dem Boden und Wasser hat sie ruhig und bedächtig gemacht, zu einem fleißigen und kraftvollen Geschlecht, das lieber im Wirken als in Worten sich äußert“*, konstatiert der Historiker *R. Pechel.* Still und zupackend, so scheinen sie zu sein.

Der Ruf, **starke Esser und Trinker** zu sein, eilt den Mecklenburgern seit alters her bis heute voraus. Wohl nicht ganz zu Unrecht. *„Das Charakteristische an seiner Küche“*, so der Kulturhistoriker *L. Fromm* 1860, *„ist nicht das Leckere und Zarte, sondern das Schwere und Massenhafte.“*

Ein gewisser *Suckow* konstatierte 1801 erstaunt: *„Daß die Menschenclasse auf dem Lande in Mecklenburg weit stärker arbeitet, als sie vielleicht in jedem anderen Staat thut, ist unleugbar. Aber ebenso gewiß ist es auch, daß der geborne Mecklenburger dieser Gattung noch einmal so viele Speisen zum Unterhalt braucht als seine Mitbrüder in anderen Ländern.“* Kräftig und deftig und kalorienreich ist sie bis heute geblieben, die Mecklenburger Küche, und suß. Ein Schreiber namens *Schütze* berichtet: *„So fällt es auf, daß der Mecklenburger, und gerade der, ein passionierter Freund des Süßen, namentlich des Zuckers ist. Daran erkennt man einen Mecklenburger, daß er viel Zucker zu Wein und Speisen mischt.“*

„'N Makelbörger Magen kann alles verdragen“, heißt es im Lande. Und damit sind nicht nur Speisen gemeint, sondern auch das zweite Hauptnahrungsmittel – **Alkohol.** Getrunken – und das insbesondere Schnaps – wird reichlich. Welchen Stellenwert das Trinken in der Volksseele einnimmt, wird an der Fülle von Begriffen deutlich, die diese Tätigkeit beschreiben. *„Störken, kilken, pägeln,*

bäkern, kniepen, koemen, ströpen, bülgen, biknüllen, antuten, ünnerkröseln, inknöpen" – nur eine Auswahl der mundartlichen Bezeichnungen für die allseits beliebte Kehlenspülung.

So stellte schon 1856 der Ökonom *Vehse,* der die wirtschaftlichen Verhältnisse vor Ort untersuchte, resigniert fest: *„... während man sich der Industrie noch nirgends genähert hat, es sei denn, unglücklicherweise in den zahlreichen Branntweinbrennereien."* Sind die Deutschen sowieso Weltklasse im Trinken, so waren die Bürger der ehemaligen DDR in dieser Disziplin ihren Westbrüdern klar überlegen. Aber die Goldmedaille beanspruchen die Menschen Mecklenburg-Vorpommerns. Bier- oder schnapsselige Runden kann man zu jeder Tageszeit in den Kneipen antreffen. *„Weshalb man ihn denn häufig in größeren Gesellschaften antrifft, Bier und Korn vor sich, und schwimmenden Auges und schwerer Zunge Autobiographisches mitteilend, wobei er mit gewagten Details aus der Intimsphäre nicht spart"*, wie ein Kenner feststellt.

E. M. Arndt

Ernst Moritz Arndt, selbst ein Vorpommer, beschrieb seine Landsleute milde folgendermaßen: *„Etwas träge und bequem, aber durchaus gutmütig und gerade"* und hebt *„ihre Fröhlichkeit, Tapferkeit und Treue"* hervor. *„Ein aufgerichtet, trewe, verschwiegen Folk, das die Lügen und Schmeicheleien hasset"*, meint ein anderer Chronist. *„Mehr gutherzig und mehr simpel, nicht sehr fröhlich, sondern schwermütig"*. Bodenständig, gerade und unerschütterlich in Zuneigung wie in Abneigung, heimatverbunden und seßhaft, sagt man, seien sie. Ihre Bedächtigkeit wird ihnen oft als Langsamkeit ausgelegt. Notorische Rückständigkeit unterstellt man ihnen, Denkfaulheit und engstirnigen Provinzialismus. Und so mancher „Gutsherr" moderner Prägung beißt sich an ihrer stillen, aber unerschütterlichen Querulanz die Zähne aus. Durchaus brauchbare Eigenschaften, die sie womöglich vor manchem krummen Geschäftemacher und Glücksritter verschonen. Arrogant und nörglerisch

darf man ihnen nicht kommen. Wer es versucht, den lassen sie unerbittlich auflaufen und im Regen stehen. Wer gar unverschämt wird, der wird schon mal kräftig am Schlips gepackt.

Wir haben auf unseren ausgedehnten Exkursionen durch alle Winkel und Ecken des Landes nur freundliche und hilfsbereite Menschen kennengelernt. Manchmal mit Zeitverzögerung und sehr bedächtig, aber die gewünschte Auskunft oder den erfragten Rat erhielten wir immer. Sie sind nun mal keine levantinischen Heißsporne. Wer sie respektiert und achtet, der wird in ihnen Menschen kennenlernen, deren ernsthafter, gelassener und geradliniger Charakter nicht so schnell durch Glittertand zu blenden ist und von denen der Besucher manches lernen kann.

Wie das Sprichwort, das hier *Lüüd'snack* genannt wird, sagt: „*De knarrenden Wagens gahn am allerlängsten.*"

Fassade einer traditionsreichen Werkstatt in Wismar

Geschichte

Die **ersten Spuren** menschlicher Besiedlung des Gebietes, das heute das Land Mecklenburg-Vorpommern bildet, reichen bis ins Jahre 6500 v.Chr. zurück. Diese ältesten prähistorischen Funde waren zwei Siedlungen, die man im Gebiet Wismar entdeckte. Vor dieser Zeit bedeckten die gewaltigen Gletscher der letzten Eiszeit die Region und machten sie unbewohnbar.

Im Laufe der **Mittleren Steinzeit** (Mesolithikum, 8000-3000 v.Chr.) zogen verstärkt Jäger und Sammler in die vom Eis befreiten Gebiete. Diese Besiedlung konzentrierte sich hauptsächlich auf die Seenplatte und die Küstenbereiche.

Dichter besiedelt wurde die norddeutsch-polnische Tiefebene erst in der **Jüngeren Steinzeit** (Neolithikum, 3000-1800 v.Chr.). Eine Vielzahl von Hügel- und Großsteingräbern aus dieser Epoche haben sich bis heute erhalten und zeugen von der Übergangsphase der reinen Jäger- und Sammlerkultur zu Ackerbau und Tierhaltung (Trichterbecherkultur).

Die **Bronzezeit** (1800-600 v.Chr.) konnte sich in Mecklenburg nur zögerlich etablieren. Die bis dahin verbreitete Form der Bestattung in Grabhügeln wurde aufgegeben; die Toten wurden nun verbrannt und in Urnenfeldern beigesetzt.

Einsetzende Klimaverschlechterung, die zu kühlerem und feuchterem Wetter führte und manche Gebiete versumpfen und somit unbewohnbar werden ließ, löste eine Abwanderungsbewegung aus. So war das Gebiet während der **Völkerwanderungszeit** (375 v.Chr- 600 n.Chr.) nur noch dünn besiedelt.

Neuere Geschichte

Die neuere Geschichte begann um 600 n.Chr., als slawische Stämme in das Gebiet eindrangen. Obotriten, Wagrier, Wilzen, Lutizen, Redarier und andere Stämme okkupierten das Land und bildeten einzelne Stammesgebiete. Aus dieser **slawi-**

schen Epoche, die man auch die wendische nennt, rühren die vielen mächtigen Wallburgen, deren ringförmige Wehranlagen man auch heute noch überall in Mecklenburg-Vorpommern finden kann. Der Name Mecklenburg leitet sich von einer solchen Wendenburg, der *„Michelenburg"* bei Wismar, her. Pommern erhielt seinen Namen von dem Volk der Pomoranen *(„die am Meer wohnenden")*.

Das Ende der slawischen Epoche begann, als das **Christentum** in Form der technisch überlegenen Dänen und Deutschen in das „Heidenland" einfiel und es trotz heftigster Gegenwehr der freiheitsliebenden Slawen Stück für Stück erobern konnte. Schließlich blieb nur noch die Insel Rügen als freies Wendenland übrig. Mit dem Fall ihres obersten Heiligtumes, der **Jaromarsburg** am Kap Arkona, im Jahre 1168 unterwarfen sie sich endgültig den Siegern und wurden christianisiert.

Im Gefolge der christlichen Heere drangen immer mehr deutsche Siedler in die Gebiete ein und kolonisierten es Zug um Zug. Bald war das Land mit einem dichten Netz deutscher Dörfer und Städte überzogen, und die Türme der Christenkirchen ragten nun überall in den Himmel.

Zunehmender Handel entlang der *„Via Regia"*, dem großen Handelsweg, der von Lübeck durch Mecklenburg nach Danzig und weiter über Kiew bis zum Schwarzen Meer führte, trug entscheidend zur Entwicklung des Gebietes bei. Die **Hanse** (zeitgenössischer Begriff für „Schar, Gruppe"), der

Phillip I. Herzog von Vorpommern (1532-1560)

v.l.n.r.: Fürst Pribislaw von Mecklenburg (1160-1178)
Magnus II. von Mecklenburg (1477-1503)
Adolf-Friederich I. von Mecklenburg (1592-1658)
Christian Ludwig II. von Mecklenburg (1747-1756)

Schutzbund der Kaufleute und freien Handelsstädte, entstand. Die ökonomische Potenz, die Städte wie Rostock, Wismar, Stralsund oder Greifswald durch den monopolistisch kontrollierten Handel erreichten, sicherte ihnen Macht, Einfluß und Unabhängigkeit. Gleichzeitig bescherte sie ihnen aber auch den Neid der verschiedenen Regionalfürsten und kriegerische Auseinandersetzungen mit der Konkurrenz, insbesondere mit den Dänen.

Zu Beginn des **16. Jahrhunderts** erschütterten starke politische, religiöse und soziale Spannungen die Region. In den Städten kam es zu Unruhen und Aufständen. Die mehr und mehr an Bedeutung gewinnenden Handwerkerzünfte forderten ein ihrer ökonomischen Bedeutung gemäßes Mitspracherecht. Die Ideen der Reformation er-

reichten auch Mecklenburg-Vorpommern und brachten schließlich die festgefügte Macht der Bischöfe und Klöster zu Fall.

Leid, Not und Verwüstung brachte der **Dreißigjährige Krieg** (1618-48) über das Land und seine Einwohner. Die kaiserlichen und schwedischen Heerhaufen zogen marodierend, plündernd und mordend durchs Land. Am Ende des Krieges hatten von Mecklenburgs einst 300.000 Bewohnern nur knappe 50.000 überlebt. Es war dabei eines der ärmsten Länder des Reiches geworden.

Die siegreichen Schweden besetzten Vorpommern und Teile Mecklenburgs. Brandenburg, dem Hinterpommern zugefallen war, gelang es unter dem Großen Kurfürsten zwar, 1675 Vorpommern zurückzuerobern; sie mußten es aber im **Frieden von St. Germain** wieder an Schweden zurückgeben. Im **Nordischen Krieg** (1700-21) versuchte Brandenburg erneut, sich die schwedischen Gebiete einzuverleiben, indem es an der Seite Rußlands gegen Schweden kämpfte. Im **Frieden von Stockholm** von 1720 wurde Vorpommern bis zur Peene inklusive Usedom und Wollin *Friedrich dem Großen* zugesprochen.

Das durch ewige Erbstreitigkeiten, Teilungen und Kriege geschwächte und zerrissene Mecklenburg wurde durch den übermächtigen Nachbarn Brandenburg-Preußen **1757** besetzt. Nur durch Zahlung erheblicher Abfindungen und Kontributionen an Preußen und Schweden gelang es dem Schweriner *Herzog Friedrich-Franz I.*, besetzte Gebiete auszulösen und wieder selbständig zu werden.

Herzog Borislaw XI. von Vorpommern (1620-1637)

1806 marschierte *Napoleon* in Mecklenburg und Vorpommern ein und hielt es besetzt. Nach der endgültigen Niederlage *Napoleons* bei Waterloo und der folgenden Neuordnung Europas auf dem **Wiener Kongreß 1815** fiel Vorpommern mitsamt Rügen an Preußen. Mecklenburg blieb im Schatten des mächtigen Nachbarn souverän. Während in Preußen die Reformideen des *Freiherrn von Stein, Scharnhorst* und *Gneisenau* umgesetzt wurden, blieb in Mecklenburg die Ständeherrschaft unangetastet. Die leibeigenen Bauern mußten weiterhin als Tagelöhner, Knechte und Mägde ihr karges Leben fristen. Zuzeiten der großen Auswanderungswellen nach Amerika, zu Beginn des 19. Jahrhunderts, suchten denn auch Zehntausende Mecklenburger ihr Heil in Übersee. Das Land blutete aus. Seine Entwicklung wurde zusätzlich durch die mittelalterliche Zoll- und Steuergesetzgebung behindert. Während ringsum die **Industrialisierung** längst begonnen hatte, verharrte Mecklenburg unter der Knute seiner Landjunker im politischen und sozialen Dornröschenschlaf.

Erst **1820** gelang gegen den zähen Widerstand der Rittergutsbesitzer die **Aufhebung der Leibeigenschaft.** Dies verbesserte die Situation der Bauern aber nur unwesentlich. Sie waren jetzt zwar frei, aber nach wie vor gehörte der Boden den Großgrundbesitzern, die weiterhin eine demokratische Entwicklung des Landes erfolgreich zu verhindern wußten.

So blieb Mecklenburg bis zum **Revolutionsjahr 1918** sozusagen ein museales Land, in dem längst überholte politische und ökonomische Strukturen konserviert wurden. Die Revolution zwang dann schließlich den Großherzog doch, endgültig abzudanken und die Macht an die aus den Wahlen vom 15.12.1918 hervorgegangene verfassungsgebende Versammlung abzugeben.

Die Länder Mecklenburg und Vorpommern wurden am **13.10.1933** von den Nationalsozialisten zu einem Land vereint, das die **SED** mit der **Ver-**

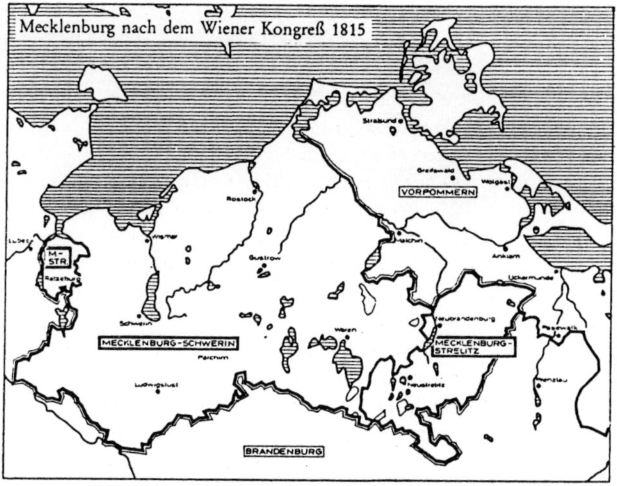

Mecklenburg nach dem Wiener Kongreß 1815

waltungsreform von 1952 wieder auflöste und in die Bezirke Rostock, Schwerin und Neubrandenburg zerteilte. Nach dem **Sturz des SED-Regimes** leitete die demokratisch gewählte Volkskammer die Neubildung des Landes in den Grenzen von 1933 ein.

021omv Foto: rh

Mecklenburgische
Ostseebäder

Überblick

„Eine Möwe fliegt kreischend hin und her – mehr kann man doch wirklich nicht verlangen." Eine Miniatur vom jungen *Kurt Tucholsky,* der von Kindesbeinen an so oft in den Seebädern an der Ostseeküste seine *„Sehnsucht nach der Sehnsucht"* stillte. Daß er später in der Weltbühne in seinem stets spitzzüngigen Duktus schreiben konnte *„Und der Landrat spricht: hiermit erkläre ich die Ostsee für eröffnet",* daß die Küste Mecklenburgs mehr als nur kreischende Möwen zu bieten hat, verdankt sie zwei Denkern, die man erst einmal nicht mit dem nordischen Meer in Verbindung bringt. Es war der englische Arzt und Philosoph *John Locke,* der mit seiner 1693 veröffentlichten Schrift „Gedanken über Erziehung" die Abhärtung der Kinder durch ständigen Gebrauch von kaltem Wasser forderte. Und der französische Aufklärer und Philosoph *Jean-Jaques Rousseau, Jean-Jaques,* der im lebenslänglichen Baden und Schwimmen einen wesentlichen Quell für körperliche Gesundheit und geistige Frische sah. So war es denn auch das kleine englische Fischerdorf Brighthelmstone an der Kanalküste, in dem die Idee der Volksgesundheit durch regelmäßiges Baden zur Geschäftsidee heranreifte und 1760 das erste Seebad der Welt eröffnet wurde. 1776 zog das französische Dieppe nach und eröffnete an der Küste ein „Gesundheitshaus".

Im bislang noch wasserscheuen, aber küstenreichen Deutschland war es der ostfriesische Pfarrer *Janus,* der den **Seebadgedanken** aufgriff. *„Es ist bekannt, daß die See Luft mit den feinsten Theilchen angefüllet ist, welche den menschlichen Cörper sowohl durchs Einhauchen als auch von außen durchdringen und durch die resolvirende Kraft das Unreine aus demselben wegschaffen können",* begründete der gesundheitsbewußte Gottesmann 1783 in einer Eingabe an *Friedrich II.* seine Forderung nach der Eröffnung eines Seebades an der

022omv Foto: rh

Nordsee. Es war schließlich dem eigentlich für seine Langsamkeit und Rückständigkeit bekannten Mecklenburg vorbehalten, 1794 in Heiligendamm bei Bad Doberan das erste Seebad auf deutschem Boden zu eröffnen. Sprunghaft entwickelte sich das vom Rostocker Arzt und Universitätsprofessor *Samuel Gottlieb Vogel, Samuel Gottlieb* angeregte fürstliche Seebad zur modischen Sommerfrische mit Logierhäusern, Moorbad, Salons und gar einer Pferderennbahn, der ersten überhaupt auf dem Kontinent. Da wollte man in den anderen Küstendörfern, in denen das täglich Brot noch mit der harten Arbeit des Fischfangs und Ackerbaus verdient werden mußte, sich ebenfalls die neue Einkommensquelle erschließen. Entlang der mecklenburgischen Ostseeküste eröffnete ein Seebad, ein Kurort nach dem anderen, wo dann Gutsbesitzer, Advokaten, Offiziere und Kaufleute ihren exklusiven Vergnügungen nachgingen. Bis heute hat sich das sommerliche Treiben in den bekannten See-

Weiße Pracht am feinen Strand – Heiligendamm ist Deutschlands ältestes Seebad.

bädern kaum geändert. Nur mit dem Unterschied, daß das Strandvergnügen nun für jedermann erschwinglich ist und mondäne Casinos und piekfeine Pferdebahnen durch Bistros und Discos, Campingplätze und Surfschulen ersetzt wurden.

Die touristische Region „Mecklenburgische Ostseebäder" umfaßt den schmalen Küstenstreifen zwischen Dassow an der schleswig-holsteinischen Landesgrenze bis zum Ostseebad Graal-Müritz. Wie Perlen reihen sich die traditionsreichen Seebäder am Gestade der Ostsee auf. Erster und überragender Grund ihrer Gäste, hierher zu kommen, ist natürlich Sommer, Sonne und Strand. Doch neben dem Badevergnügen bietet die Region genügend Sehenswürdigkeiten und Ausflugsziele, so daß auch an Regentagen keine Mißmut und Langeweile aufkommen muß.

Klützer Winkel

Die Goldene Aue Mecklenburgs

Der Klützer Winkel, sagen seine Bewohner, reiche eben *„so wiet, as'n den' Klützer Kirchtorm süht"*. Bei klarer Luft reicht der Blick bis zur Lübecker Bucht im Westen und der Wismarer Bucht im Osten, die den in die See hinausragenden Landwinkel begrenzen. Die Goldene Aue Mecklenburgs, auch Speckwinkel wird der Winkel ob seiner Fruchtbarkeit genannt. Seit deutsche Siedler den *„Silva Cluste"*, den Urwald, der einst die ganze Ecke bedeckte, rodeten und die Erde urbar machten, ist er begehrtes Bauernland. Es war das Rittergeschlecht der *von Plessen*, die sich 1319 bei Arpshagen die **Plessenburg** errichteten und dort bald die unangefochtenen Herren waren. 1723 erwarb der *Graf von Bothme, Graf vonr* die Ländereien. Mit mehr als 7000 ha war das Gut Klütz eines der größten im Junkerland Mecklenburg.

Wer bei dem Namen Klützer Winkel Assoziationen mit Fuchs und Hase und nächtlicher Verabschiedung hat, liegt ganz richtig. Abgeschieden in der westlichsten Ecke des Landes, bis 1989 im Schatten der innerdeutschen Grenze gelegen, ist der Winkel das geblieben, was er schon immer war: stilles, sanft hügeliges Bauernland. „Hauptstadt" ist Klütz, das nicht einmal 4000 Einwohner zählt. Sonst finden sich nur kleine Dörfchen, in denen man noch oft ebenso alte wie malerische niederdeutsche Hallenhäuser sieht. Die wenigen Straßen im Winkel sind meist schmal und holprig. Nur an der Küste, im kleinen **Ostseebad Boltenhagen,** hat der Badetourismus ein wenig die ländliche Ruhe gestört und mit seinen Einrichtungen die eine oder andere Vergnügung unserer Zeit in den Winkel gebracht. Doch auch in Boltenhagen geht es im Vergleich noch recht beschaulich zu. Wer das Landleben im Langsamtakt liebt, sich an einer hübschen Windmühle oder einem rot-weiß aus dem satten Grün der Weiden strahlenden Leuchtturm erfreuen kann, wer nicht wesentlich mehr erwartet als eine friedlich grasende Schafherde und umherfliegende, kreischende Möwen, ist im Klützer Winkel jedenfalls nicht falsch.

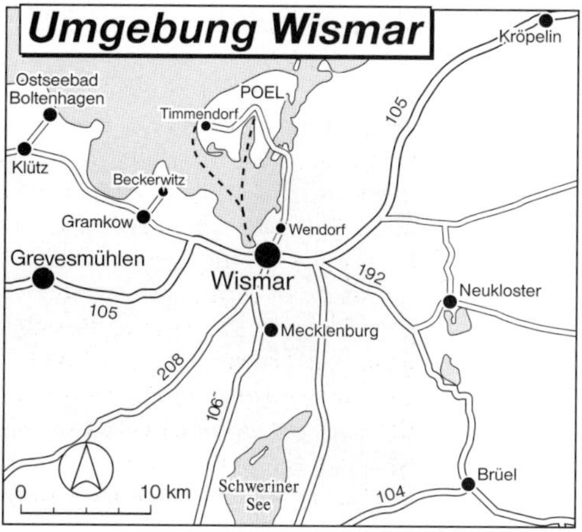

Klütz mit Schloß Bothmer

Zentraler Ort ist das kleine Klütz, dem 1938 das Stadtrecht verliehen wurde. Zwei Bauwerke sind weithin sichtbar, die „Bischofsmütze" – der Turm der Stadtkirche – und eine Holländer-Windmühle. Die **Marienkirche** ist eine frühgotische, dreischiffige Hallenkirche aus der Mitte des 13. Jh. Zu ihren Prunkstücken zählen der barocke Altaraufbau mit einer Kopie des Kreuzigungsgemäldes von *van Dyck,* besonders aber das Taufgehäuse von 1635. Östlich der Kirche erblickt man das 1756 erbaute **Bothmersche Mausoleum.** Am Ortsrand leuchten die Flügel einer denkmalgeschützten **Galerie-Holländer-Windmühle** auf einem Hügel. In der stillgelegten Mühle hat sich ein Restaurant eingerichtet, dessen Küche einen guten Ruf besitzt.

Die große Sehenswürdigkeit von Klütz ist aber das **Schloß Bothmer** am westlichen Ortsrand. Eine kunstvoll beschnittene, 250 Jahre alte Lindenallee führt sanft abfallend zu der zweiflügligen barocken Schloßanlage, die von *J. F. Künnecke* 1726-1732 nach dem Vorbild von Blenheim Castle entworfen wurde. Bauherr war *Caspar Graf von Both-*

023omv Foto: rh

mer, Caspar Graf von der der Welt noch ein anderes, weit berühmteres Gebäude hinterließ: Als Premierminister von *König Georg I.* ließ er in London Downing Street 10 errichten. Auch wenn das Schloß nicht von innen besichtigt werden kann – es wird z. Zt. saniert – lohnt sich der Weg dorthin. Die Anlage ist in einen 16 ha großen, von einem Wassergraben begrenzten Landschaftsgarten eingebettet, der zu den bemerkenswertesten Mecklenburgs zählt.

Info

•**Fremdenverkehrszentrum,** Schloßstr. 34, 23948 Klütz, Tel./Fax (038825) 22295, e-mail: Fiz-kluetz@t-online.de (Juni-Aug. Mo-Fr 9-17 Uhr, Sa 9-13 Uhr; Sept.-Mai Mo-Fr 10-16 Uhr)

Unterkunft

•**Pension Dat Oole Huus,** in Wohlenberg, An der Chaussee 1, Tel./Fax 22365 (entzückendes, altes Reethaus)
•**Landhaus Wohlenberg,** in Wohlenberg, Tel. 22326 (malerisches, reetgedecktes Hallenhaus, Fahrradverleih)
•**Gut Oberhof,** in Oberhof, Tel. 22204 (herrschaftliches altes Gutshaus in reizvoller Parklage
•**Burg Großenhof,** Str. zur Jugendherberge 3, in Großenhof, Tel./Fax (03881) 717161; (reizend allein im Grünen gelegene ehemalige Wasserburg aus dem 17.Jh., mit Bungalows, besonders für Gruppen, Schulklassen, Familien geeignet)
•**Gutshof Brook,** Dorfstr. 1, in Brook, Tel. 8010, Fax 80144 (idyllisch inmitten stiller Natur, 800 m vom Strand gelegener, alter Gutshof mit ökologischer Landwirtschaft)
•**Feriendorf „An der Wiek“,** An der Chaussee 5, in Wohlenberg, Tel. 22408, Fax 41100 (neue Anlage mit Hotel, Ferienwohnungen, -häusern, Restaurant, Biergarten, Fahrradverleih)
•**JH Beckerwitz,** in Beckerwitz, Haus Nr. 21, Tel. (038428) 60362 (nettes Haus in Einzellage, mit Zeltplatz)
•**JH Dassow-Holm,** in Dassow an der B 105, Tel. (038826) 80614
•**Gutshaus Stellshagen,** in Stellshagen, Lindenstr. 1, Tel. 440, Fax 44333 (romantisch gelegenes, nach baubiologischen Erkentnissen vorbildlich restauriertes Gutshaus. Das Gesundheitshotel bietet eine Naturheilpraxis mit breitem Angebot und vegetarische Vollwertküche aus eigenem Anbau. Nichtraucherhaus.)

Schloß mit Schwanenhaus

Gastronomie

- **Klützer Mühle,** Tel. 22553 (gute mecklenburgische Küche in alter Windmühle mit herrlicher Aussicht, Biergarten)
- **Klützer „Frät Kraug",** Neuer Weg 1, Tel. 29354 (gute Mecklenburger Küche)

Umgebung

Ostseebad Boltenhagen
3 km N

„Wer mal sin Nerven will upfrischen, wer mal sin Sorgen will wegwischen, wer plägen will mal sin Magen, dei führt getrost nah Boltenhagen", schreibt *Fritz Reuter*, selbst oft Gast in dem Seebad. Boltenhagen ist nach Heiligendamm das älteste Ostseebad. *„Wenn ein Badegast gebräunt aus Boltenhagen zurückkam"*, schrieb 1843 ein Pastor *Meyer*, *„war schwer zu entscheiden, ob Rauch oder Sonne den größten Anteil an seiner Gesichtsfarbe hatte"*. Der Gottesmann, einer der ersten Gäste, mußte mangels Unterkünften noch in einer der schornsteinlosen Rauchkaten der Bauern logieren. Bald aber baute der geschäftstüchtige Tischler *Reese* das Logierhaus *Hôtel Baltique,* das mit zwei Stockwerken und 17 Zimmern für damalige Verhältnisse riesig war und deshalb nur „Schloß" genannt wurde. Den Hang zur Größe scheinen auch die heutigen Gemeindeväter noch zu haben. Inmitten des kleinen, verträumten Badeorts steht nun der neuerbaute, große Hotelkomplex **„Seehotel Großherzog v. Mecklenburg"**. Doch die schmucken kleinen Häuschen, die nach der das ganze Dorf zerstörenden Sturmflut von 1872 gebaut wurden, strahlen noch den Charme vergangener Tage aus, besonders am **Kurpark** und entlang der Promenade, die hinaus zu der neu errichteten, 280 m langen **Seebrücke** führt. Der Anziehungspunkt Boltenhagens ist natürlich der 4 km lange, steinfreie Strand, an dem auch FKK-Anhänger gerne gelitten sind. Für Strandwanderer sei der Weg hinaus bis zur Steilküste am **Großklützhöved** empfohlen, die eine herrliche Aussicht bietet.

Östlich von Boltenhagen drängt sich in sanftem Schwung das **Wohlenberger Wiek** ins Land. Entlang der gesamten Bucht zieht sich ein feiner

024omv Foto: rh

Sandstrand, der wegen des nur langsam tiefer werdenden Wassers besonders bei Familien beliebt ist. Ebenso lang wie der Strand sind die Parkplätze, die anzeigen, daß hier bei Badewetter kaum mit idyllischer Ruhe zu rechnen ist.

● **Info:**
Kurverwaltung, Ostseeallee 34, 23946 Boltenhagen, Tel. (038825) 360, Fax 36030
(Mai-Sept. Mo-Fr 8-18 Uhr, Sa/So 10-15 Uhr; Okt.-April Mo-Fr 8-16.30 Uhr)
Internet: http://www.Boltenhagen.de;
e-mail: ostseebad-boltenhagen@t-online.de

● **Hotel:**
Seehotel Großherzog v. Mecklenburg, Ostseeallee 1, Tel. 500, Fax 50500 (großer Hotelneubau mit Dachschwimmbad, Sauna, Solarium, spez. Kinderprogramme);
John Brinkmann, Mittelpromenade 24, Tel. 400, Fax 29306 (modernisiertes ehem. Betriebsferienheim mit Plattenbau-Charme);
Villa Seebach, Mittelpromenade 28, Tel. 3150, Fax 31555 (Appartementhotel im ältesten , Haus am Platz, einem charmanten, neu renovierten Fachwerkhaus mit Veranda und Rosengarten)

Regenbogen Camp, Tel. 42222 (ganzjährig, ebener Platz am Strand, Womo-Entsorgungseinrichtungen, Sauna, Fahrradverleih, Ferienhausvermietung, Reitmöglichkeit);
Camping Niendorf, Niendorfer Weg, 23948 Niendorf, Tel. (038428) 222 (April-Okt, direkt am Wohlberger Wiek, Womo-geeignet)

●**Gastronomie:**
Zur Seebrücke, Mittelpromenade 6, Tel. 29288 (entzückender Pavillon mit Blick auf Promenadenflaneure);
Zur Düne, Strandpromenade 15, Tel. 29869 (mecklenburgische Küche)

Steinzeitdorf Kussow
8 km S

In dem winzigen Dörfchen wurde nach den Erkenntnissen der Archäologen ein Steinzeitdorf erbaut, das das Leben in der Jungsteinzeit, als die Menschen seßhaft wurden, lebendig werden läßt. Zum Dorf gehört ein Pflanzengarten, der die vor 6000 Jahren verwendeten Pflanzen und Kräuter zeigt. Besonders für Schulklassen und Gruppen, die einmal selbst zurück in die Steinzeit wollen, werden u.a. Projektwochen angeboten.

●Info: **Steinzeitdorf Kussow,** Kussower Weg, 23948 Kussow, Tel. (03881) 715055 (Mo-Do 9-15 Uhr, April-Okt., zus. Sa/So 11-16 Uhr)

Grevesmühlen/ Eversdorfer Forst
12 km S

Die Stadt Grevesmühlen ist nicht unbedingt eine Reise wert. Erwähnenswert ist hier nur die **Malzfabrik** ein technisches Denkmal von 1873, das heute eine Einkaufspassage beherbergt. Das **älteste Haus** der Stadt stammt von 1660 und ist am Markt zu finden.

Bei Grevesmühlen liegt jedoch eine besondere Sehenswürdigkeit: die **steinzeitlichen Großsteingräber** im Eversdorfer Forst. Direkt an der B 105 (Richtung Wismar) ist ein Parkplatz eingerichtet, auf dem eine Hinweistafel den Weg zeigt. Es gibt zwei Gräberfelder. Die **Südgruppe** liegt umittelbar jenseits des Parkplatzes verstreut im Wald. Zu ihr gehört u.a. das eindrucksvollste Ganggrab Mecklenburgs, ein von 50 gewaltigen Blöcken gefaßtes, 40 m langes Hünenbett. Die **Nordgruppe** umfaßt acht Großsteingräber und liegt nördlich vom Parkplatz an der reizvollen Waldstraße nach Hamberge. Fährt man das malerische Sträßlein ein Stück weiter, erblickt man am Straßenrand den **Eversdorfer Sühnestein:** Die Mordwange markiert die Stelle, an der am 22. Juni 1391 der Wismarer Kaufmann *Lüdeke Mozellenbuch* erschlagen wurde. Bei Hamberge ragt der mit 100 m für Klützer Verhältnisse fast schon alpin anmutende **Iserberg** auf, dessen Besteigung mit einem Panoramablick weit übers Land bis zur Ostsee belohnt wird.

Wismar

Hanseatische Backsteingotik

„Die beiden Punkte, wo man Wismar am besten in sich aufnimmt, sind der Hafen und der Markt", schrieb die Schriftstellerin *Ricarda Huch* 1929. Und weiter: *„Wenn der Schleier der Dämmerung darüber fällt und das Grün des Kupferdaches der reizenden Wasserkunst kaum noch durch die silberne Luft schimmert (...), empfindet man die Öde des Platzes mit Grauen."* Wahr ist, daß Wismar einst für manch schauerliche Szene in *Murnaus* berühmtem Gruselklassiker *„Nosferatu"* die Kulisse abgab. Wahr ist auch, daß die monumentale Ruine der St.-Georgs-Kirche wie ein Menetekel weithin sichtbar die alte Hansestadt überragt. Und es stimmt, daß, so *Ricarda Huch, „kein Lärm aus den Gassen oder vom Hafen her (dringt), wo es sonst in Seestädten ausgelassen zugeht"*.

Doch daraus zu folgern, Wismar könne man getrost durcheilen, ohne etwas zu versäumen, würde der geschichtsträchtigen Stadt nicht gerecht werden. Eben gerade die leicht schwermütige, träge Stimmung, die über den mittelalterlichen Gassen liegt, verleiht der alten Hansemetropole ihren besonderen Reiz. Im Hafen dümpeln kleine Fischkutter mit wehenden Wimpeln vor alten, ausgedienten Speichern und Lagerhäusern. In einem kleinen Verkaufsraum direkt am Hafenbecken bieten die Fischer ihre Meeresfrüchte garantiert fangfrisch zu traumhaft günstigen Preisen an. Krei-

1 Baumhaus

2 Wassertor

3 Grube

4 Schabbell-haus

5 Marien-kirchturm

6 Archi-diakonat

7 Fürstenhof

8 Wasser-kunst

9 Markt

10 Alter Schwede

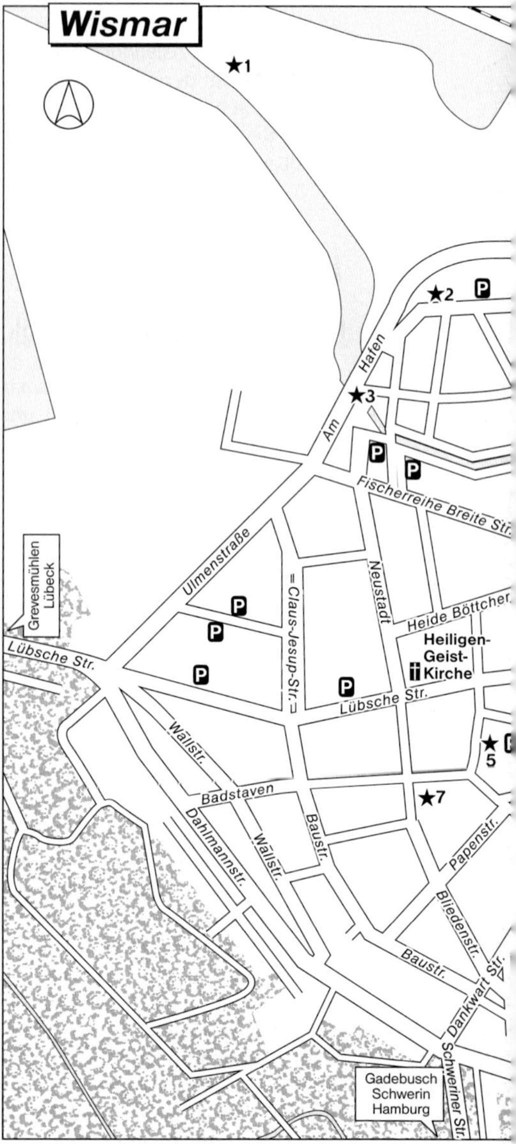

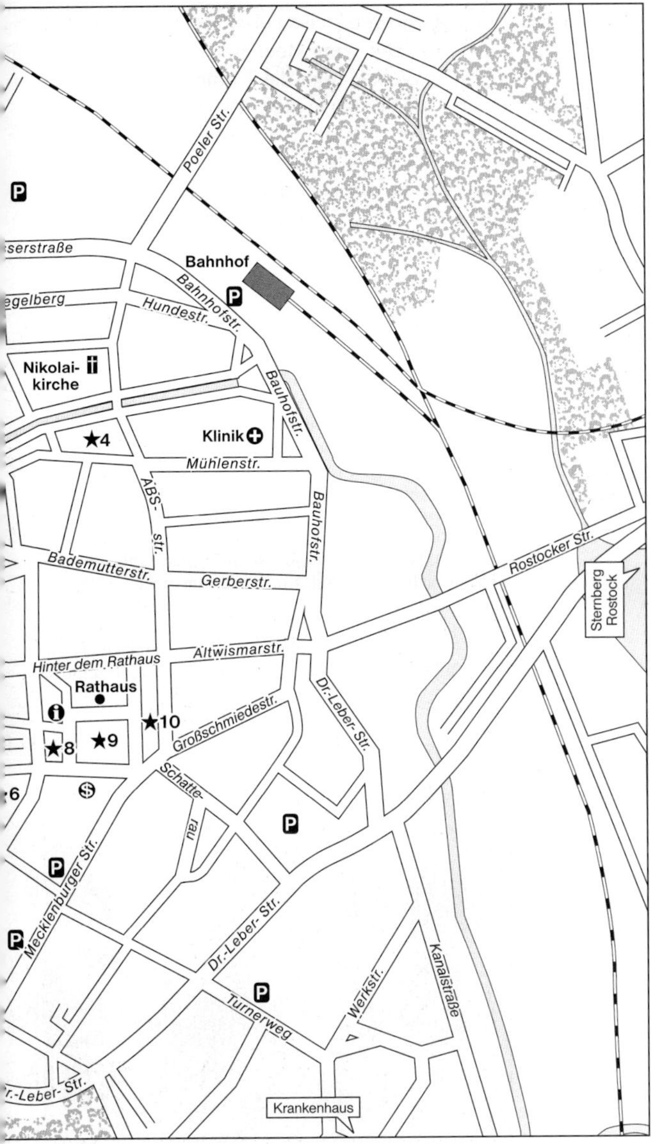
Poeler Str.
P
sserstraße
Bahnhof
Bahnhofstr.
P
egelberg
Hundestr.
Nikolai-
kirche
Bauhofstr.
★4
Klinik
Mühlenstr.
ABS-
str.
Bauhofstr.
Bademutterstr.
Gerberstr.
Rostocker Str.
Sternberg
Rostock
Altwismarstr.
Hinter dem Rathaus
Rathaus
Dr.-Leber-Str.
Großschmiedestr.
★10
★9
★8
6
Schatte-
rau
P
P
Mecklenburger Str.
P
Dr.-Leber-Str.
Kanalstraße
Werkstr.
P
Turnerweg
r.-Leber-Str.
Krankenhaus

schende Möwen kreisen über den Kuttern im steifen Wind, der vom Meer her in schneller Jagd schwere Wolken über die Türme der Stadt treibt. Doch je tiefer man in die Gassen und Straßen der historischen Altstadt vordringt, desto belebter wird das Straßenbild. Und oben am riesigen Geviert des Marktplatzes, den prachtvolle historische Gebäude säumen, herrscht nicht nur an Markttagen buntes Treiben.

Geschichte

Bereits *Heinrich der Löwe* (1129-1195) spricht von einer *„stat to de Wissemar"*. Doch es wird angenommen, daß das heute 50.000 Einwohner zählende Wismar zwischen 1226 und 1229 **gegründet** wurde. Die erste urkundliche Erwähnung datiert aus dem Jahr 1229, in der dem Ort das lübische Stadtrecht verliehen wird. 1257 macht *Fürst Johann von Mecklenburg* Wismar zu seinem Herrschaftssitz. Dank seiner besonders günstigen Lage an einem kleinen, schiffbaren Wasserlauf, dem *„aqua wissemara"*, der es ermöglichte, Waren besonders schnell umzuschlagen, entwickelte sich die Niederlassung mit unglaublicher Rasanz. Bereits 1250 wird die Stadt planmäßig erweitert, wie das Gitterschema der Straßen zeigt.

1259 müssen sich die Wismarer etwas einfallen lassen, um ihre Waren und Besitztümer vor den zunehmenden

025omv Foto: m

Übergriffen und Begehrlichkeiten seitens der Likendeeler oder Vitalienbrüder, wie man damals Seeräuber nennt, zu schützen. Sie gründen zusammen mit den benachbarten Hafenstädten Lübeck und Rostock einen Schutzbund, aus dem die allmächtige **Hanse** hervorgeht. Durch die marktbeherrschende Stellung des Hansebundes im Seehandel erlebt Wismar im 14. und 15. Jh. eine wirtschaftliche Blütezeit. In den Kontoren der Stadt lagern Felle und Pelze, Bernstein und Wachse aus dem hohen Norden ebenso wie französischer und portugiesischer Wein, Tuche aus Flandern und Gewürze aus exotischen Ländern. Hering und Bier waren die wichtigsten einheimischen Produkte. Wismarer Bier wurde 1465 in 180 Häusern gebraut und rund um die Ostsee verkauft. Vom Reichtum, den der florierende Handel während der Epoche der höchsten Machtentfaltung der Hanse in die Kassen der Stadt spülte, zeugen die prachtvollen Patrizierhäuser, Speicher und Kontore, die heute noch Wismars Altstadt prägen.

Der **Niedergang** der Stadt verläuft parallel zum Niedergang der Hanse. Interne Streitereien, die durch die Union von Dänemark, Norwegen und Schweden wachsende Konkurrenz im Ostseeraum und die mit dem Aufbegehren des erstarkten Bürgertums aufbrechenden sozialen Konflikte sind wesentliche Gründe, die die einst unbesiegbar scheinende Macht des Handelsbundes brechen. Trotz imposanter Verteidigungsanlagen fällt Wismar im 30jährigen Krieg an *Wallenstein,* der die Stadt zum Zentrum einer habsburgischen Seemachtspolitik machen will. Doch Dänen und Schweden blockieren den Hafen, während in der Stadt die Pest ausbricht. Als 1632 die kaiserlichen Truppen kapitulieren und 1648 der Westfälische Frieden *„als immerwährendes und unmittelbartes Reichslehen Stadt und Hafen Wismar samt den Ämter Poel und Neukloster mit allen Rechten und allem Zubehör"* den Schweden zuerkennt, liegt die Handels- und Hafenstadt am Boden. 1675 schießt die dänische Flotte die Stadt in Trümmer. Dänemark übernimmt die Herrschaft, um sie 1681 nach dem Friedensschluß von Fontainebleau wieder an Schweden zurückzugeben. Die Skandinavier bauen Wismar und Poel zu ihrer wichtigsten Festung und zum Verwaltungszentrum ihrer eroberten Ländereien in Mecklenburg und Vorpommern aus. Erst 1803 fällt Wismar an Mecklenburg zurück. Für 1.250.000 Taler verpfänden die Schweden die Stadt an die Schweriner Herzöge. Im 2. Weltkrieg erleidet Wismar insgesamt 14 alliierte Luftangriffe, denen viele wertvolle Kulturdenkmäler der Altstadt zum Opfer fallen. Trotz der schweren Wunden, die Krieg und anschließende 40 Jahre real ruinierende Baupolitik im Stadtbild hinterließen, hat viel historische Bausubstanz die Stürme der Zeit überstanden und wird nun mit großem Aufwand restauriert und saniert.

Sehenswertes

Große Parkflächen direkt am **Alten Hafen** sind der ideale Ausgangspunkt für einen Spaziergang durch die Altstadt von Wismar. Am Hafen findet jeden Samstag der Fischmarkt statt. Hier legen auch die Schiffe und Barkassen für Rundfahrten und Angeltörns an. Am hinteren Ende des Platzes steht das sogenannte **Baumhaus.** Seinen Namen hat es von einem Baumstamm, mit dem man früher hier nachts den Hafen absperrte. Die Eingangspforte des hübschen Barockbaus flankieren zwei Poller mit Gesichtsplastiken, die „Schwedenköpfe", die an die langjährige Herrschaft der Schweden erinnern. Am Eingang zum Hafen steht das ehemalige **Zollhaus,** ein neugotischer Backsteinbau mit einem hübschen, blendengeschmückten Staffelgiebel. Jenseits der verkehrsreichen Ulmenstraße erblickt man das **Wassertor,** das letzte von einst fünf Stadttoren, die einst Einlaß in die stärkste Festung Nordeuropas gewährten. Das Backsteintor aus dem 15. Jh. ist stadtseitig ein mit offenen Spitzbögen und Blenden verzierter Staffelgiebel. Im Tor ist der *Club Maritim* untergebracht, der eine kleine Ausstellung zur Seefahrtsgeschichte Wismars zeigt. Vom Tor führt die Scheuerstraße zur **Grube.** Heute nur ein schmaler, malerischer Stadtbach, war der früher schiffbare Wasserlauf mit ein Grund für die Entwicklung Wismars zur mächtigen Handelsstadt.

Beim Graben erhebt sich gewaltig die **Nikolaikirche** (1370-1508), Wismars größte Stadtkirche. Die imposante spätgotische Basilika besitzt mit ihrem 37 m hohen Mittelschiffgewölbe den vierthöchsten Kirchenraum Deutschlands. Seine mittelalterliche Ausstattung wurde 1703 zerstört, als bei einem

026omv Foto: rh

Sturm der Helm des gedrungenen Turms herabstürzte und das Mittelschiff durchschlug. Das Unglück überstanden hat aber der Schifferaltar (16. Jh.), der zeigt, daß die Kirche einst das Gotteshaus der Seefahrer und Fischer war. Viele der heutigen Ausstattungsstücke stammen aus den zerstörten Kirchen Wismars. Der **Krämeraltar** (1430)

Die Nikolaikirche in der Altstadt

027omw Foto: rh

stand einst in der Marienkirche, der **vierflüglige Schnitzaltar** (1430), einer der größten spätgotischen Schnitzaltäre an der Ostseeküste, war einst der Hochaltar der Georgenkirche. Der sogenannte Thomasaltar (15. Jh.) stammt wiederum aus der Dominikanerkirche. Neben Grabplatten und Epitaphen wie dem der Herzogin *Sophie von Mecklenburg* (1504) ist besonders der mittelalterliche Freskenzyklus (1450) in den Turmhallen beachtenswert.

Jenseits der Grube steht der Kirche gegenüber das **Schabbellhaus** (1569-71). Bauherr des von einem prachtvollen Volutengiebel geschmückten Renaissancehauses war der Bürgermeister und Bierbrauer *Hinrich Schabbell.* Heute ist in dem Gebäude das **Stadtgeschichtliche Museum** untergebracht, das mit Exponaten wie zwei abgehackten, mumifizierten Händen, einem Relikt mittelalterlicher Gerichtsbarkeit, die Vergangenheit anschaulich darstellt.

Wismars Flanier- und Einkaufsmeile ist die zur Fußgängerzone umgestaltete Krämerstraße, die von der Grube sanft ansteigend hinauf zum Herz der Altstadt, dem **Markt,** führt. Der exakt 100x100 m messende Platz ist der größte des Landes und gibt Zeugnis vom Stellenwert des Handels in der Hansestadt. Prachtvolle historische Häuserensembles säumen das weite Geviert. Die gesamte Nordseite nimmt das klassizistische **Rathaus** ein, das der Schweriner Hofbaumeister *Georg Barca* 1817-19 errichtete. Vor dem Rathaus symbolisiert eine Seilzieher-Skulptur das Ringen der Ratsherren um den rechten Weg. Neben dem Rathaus erblickt man die im neugotischen Stil umgebaute **Ratsapotheke.** Dem Rathaus gegenüber, auf der oberen Platzseite, steht die **Wasserkunst,** ein reizender, zwölfeckiger Pavillon, der 1580-1602 vom Niederländer *Phillip Brandin,* einem der bedeutendsten Architekten der Renaissance in Mecklenburg, errichtet wurde. *„Mittels Röhren verteilt die Kunst das Wasser durch die ganze Stadt. Das ganze Werk steht unter der Aufsicht eines Kunstmeisters, der an gewissen Tagen die Röhren öffnet, wodurch die mehrsten Häuser der Stadt mit Wasser versehen werden“,* beschreibt der Engländer *Thomas Nugent* 1766 die Wismarer Wasserversorgung. Die „mehrsten“ Häuser waren 220 Stück, die mittels hölzerner Rohre mit dem frischen Naß versorgt wurden. Eine solch wichtige öffentliche Dienstleistung verlockt anscheinend stets auch dazu, die Hand aufzuhalten. *„Die Einwohner hängen von dem Eigensinn des Kunstmeisters ab, der das Wasser nach Gutdünken laufen lassen kann. Es kann also sein, daß jemand Wassermangel hat (...) und muß warten, oder sich für Trinkgeld seinen Kasten wieder vollaufen lassen kann“,* notierte jedenfalls der englische Reisende zum Thema. Der Wasserkunst gegenüber steht der bekannte **Alte Schwede,** mit dem Baudatum 1380 das älteste Bürgerhaus Wismars. Der spätgotische Prachtbau mit seinem herrlichen stufenförmigen Pfeilergiebel beherbergt seit 1878 eine Gaststätte. Im *Alten Schweden* einen Platz zu ergattern, ist jedoch angesichts des Besucherandrangs nicht ganz einfach. Doch in derselben historischen Häuserzeile warten noch eine Reihe weiterer Restaurants und Cafés auf Besucher.

Der
Alte Schwede

Hinter dem Rathaus verläuft die Lübsche Straße, die prächtige Bürgerhäuser aus verschiedenen Epochen säumen. Sie führt zum **Heilig-Geist-Spital.** Von der um 1250 errichteten Fürsorgestätte hat sich neben zwei Kapellen die Spitalkirche erhalten, die neben Wandmalereien aus der Gründungszeit und einer herrlich bemalten Balkendecke ein Fenster mit wertvoller Glasmalerei aus der zerstörten Marienkirche besitzt. Der stille Spitalhof lädt zur kontemplativen Atempause ein.

Von der Lübschen Straße führt eine schmale Gasse zur **Marienkirche.** Genauer gesagt, nur zu ihrem Turm, denn die Ratskirche wurde 1945 schwer beschädigt. Das Schiff des Sakralbaus, an dem man ab 1339 gut 100 Jahre lang baute, wurde 1960 gesprengt. Im 80 m hohen Turm, Wismars Wahrzeichen, hängt ein Glockenspiel, das pünktlich um 12, 17 und 19 Uhr einen von 14 Chorälen erklingen läßt. Am Marienkirchplatz liegt das **Archidiakonat,** ein spätgotischer Bau aus dem 15. Jh. mit einem reich gegliederten, aber bedenklich schiefen Nordgiebel.

Unweit des Marienturms ragt düster und unübersehbar die gewaltige Ruine der **Georgenkirche** über der Altstadt auf. Die mächtige, dreischiffige Basilika wurde 1404-97 als Pfarrkirche für die Neustadt erbaut. Ihr Schicksal traf sie am 14. April 1945, als sie bei einem Angriff einen Volltreffer einer Luftmine erhielt. Jahrzehntelang überließ man die Ruine sich selbst, wobei immer weitere Teile einstürzten. Nun wird die Kirche mit viel Aufwand gesichert und wieder aufgebaut.

Zwischen Marienturm und Georgenkirche liegt der **Fürstenhof,** einer der bedeutendsten Renaissancebauten Mecklenburgs. Der Prunkbau im Stile der italienischen Renaissance besteht aus zwei Gebäudeteilen. Das Alte Haus wurde 1512 für *Herzog Heinrich* anläßlich seiner Hochzeit errichtet. Das Neue Haus, das dem alten im rechten Winkel angefügt ist, ließ sich 1553-55 *Herzog Johann Albrecht I.* nach dem Vorbild des Palazzo Roverella im italienischen Ferrera bauen. Seine Fassade gliedern üppige Ornamentfriese, Kalkstuck und Terrakotten aus der Werkstatt des Lübecker Meisters *Statius von Düren.* Der Fürstenhof, früher Sitz der mecklenburgischen Herzöge, wurde während der Schwedenzeit zum Ort der Rechtsprechung, der er auch heute noch dient.

Nach der Besichtigung der hier beschriebenen Sehenswürdigkeiten sollte man sich die Zeit nehmen, kreuz und quer durch die **Straßen und Gas-**

sen Wismars zu bummeln und sich an den vielen kleinen Schönheiten und Fassaden der historischen Häuser zu erfreuen. Zu entdecken sind dabei gewisse Kuriosa wie die in historischen Gewölben ansässige **nördlichste Sektkellerei Deutschlands** (Turnerweg 4c) mit Führung, Verkostung und Verkauf oder das Knopfmuseum (Weberstr.), in dem sich alles um das kleine runde Ding dreht. Gelegenheiten gibt es jedenfalls unzählig viele in der unter Denkmalschutz stehenden Altstadt.

Und wer genug von Pflaster und steinernen Zeugen der Vergangenheit hat, der kann den **Tierpark** am Stadtrand im **Köppernitztal** besuchen und Wolf, Wisent oder Luchs bestaunen.

Info

- **Wismar-Information,** Am Markt 11, 23966 Wismar,
Tel. (03841) 19433, Fax 251819
Internet: http://www.wismar.de;
E-mail: touristinfo@wismar.de

Unterkunft

- **Hotel Alter Speicher,** Bohrstr. 12, Tel. 211746, Fax 211747 (First-Class im historischen Speicher, im Zentrum)
- **Hotel Altes Brauhaus,** Lübsche Str. 37, Tel. 211416, Fax 283223 (in 1550 erbauter ehem. Brauerei, im Zentrum)
- **Hotel Stadt Hamburg,** Am Markt 24, Tel. 2390, Fax 239239 (mit römischem Grotten-Dampfbad)
- **Hotel Reingard,** Weberstr. 18, Tel. 284972, Fax 213495 (individuelles Schlafen im Bauhaus-, Schiffs-, Muschel-, Musikzimmer und anderen Zimmern)
- **Pension Wismaria,** Bohrstr. 10, Tel. 214762, Fax 211747 (sehr preiswerte Zimmer in hist. Giebelhaus in zentraler Altstadtlage)
- **Camping Ferienpark Zierow,** Am Strand 19c, in Zierow, Tel.(03841) 642377, Fax 642374
(ganzjährig, direkt am Wohlenberger Wiek gelegener großer Platz, Womo-geeignet, Entsorgungseinrichtungen, Sauna, Solarium, Kegelbahn, Surfschule, Minigolf, Tennis, FKK-Strand, Bungalowvermietung)

Gastronomie

- **Zum Weinberg,** Hinter dem Rathaus 3, Tel. 283550 (hist. Gaststätte - seit 1575 - in ehem. Weinhandlung. Die Küche ist ein Gaumenschmaus, das Ambiente auf mehreren Ebenen ein Labsal für die Sinne. Mit etwas Glück erlebt man hier auch den Wismarer Sagenerzähler Frank Georges, der auch um das Geheimnis des „Gretchenzimmers" weiß)
- **Alter Schwede,** Am Markt 19, Tel. 283552
(hist. Gaststätte im ältesten Haus Wismars)

●**Chez Fasan,** Bademutterstr. 19, Tel. 213425 (mit freigelegten Balken und Ziegelmauerwerk der hist. Bausubstanz, einladend gestalteter Gastraum; Spezialität: Wildgerichte; mit Pension)
●**1868 Planen+Sackfabrik,** Könkenhagen 28, Tel. 613427 (Grill und Café mit Kulturveranstaltungen auf 2 Etagen in alter Fabrik)
●**To'n Zägenkrog,** Ziegenmarkt 10, Tel. 282716 (im Ziegenkrug nahe dem Alten Hafen gibts frischen Fisch und wird geschnackt)
●**Tittentaster,** Am Markt 24, Tel. 239290 (trotz des anzüglichen Namens ein seriöser, rustikal eingerichteter Gewölbebierkeller mit preiswerten Gerichten)

Kultur

●**Hanse Sektkellerei,** Turnerweg 4c, Tel. 48480 (Führung, Verkostung, Verkauf)
●**Knopfmuseum,** Weberstr, Tel. 284972 (tägl. 10-18 Uhr)
●**Schabbellhaus,** (Stadtgeschichtliches Museum), Schweinsbrücke 8, Tel. 282350 (Mai-Okt. Di-So 10-20 Uhr, Nov.-April Di, Mi, Fr-So 10-16.30 Uhr, Do 10-18 Uhr)
●**Galerie der Wismarer Künstler,** Hinter dem Rathaus 8, Tel. 213255 (Mo+Sa ab 10 Uhr)
●**Theater/Puppentheater,** Ph.-Müller Str., Tel. 707206 und 707207
●**Tierpark,** Köppernitztal, Tel. 707338 (Sommer 9-18 Uhr, Winter 9 Uhr bis Sonnenuntergang)

Umgebung

Dorf Mecklenburg
5 km S

Wie der Name schon andeutet, ist das Dorf die Wiege Mecklenburgs. Hier stand einst die mächtige *Mikilinborg,* die Stammburg der slawischen Fürsten vom Stamme der Obotriten, die dem Land seinen Namen gab. Auf der **Mecklenburg** unterzeichnete 995 der blutjunge Sachsenkönig *Otto III.* (980-1002) jene Urkunde, die den Namen erstmals erwähnte und die Grundlage für die große 1000-Jahr-Feier Mecklenburgs im Jahr 1995 lieferte. Die geschichtsträchtige Slawenburg, deren 12 m hoher und eine Fläche (heute Friedhof) von 150x200 m umschließender Wall noch gut zu sehen ist, findet man etwa 500 m südlich der Dorfkirche. Kommt man von Wismar her ins Dorf, erblickt man am Ortseingang links auf einem Hügel eine von mehreren Reethütten umgebene **Hollän-**

der-Windmühle, in der ein Restaurant untergebracht ist. Die malerische Mühle von 1849 ist die einzige vollständig mit Reet gedeckte Windmühle in Mecklenburg. Die Anlage gehört zum **Agrarmuseum,** das man im Rambower Weg findet. Das Museum zeigt nebst landwirtschaftlichen Maschinen und Gerätschaften auch ein Modell der Mecklenburg.

- **Agrarmuseum,** Rambower Weg 8, Tel. (03841) 790020 (Nov.-März Mo-Fr und April-Okt. tägl. 10-16 Uhr)
- **Hotel/Restaurant: Mecklenburger Mühle,** in der Holländer-Mühle, Tel. 3980, Fax 398198

Insel Poel
8 km N

Mit 37 km² ist Poel nach Rügen und Usedom die drittgrößte Insel Mecklenburg-Vorpommerns. Ihr Name stammt vermutlich vom slawischen *poele* ab, das soviel wie „flaches Land" bedeutet. Und flach ist sie auch. Weitgehend waldlos und mit fruchtbaren Böden gesegnet, erhebt sich ihr höchster Punkt, der **Kickelberg,** ob seiner guten Aussicht auch „Kiekeberg" genannt, gerade 27 m über die Ostseefluten. Von hier reicht der Blick über die gesamte Insel bis hinüber nach Wismar und Rerik. Mit dem Festland ist Poel durch einen Damm verbunden. Romantischer ist jedoch die Anreise per Schiff von Wismar aus (1 Std. Fahrt). Landschaftlich weniger interessant als ihre beiden berühmten Schwestern und ohne besondere Sehenswürdigkeiten, ist Poel hauptsächlich Spaziergänger- und Badeland.

Ihre Lage an der Einfahrt in die Wismarer Bucht machte die Insel mit Beginn des Ostseehandels zu einem wichtigen **strategischen Ort** und zum Zankapfel der Mächtigen. Besonders im 30jährigen Krieg, als sie zur Festung ausgebaut wird, leiden die Insulaner unter der Knute der Besatzer. Andererseits können sich die Poeler der auf dem Festland üblichen Leibeigenschaft entziehen. *„Wir sind hier noch freye Leute, das heißt, wir sind nicht leibeigen, wir können ziehen und uns hinbegeben, wohin wir wollen, können heyraten, wenn wir wollen"*, schrieb

028omv Foto: rh

1790 *M. Wehnert.* Die „Insel der Freien" ist Zufluchtsort für Verfolgte und Entflohene. Die Bauern erlangen durch Kohlanbau bescheidenen Wohlstand, aber auch den Spitznamen „Kohlköppe".

Hauptort von Poel ist **Kirchdorf,** in dem neben der Kurverwaltung auch das **Heimatmuseum** der Insel zu finden ist. Bei der **Dorfkirche** aus dem 13. Jh. erkennt man noch gut Wälle und Schanzanlagen der einstigen Festung. Vom prächtigen Schloß, das sich hier 1610 *Herzog Adolph Friedrich* innerhalb der Festung errichten ließ, ist dagegen nichts mehr zu sehen. Der schönste Badestrand von Poel erstreckt sich an der Außenküste zwischen **Timmendorf** und dem **Schwarzen Busch.** In Timmendorf, wo man im kleinen Hafen den ein-

Die Holländer-Windmühle

029omv Foto: rh

heimischen Fischern zuschauen und ihren frischen Fang erwerben kann, blinkt ein kleiner **Leuchtturm**. Am Schwarzen Busch erinnert eine **Gedenkstätte „Cap Arkona"** an die KZ-Häftlinge, die auf Schiffe verladen wurden und versenkt werden sollten. Versenkt hat sie am 3. 5. 1945 dann irrtümlicherweise die englische Luftwaffe.

Im Süden der Insel liegt das NSG „Fauler See/Rustwerder", dessen Strandwälle artenreicher Salzrasen bedeckt und vielen Vogelarten als Brutgebiet dienen. Der Nordküste bei Gollwitz vorgelagert ist die Insel und NSG **Langenwerder.** Seit 1910 unter Schutz gestellt, ist sie das älteste mecklenburgische Seevogelschutzgebiet und darf nicht betreten werden (außerhalb der Brutzeiten Führungen möglich).

Im kleinen Hafen von Timmendorf
wird täglich frischer Fisch angelandet.

• Info: Kurverwaltung „Insel Poel“, Wismarsche Str. 2, 23999 Kirchdorf/Poel, Tel. (038425) 20347, Fax 4043
Internet: http://www.insel-poel.de;
e-mail: insel-poel@t-online.de
(Juni-12.Sept. Mo-Fr 8.30-12 u. 14-17.30 Uhr, Sa 10-12 u.14-16 Uhr, So 10-12 Uhr; 13. Sept.-Mai Mo-Fr 8-12 u. 14-17 Uhr)

• Unterkunft:

Ferienresidenz Steinhagen, in Wangern, Haus Nr. 17, Tel. 4440, Fax 444111 (Ferienwohnungen in historischem Gutshaus in großer Parkanlage)

Pension Schwartz, in Gollwitz, Haus 23, Tel. 20312 (kleine Pension beim Fischer in ruhiger Lage 150 m vom Strand; im Restaurant Fischgerichte aus eigenem Fang)

Campingplatz Leuchtturm, in Timmendorf, Tel. 20224 (geöffnet April-Okt., großer, baumloser Platz direkt am Strand, Womo-geeignet, Entsorgungseinrichtungen, Fahrradverleih, FKK-Strand)

• Gastronomie:

Strandhalle, Am Schwarzen Busch, Tel. 20712 (schönes Reethaus direkt am Strand mit Terrassencafé)

Poeler Forellenhof, Wismarsche Str. 13, in Niendorf, Tel. 20277 (frische und geräucherte Ostseeforellen und andere hausgemachte Fischspezialitäten, mit Verkauf)

• Museum:

Heimatmuseum, Möwenweg 4, in Kirchdorf, Tel. 20732 (Mai-17. Sept. tägl. 10-16 Uhr; 18. Sept.-April Di, Mi, Sa 10-12 Uhr)

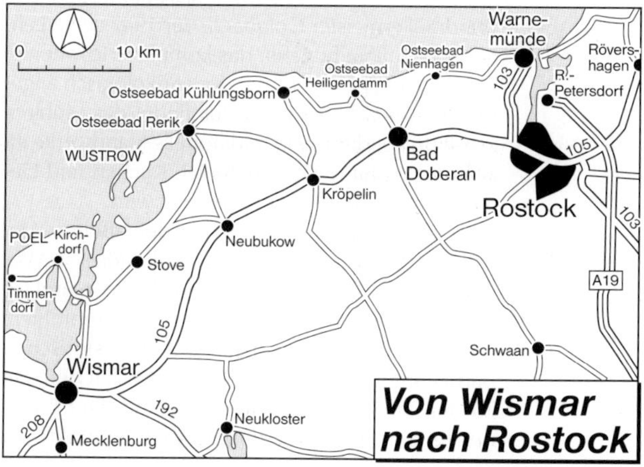

Von Wismar nach Rostock

Salzhaff

Die Region Salzhaff, so benannt nach dem gleichnamigen Haff zwischen der Halbinsel Wustrow und dem Festland, erstreckt sich zwischen der Insel Poel und Rerik. Das stille, hügelige Bauernland ist geprägt von kleinen Dörfchen mit alten Kirchlein, wogenden Feldern, saftigen Wiesen und malerischen Windmühlen. In der sanften Küstenlandschaft haben sich in alten Katen einige Künstler niedergelassen. Geruhsames Landleben, Spazierengehen, Radeln und Baden sind die Angebote der Region.

Doch eine große Attraktion hat der unspektakuläre Landstrich dann doch: eine Windmühle, die noch wie zu Max' und Moritz' Zeiten mit ihren mächtigen Mühlsteinen Korn zu feinem Mehl zermahlt. Bei guter Brise drehen sich ihre Flügel gefährlich fauchend im Kreise und betreiben die großen Zahnräder und Müllermaschinen. Wunderschön hockt die **Windmühle Stove** auf einem Hügel, von dem sich eine tolle Aussicht über das Salzhaff bietet. Durch die kleine Tür geht es hinein in den Bauch der 1889 erbauten Holländermühle. Feiner Mehlstaub bedeckt den engen Raum. Überall schnurren Antriebsriemen, drehen sich Achsen, quietschen Lager, rütteln Siebe. Im 1. Stock drehen sich die tonnenschweren, steinernen Mahlsteine. Wenn es seine Zeit erlaubt, erklärt der freundliche Windmüllermeister *Goldbach,* der 1947 seine Lehre in der Mühle begann, das komplizierte Innenleben seiner *Windmoehl,* mit der er ökologisch angebautes Getreide mahlt. Im Juli findet das Mühlenfest statt, auf dem viele traditionelle Handwerke ihre Kunst vorführen und natürlich Kuchen und Gebäck aus *Windmoehlmehl* gereicht wird.

Kunstsinnigen sei der Besuch der offenen Ateliers des Grafikers und Malers *Rolf Möller* in Wodorf und der Künstler *Olaf Hoppe* in Stove und *Ladilaus Elischier* in Klein Strömkendorf empfohlen. Musikliebhabern ein Konzert auf der historischen Barockorgel in der Kirche von Dreveskirchen, die zu den ältesten Mecklenburgs zählt. Der Fremdenverkehrsverein vermittelt auch Kontakte zu

Werkstätten, in denen man töpfern, spinnen und andere handwerkliche Kurse machen kann. In Neubukow erinnert die kleine **Schliemann-Gedenkstätte** an *Heinrich Schliemann,* Sprachgenie und berühmter Entdecker Trojas, der hier am 6. 1. 1822 geboren wurde.

Müllermeister Goldbach bei der Arbeit

● **Info: Fremdenverkehrsverein Salzhaff,** 23974 Stove, Tel./Fax (038427) 247
(Juli/Aug. tägl. 10-18 Uhr; April-Juni, Sept./Okt. Di-So 10-16 Uhr, Nov.-März wie Museum)
● **Unterkunft:**
Villa Seeheim, Stove, Tel. 32110, Fax 321122 (alte Villa in idyllischer Alleinlage im großen Park direkt am Ufer mit kleinem Sandstrand; mit Spiel-, Grillplatz, Liegewiese, Reitmöglichkeit)
Pension Bauernhaus, Dorfstr. 5, Boiensdorf, Tel. (038427) 317 (malerischer alter Fachwer-, Reetdachhof mit großem Garten, 1 km zum Salzhaff)
Zum Kiebitzhof, Dorfstr. 4a, Boiensdorf, Tel. (03841) 758231, Fax 758233 (zauberhafte, neu und schön ausgebaute ehem. Reetdachscheune in stiller Lage auf 10.000 qm Garten mit Sauna)
Campingplatz „Am Salzhaff", 18233 Pepelow, Tel. (038294) 78686 (ganzjährig, großer Platz direkt am Salzhaff,
Entsorgungseinrichtungen, Fischräucherei, Bungalowvermietung, Fahrrad-, Tretbootverleih, FKK-Strand);
Campingplatz „Möwe", Werder 1, 23974 Boiensdorf, Tel. (038427) 219 (Mai-Sept., ebener Wiesenplatz direkt am Wasser, Surf-, Segelschule, Minigolf, FKK-Strand)
● **Museum: Windmühle Stove,** Schaumahlen: Mi 9-12 Uhr, Juli/Aug. Mi + So, Tel. (038427) 247
(Juli/Aug. tägl. 10-18 Uhr, Mai/Juni/Sept./Okt. Di-So 10-16 Uhr, Nov.-April Mi 9-12 Uhr, sonst n. Anmeldung)
Dorfmuseum Stove mit hist. Lehmbackofen, Tel. 6446 (Öffnungszeiten wie Windmühle).

Ostseebad Rerik

Das kleine, nur gut 2000 Einwohner zählende Ostseebad Rerik liegt landschaftlich sehr reizvoll am steilen Hang an einer schmalen Landzunge zwischen Ostsee und Salzhaff. Nur einen Steinwurf breit ist die Sandanschwemmung, die die Halbinsel Wustrow mit dem Festland verbindet. Die seit Jahrzehnten als Militärgebiet gesperrte, unberührte Natur der **Nehrung** kann bisher nur im Rahmen einer von der Kurverwaltung angebotenen, geführten Wanderung erlebt werden (**Führungen Halbinsel Wustrow**: Mi 13 Uhr, Fr 13 u. 15 Uhr, Sa 10.30 u. 14 Uhr, So 10/14/15 Uhr). Wie lange das Naturidyll noch ein solches bleibt, ist jedoch fraglich. Zweifelhafte Pläne, auf der malerischen Sandzunge ein überdimensionales Ferienzentrum zu errichten, liegen jedenfalls bereits in der Schublade eines Investmentfonts. Der kleine Fischerort hat sich seinen ländlichen Charakter bewahrt. Wohl eine der schönsten Ostseekirchen ist die **Johanniskirche,** ein frühgotischer Backsteinbau von 1250. Ihr Innenraum ist ungewöhnlich reich mit frühbarocken Malereien (1668) verziert, die aus der Hand des Wismarer Künstlers *Hinrich Greve* stammen. Unbedingt sehenswert! (Führungen: Mo/Do 10-12 Uhr, 15.5.-16.9 So 13-15 Uhr, 17.9.-14.5. So 11 Uhr). Das kleine **Heimatmuseum** Reriks berichtet u.a. über die frühgeschichtliche Besiedlung der Region, von der steinzeitliche Gräber in der Umgebung zeugen. Bei Meschendorf zieht sich zu Füßen der malerischen, ginsterbewachsenen **Steilküste** ein schmaler, aber kilometerlanger Strand. Von der 170 m langen **Seebrücke** legen Ausflugsschiffe zu Rundfahrten ab.

Auf der Feldmark Gaarzer Hof, Neu Gaarz und Mechelsdorf liegen gleich sieben **stein- und bronzezeitliche Grabstätten** aus verschiedenen Epochen, die sich auf einem Spaziergang erkunden lassen. Die Teilnahme an einer sachkundig geleiteten Führung, die die Kurverwaltung anbietet, ist sicherlich die beste Art, Kompetentes über die Großsteingräber zu erfahren. Besonders sehenswert ist das Großsteingrab bei Neu Gaarz, das nahe der Straße frei im Feld steht. 8 Tonnen wiegt der gewaltige Deckstein des Monuments. Lohnende Ausflugsziele in der Umgebung sind auch die eindrucksvolle **Feldsteinkirche** in Biendorf und der **Bastorfer Signalberg** mit seinem 100 Jahre alten Bilderbuch-Leuchtturm.

●**Info: Kurverwaltung,** Dünenstr. 10, 18230 Rerik,
Tel. (038296) 78429, Fax 78513
(Juli/Aug. Mo-Fr 9-12 u. 13-18 Uhr, Sa 14-17 Uhr, So 14-16 Uhr; Sept.-Juni Mo-Fr 9-12 u. 13-16 Uhr, Mai/ Juni auch Sa/So 14-16 Uhr)
●**Unterkunft: Pension Kiek in,** Verbindungsstr.,
Tel. 221 (moderne, preiswerte Zimmer);
Ostseecamp Seeblick, in Rerik/Meschendorf,
Tel. 480, Fax 378 (ganzjährig geöffnet, ruhige Lage an der Steilküste, moderne Sanitäranlagen, Womo-geeignet, Ent-

031omv Foto: rh

sorgungseinrichtungen, Fahrradverleih, Tauchschule, Bungalowvermietung)

● **Gastronomie: Steilküste,** Parkweg 10, Tel. 368 (frischer Fisch von den Reriker Fischern)

Am Waldrand, Hauptstr. 15, in Wischuer, Tel. (038294) 1218 (romantisch am Waldrand gelegener Hof, mit Fremdenzimmern und schöner Terrasse, Kinder willkommen)

● **Museum: Heimatmuseum,** Am Haff (16. Sept.-14. Mai Di 10-12 u. 14-17 Uhr, Mi/Do 14-17 Uhr, Fr 10-12 Uhr, Sa 14-18 Uhr, So 14-16 Uhr, von 15.5.-15.9. geschl.)

Ostseebad Kühlungsborn

Endstation der Bäderbahn *Molli* ist *„die Grüne Stadt am Meer"*, das Ostseebad Kühlungsborn. Der Beinamen erklärt sich vom Stadtwald, der Grünen Lunge des traditonsreichen Badeorts, die die beiden Ortsteile Kühlungsborn Ost und West trennt. Der Aufstieg der drei armen Fischerdörfer Arendsee, Fulgen und Brunshaupten zum größten Badeort der ehemaligen DDR verdankt Kühlungsborn nicht unwesentlich dem 1910 erfolgten Anschluß an die *„Bolleschen Dampf-Kaleschen"*, die Kleinbahn *Molli*.

Bastorfer Signalberg

Das Seebad macht seinem Beinamen alle Ehre. Hier dreht sich alles um das sommerliche Strandvergnügen. Ein kilometerlanger Bilderbuchstrand, ein Campingplatz und eine Unmenge an Hotels, Pensionen, Restaurants, Sportanlagen und sonstigen touristischen Einrichtungen zeigen, daß Kühlungsborn bei denjenigen, die in ihrem Urlaub hauptsächlich Strand und Vergnügung suchen, hoch im Kurs steht. Eine Meerwasserschwimmhalle garantiert salziges Baden auch bei schlechtem Wetter. Eines der Hauptvergnügen der Gäste ist das Flanieren auf der 4 km langen, von historischer Bäderarchitektur gesäumten **Strandpromenade**. An Sehenswertem gibt es das **Molli-Museum,** eine große **Muschelausstellung** in der Hermannstraße 11 und eine hübsche, 1872 erbaute **Windmühle,** in der sich nun ein Restaurant eingerichtet hat, zu erwähnen.

Wer dem Trubel entfliehen möchte, dem sei ein Spaziergang auf der **Kühlung,** einem Höhenzug mit schöner Aussicht, empfohlen.

● **Info:**
Kurverwaltung, Ostseeallee 19, 18225 Kühlungsborn, Tel. (038293) 8490, Fax 84930
Internet: http://www.kuehlungsborn.de;
e-mail: info@kuehlungsborn.de
(Mai-Sept. Mo-Fr 9-12 u. 13-18 Uhr, Sa/So 10-16 Uhr; Okt.-April Mo-Fr 9-12 u. 13-16 Uhr)

● **Unterkunft:**
Hotel Schloß am Meer, Tannenstr. 8, Tel./Fax 7226 (entzückendes Haus mit Strandblick);
Hotel Villa Patricia, Ostseeallee 2, Tel. 8540, Fax 85485 (traditionsreiche Herberge am Strand, innen und außen orginale Bäderarchitektur der Jahrhundertwende);
Hotel Waldkrone, Tannenstr. 4, Tel. 4000, Fax 4001 (gehobenes Hotel in romantischem Türmchenhaus, ruhig zwischen Stadtwald und Strand gelegen);
JH, Dünenstr. 4, Tel. 17270, Fax 17279
Campingpark Im Riedenwald, Waldstr. 1b, Tel. 7195, Fax 7192 (geöffnet April-Okt., baumbestandener Platz direkt am FKK-Strand, Womo-geignet, Entsorgungseinrichtungen, Fahrrad-, Boots-, Surfbrettverelih, Segel-, Surfschule);
Campinggarten Seerose, Waldstr. 7, Tel. 7290 (familiärer Womo/Caravan-Stellplatz -10 Plätze- bei Villa Seerose, Fahrrad-, Angelkahnverleih)

● Gastronomie:
Brunshöver Möhl, An der Mühle 3, Tel. 937 (Feinschmeckerküche in alter Windmühle);
Alte Backstube, Strandstr. 29, Tel. 12122 (rustikales Ambiente in ehem. Backstube)
● Kultur:
Muschel- und Afrika-Ausstellung, Hermannstr. 11 (Sommer tägl. 10-18 Uhr, Winter tägl. 10-12.30 Uhr)
Molli-Museum, Bahnhof West, Tel. 17398 (Mai-Okt. tägl. 10-17 Uhr)

Heiligendamm

„Die Weiße Stadt am Meer" nennt sich das Ostseebad stolz und ganz zu Recht. Im Auftrag von Herzog *Friedrich Franz I.* errichtete Landesbaumeister *C. Th. Severin* hier ein herrschaftliches Seebad, das erste an der Ostseeküste überhaupt. Die prachtvolle, schneeweiße klassizistische Kulisse des piekfeinen fürstlichen Badeorts, in dem von der Zarenfamilie bis zu *Napoleons* Gouverneur *Laval* alles logierte, was sich zur feinen Gesellschaft zählte, blieb unverändert erhalten. Die Spuren der DDR-Jahre, als in das Repräsentationsbad eine Kurklinik einzog und der Putz heftig blätterte, sind bisher nur teilweise verschwunden. Bis auf das Residenz-Hotel ist die gesamte Anlage leider noch immer im Wendezustand. Nach langwierigen Streitereien hat die Kölner Fundus-Gruppe praktisch das ganze historische Ensemble gekauft und will daraus nun mit großem Geld ein luxuriöses Domizil für die feine Gesellschaft machen.

032omv Foto: rh

032omv Foto: rh

Besonders schön zeigt sich das klassizistische Ensemble, dessen architektonischer Mittelpunkt das imposante **Kurhaus** (1814-16) mit seiner von dorischen Säulen gestützten Vorhalle ist, von der **Seebrücke** her. Beim Kurhaus erinnert ein **Gedenkstein,** ein 220 Tonnen schwerer Findling an den Finanzier Heiligendamms, *Herzog Friedrich Franz I.* (1756-1837) und die auf Betreiben des Rostocker Medizinalrats und fürstlichen Hofleibarztes *Samuel G. Vogel* erfolgte Gründung des Seebads im Jahre 1793. Den gewaltigen Felsblock schaffte man mit immensem Aufwand - eine spezielle Transportkonstruktion und angeblich 120 Pferde waren dafür erforderlich - von der 11 km entfernten Elmenhorster Feldmark herbei.

Erstaunt wird man feststellen, daß das erste und feinste Seebad der Ostsee über keinen Superstrand verfügt. Das erklärt sich daher, daß man damals wegen *„einfallender ungünstiger Witterungen, zu rauher Seeluft und des oft unschicklichen Grads der Kälte des Wassers"* gar nicht auf die Idee kam,

Das Kurhaus

ins offene Meer zu steigen. Gebadet wurde in Badehäusern, in die das Meerwasser gepumpt wurde. Und zwar mittels einer von Pferden angetriebenen „Wasserbewältigungsmaschine", 1799 konstruiert von einem Herrn mit der phantastischen Anrede *Geheimer Oberfinanz- Kriegs- und Domainenrat Baron Waitz von Eschen.*

Residenzhotel, Indoor-Golf,.Galopprennbahn, Kurklinik und Seebrücke sollen wieder gutbetuchte Kurgäste in das fürstliche Seebad locken. Und werden die hochfliegenden Pläne der Fundus-Investoren Wirklichkeit, dann soll die *„Weiße Stadt"* nach dem Regierungsumzug nach Berlin an ihre historische Rolle anknüpfen und zur eleganten Sommerfrische für Politiker, Diplomaten und Industriekapitäne werden.

Den Namensgeber der „Stadt", den von einer Sturmflut aufgeschütteten **Heiligen Damm,** erreicht man, wenn man am Strand in östlicher Richtung spaziert.

• **Hotel: Residenz-Hotel,** Prof. Dr. Vogel-Str. 16-18, 18209 Heiligendamm, Tel. (038203) 4620, Fax 46248 (4-Sterne Haus im historischen Gebäude direkt am Strand, mit Fahrradverleih, Golfsimulator)

• **Gastronomie:**

Palette, Kühlungsborner Str., Tel. 734, Fax 13377 (gutbürgerl. Küche, mit großem Biergarten und Hotel)

Schwanencafé, Unter den Kolonnaden, Tel. 737 (traditionsreicher Familienbetrieb in klassizistischem Gebäude)

Bad Doberan

Der Legende nach soll Doberan entstanden sein, weil Fürst *Borowin I.* nach der Zerstörung des Klosters im benachbarten Althof während des Slawenaufstands von 1179 gelobt habe, an der Stelle ein neues Kloster zu gründen, an der er seinen nächsten Hirsch erlege. Als nun besagter Hirsch im Wald getroffen niedersank, flog im nahen Schilf ein Schwan mit dem Ruf *„Dobr, Dobr"* (Gut, Gut) auf. Das Stadtwappen zeigt neben dem Bischofsstab jedenfalls Hirsch und Schwan. Und das von *Borowin I.* 1186 gegründete Kloster gibt es auch. War es bis zur Reformation das im Kloster aufbewahrte „Heilige Blut", das Kranke und Gebrechliche scharenweise nach Doberan wallfahren ließ, waren es später Prinzen und Prinzessinnen, wohlhabende Gutsbesitzer und reiche Kaufleute, fürstliche Beamte und Offiziere, kurz Vermögende aus ganz Europa, die nach Bad Doberan strömten und es zum modischen Treff der Schönen und der Reichen machten.

Begonnen hat der märchenhafte Aufstieg vom unscheinbaren Flecken zum Mekka der vergnügungssüchtigen Adelsgesellschaft mit dem Brief, den der Arzt *Samuel Gottlieb Vogel* am 14. 3. 1750 an Herzog *Friedrich Franz I. von Mecklenburg* richtete und unter Hinweis auf die englischen Seebäder die Einrichtung einer Badeanstalt vorschlug. Als Standort sah er Doberan vor, in das mittels hölzerner Röhren vom heiligen Damm das *„sehr viele Schwachheiten und Kränklichkeiten des Körpers"* heilende Meerwasser geleitet werden sollte. Angesichts der hohen Kosten entschied man sich dann zwar für Heiligendamm als Standort für das erste Ostseebad, aber in Bad Doberan logierte und vergnügte man sich im Casino, auf der Pferderennbahn, im Theater und mit jenen *„schönen Wucherinnen, die sich zu Doberan reichlich genug in allen Sorten und nach allen Abstufungen, zu jeder Tageszeit auf allen Plätzen zeigen und ihre bona officia anbieten"*, wie ein Zeitgenosse das Leben in Doberan 1806 unzweideutig beschrieb.

Die mondäne Bäderarchitektur jener Zeit prägt noch heute das Zentrum Bad Doberans. Rings um den „Kamp", einem Park inmitten der Stadt, glänzen die klassizistischen, von *C. Th. Severin* entworfenen klassizistischen Gebäude in strahlendem Weiß. Auffälligstes Gebäude ist das ehemalige **fürstliche Palais.** Im Park stehen zwei reizende, chinois verspielte Pavillons, der **Rote Pavillon** Roter Pavillion und der **Weiße Pavillon.** Der Weiße beherbergt ein sehr einladendes Restaurant und Café, im Roten hat sich eine Galerie eingerichtet.

Neben seiner traditionsreichen Architektur ist der **„Molli"** Bad Doberans zweite Attraktion. Die

Schmalspurbahn dampft seit 1886 mitten durch die schmalen Straßen der Stadt und bringt Sommerfrischler hinaus zu den Stränden von Heiligendamm und Kühlungsborn (siehe Exkurs).

Bad Doberans Glanzstück ist jedoch der wohl schönste Sakralbau an der deutschen Ostseeküste, die Kirche des ehemaligen Zisterzienserklosters, das **Doberaner Münster.** Die herrlich in einen von der alten Klostermauer umfriedeten Park eingebettete gotische Pfeilerbasilika mit kreuzförmigen Grundriß wurde 1386 geweiht. Um ihre grandiose Schönheit zu erfassen, sollte man erst einen Rundgang durch den Park machen, bevor man ihr Inneres betritt. Atemberaubend ist die Raumwirkung des schlanken, hochaufragenden Langschiffes, höchst wertvoll ihre Ausstattungsstücke. Von 1280 stammt der Kelch- und Reliquienschrein; der in Lübeck gefertigte Hochaltar ist einer der ältesten Flügelaltäre in unserem Land. Kreuzaltar (14. Jh.), Corpus-Christi-Altar (1320), Mühlenaltar (um 1400) und Fronleichnam-Altar (um 1340) sind ebenso be-

Der Weiße Pavillon

Der Molli

034omv Foto: rh

Die landläufig *„Molli"* genannte Schmalspurbahn mit Dampflokomotive verbindet Bad Doberan über Heiligendamm mit Kühlungsborn. Mit etwa 10 km/h rumpelt und dampft sie durch die engen Straßen von Bad Doberan – wie eine Straßenbahn direkt am Bürgersteig entlang. Früher soll jemand mit einer Glocke warnend vor ihr hergelaufen sein. Man fragt sich warum, denn der *„Molli"* ist nicht zu überhören.

Außerhalb der Stadt zeigt der *„Molli"* dann, was in ihm steckt, und auf der 5,4 km langen Strecke bis Heiligendamm beschleunigt er – auf 40 km/h. Es bleibt Zeit, sich umzusehen und die herrlichen Buchenwälder des Landschaftsschutzgebietes *Großer Wohld* zu bewundern. Am *Kleinen Wohld* entlang, der wegen seiner vom Wind bizarr verformten Bäume am Hochufer auch *Gespensterwald* genannt wird, geht es zum Haltepunkt „Heiligendamm Steilküste" direkt am FKK- und Badestrand (hier wird nur im Sommer gehalten) und weiter zur Endstation Ostseebad Kühlungsborn.

Bäderbahn wird der *Molli* auch genannt, denn ihre Passagiere sind überwiegend Urlauber, die dem Strand zustreben. Einige Haltestellen liegen nur ein paar Minuten vom Strand entfernt, und im Sommer steigen viele Passagiere gleich im Badezeug ein. Im Sommer verkehren täglich bis zu 11 Zugpaare, im Winter fünf. Fahrradmitnahme ist gegen Aufpreis von DM 1.- möglich. Fahrradverleih an den Bahnhöfen Bad Doberan, Heiligendamm und Kühlungsborn-Ost und West. Besonders lohnenswert ist der Besuch zum Volkslauf entlang der Strecke im Mai, im September zur Radrallye gegen den *Molli* und zum *Molli*-Bahnhofsfest „Schall und Rauch", jährlich am 3. Oktober.

Der Name *„Molli"* geht übrigens auf eine Begebenheit gleich zur Eröffnung der Bahnstrecke vor nunmehr über hundert Jahren zurück. Damals soll unter den Fahrgästen eine Dame gewesen sein mit einem kleinen, fetten Mops namens Molli, der partout nicht in den Zug wollte. Und irgendeiner der rasch versammelten Schaulustigen soll schließlich eine Ähnlichkeit zwischen dem Mops und der fauchenden Dampflokomotive entdeckt haben – der Name saß und er ist bis heute geblieben.

- **Info: Mecklenburgische Bäderbahn „Molli",**
Am Bahnhof, 18209 Bad Doberan,
Tel. (038203)4150, Fax41512
Internet: http://www.molli-bahn.de
- **Länge:** 15,4 km
- **Spurweite:** 900 mm
- **Eröffnet:** 9. Juli 1886
- **Molli-Museum:** Bahnhof Kühlungsborn-West
(Besichtigung über Tel. (038203)41511

wunderungswürdige Kleinodien wie die für Zisterzienserkirchen typischen hohen, schlanken Fenster in den Seitenschiffen, welche die Glasmalereien aus dem 14. Jh. zu farbenschimmernden Juwelen machen. Grabmonumente von 56 hier bestatteten Mecklenburger Herzögen und Herzoginnen sind ebenso zu bestaunen wie die Grabkapelle (1630) von *Herzog Adolf Friedrich I.* und *Herzogin Anna Maria,* die Tumba der Königin *Margarethe von Dänemark* und diejenige des Schwedenkönigs *Albrecht.* Wer das Doberaner Münster besucht, der sollte die nötige Zeit und Muße mitbringen, die das Bauwerk und seine Schätze verdienen. Wer aufmerksam Grabinschriften studiert, stößt auf pikante Köstlichkeiten wie *„Hier ruhet Gottlieb Merkel. / In sin Jugend was hei'n Ferkel / In sin Öller was hei'n Swin / Min Gott, wat mag hei nu woll sin?"*

Zwei Museen, das **Stadtmuseum „Möckelhaus"** in der Beethovenstraße und das **Ehm-Welk-Haus** in der Dammchaussee, das an den Schriftsteller *Welk* erinnert, runden das kulturelle Angebot Bad Doberans ab.

● **Info: Tourist-Information,** Goethestr. 1, 18209 Bad Doberan, Tel./Fax (038203) 62154 (Mai-Sept. Mo-Fr 9-18 Uhr, Sa 10-14 Uhr; Okt.-April Mo-Mi +Fr 9-17 Uhr, Do 16-18 Uhr)

● **Unterkunft:**

Gutshaus Rosenhagen, in Rosenhagen, Tel. (038295) 71491 (hist. Gutshaus in stiller Alleinlage am Wald mit kl. Damwildgatter, Pavillon und Terrasse am Wasser)

Romantik-Kurhotel, Am Kamp, Tel. 63036, Fax62126 (niveauvolle 4-Sterne-Herberge im 1793 erbauten ehem. herzogl. Palais, im *Restaurant Seydewitz* feine Küche, Fisch- und Wildspezialitäten);

Pension Am Fuchsberg, Am Fuchsberg 7a, Tel.6 3474, Fax 63252 (ruhige Lage, mit schöner Terrasse und Fahrradverleih);

JH Bad Doberan, Tempelberg, Tel. 62439

Feriencamp Börgerende (5 km nördl.), Deichstr., 18211 Börgerende, Tel./Fax (038203) 81126 (geöffnet 1.4.-31.10., mittelgroßer Platz direkt am Strand, Womo-geeignet, Entsorgungseinrichtungen, Fahrradverleih)

● **Gastronomie:**

Zum Weißen Schwan, Am Markt 9 (Mecklenburger Spezialitäten, große Terrasse);

035omv Foto: rh

Ostseebäder

Weißer Pavillon, Auf dem Kamp, Tel. 62326 (Restaurant mit regionaler Küche und Café mit selbstgemachtem Kuchen im malerischen Pavillon)

● **Museum:**

Stadtmuseum „Möckelhaus“, Beethovenstr. 8, Tel. 62026 (wegen Sanierung bis Ende 1999 geschlossen)

Literaturmuseum „Ehm-Welk-Haus“, Dammchaussee 23, Tel. 62325 (Juni-Aug. Di-Fr 10-12 u. 13-17 Uhr, Sa/So 14-17 Uhr, Sept.-Mai Di-Fr 10-12 u. 13-16 Uhr, Sa 14-17 Uhr)

Doberaner Münster, Klosterstr. 2, Tel. 62716 (Mai-Sept. Mo-Sa 9-18 Uhr, So 12-18 Uhr; März/April/Okt. Mo-Sa 9-16 Uhr, So 12-16 Uhr; Nov.-Febr. Di-Fr 9-12 u. 14-16 Uhr, Sa 9-16 Uhr, So 12-16 Uhr; Führungen nach Anm.)

Das Doberaner Münster von innen

Rostock

Die Leuchte des Nordens

„Nach Rostock kam ich, arm und arg zerschunden, / Gelehrte jeden Fachs hab ich hier angefunden, / Beschwingtem Geist und der Freiheit hold, / Dem Schînen (Schönen) mehr ergeben, als man meinen sollt...“, schrieb der Humanist *Ulrich von Hutten* 1509 an seinen Freund und Mitstreiter *Martin Luther.* Angekommen war er in der Universität Rostock. Die älteste Alma mater Nordeuropas strahlte mit ihrem geistigen Wirken in den gesamten Ostseeraum aus und hatte einen bedeutenden Einfluß auf die Verbreitung der westeuropäischen bürgerlichen Kultur im Norden Europas. Viele Gelehrte und der freie Geist der Universitätsstadt machten Rostock auch in dunklen Phasen der Geschichte zur liberalen Hochburg. Selbst in der Ulbricht- und Honeckerära war der Druck der Partei milder als in anderen Städten. Mit den Schiffen aus allen Kontinenten drangen auch andere Kulturen, Gedanken und Mentalitäten in das abgeschottete Land.

036omv Foto: rh

Rostock, für die DDR-Bürger das „Tor zur Welt", ist auch nach der Wende noch das geistige Zentrum Mecklenburg-Vorpommerns. Auch wenn die mit 211.000 Einwohnern größte Stadt des Landes die Konkurrenz um den Titel „Hauptstadt und Regierungssitz" gegen Schwerin verloren hat, ist die traditionsreiche Hanse- und Hafenstadt die weltoffene und polyglotte Metropole im Land zwischen Elbe und Oder. In den mittelalterlichen Straßen der Altstadt herrscht buntes, geschäftiges Treiben. Studenten musizieren, Matrosen flanieren, Frauen konsumieren, Pärchen poussieren, und schicke Töchter kokettieren. An den Hafenkais an der Warnow ankern schneeweiße Luxusliner neben alten Windjammern, in traditionsreichen Gasthöfen wird frischer Fisch serviert, in Hafen- und Studentenkneipen die Nacht durchzecht.

Geschichte

Roztoc, was soviel bedeutet wie „Auseinanderfließen eines Flusses", nannten die Slawen vom Stamme der Kyzziner ihre Siedlung am östlichen Ufer der Warnow. Von ihrer Existenz berichtet erstmals der dänische Chronist *Saxo Grammaticus* 1161, der im Gefolge des Dänenkönigs *Waldemar I.* an dessen Unterwerfungsfeldzug gegen die slawischen Stämme teilnimmt und dabei die Eroberung und Zerstörung der Burg Roztoc erlebt. Ihm folgen deutsche Kaufleute und Handwerker, die den natürlichen Hafen, den die Warnowmündung bildet, schnell zum **bedeutenden Handelsplatz** ausbauen. 1218 verleiht Fürst *Borwin* der Ortschaft das lübische Stadrecht. Zwischen 1257 und 1265 werden die zusammenwachsenden Siedlungen zur *„universitas civitas",* zur Gesamtstadt Rostock, vereint und mit einer Stadtbefestigung geschützt. Bei einem Blick auf einen Stadtplan sind die drei Stadtteile noch heute gut zu erkennen.

Trotz schwerer Kriegszerstörungen hat Rostocks Altstadt noch prächtige Giebelhäuser.

1 Theater im Stadthafen
2 Mönchentor
3 Getreidespeicher
4 Alter Markt
5 Kerkhofhaus
6 Kuhtor
7 Lagebuschturm
8 Steintor
9 Schiffahrtsmuseum
10 Ständehaus
11 Alte Münze
12 Hausbaumhaus
13 Blücher-Denkmal
14 Kulturhist. Museum
15 Kröpeliner Tor

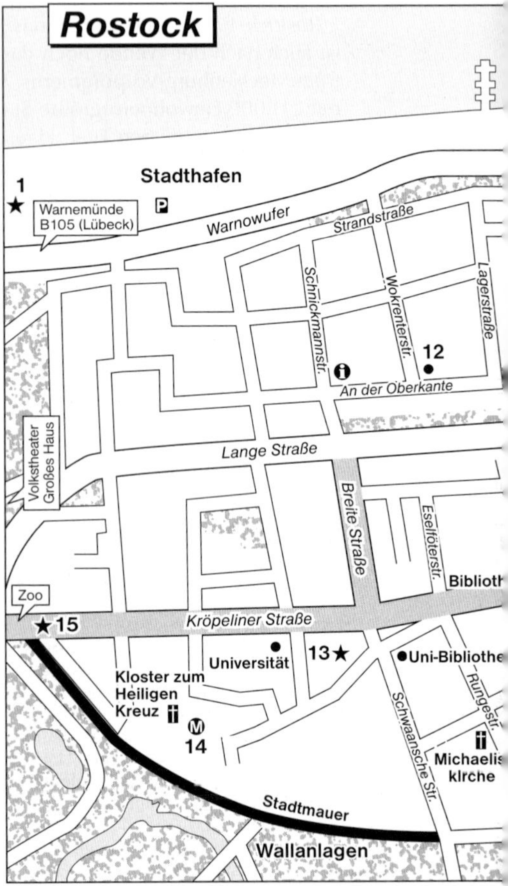

Vor Übergriffen auf See schützen die Rostocker ihre schwer beladenen Koggen, indem sie sich mit Lübeck und Wismar zu einem Schutzbund zusammenschließen. Der Bund der **Hanse** wird von der Kaufmannsgenosenschaft jedoch auch geschickt dazu genutzt, den gesamten Ostseehandel unter ihre Kontrolle zu bekommen und schließlich zu monopolisieren. Die nach damaligen Verhältnissen ökonomische, aber auch militärische Supermacht Hanse steigt zum unumschränkten Herrscher über den Ostsee-

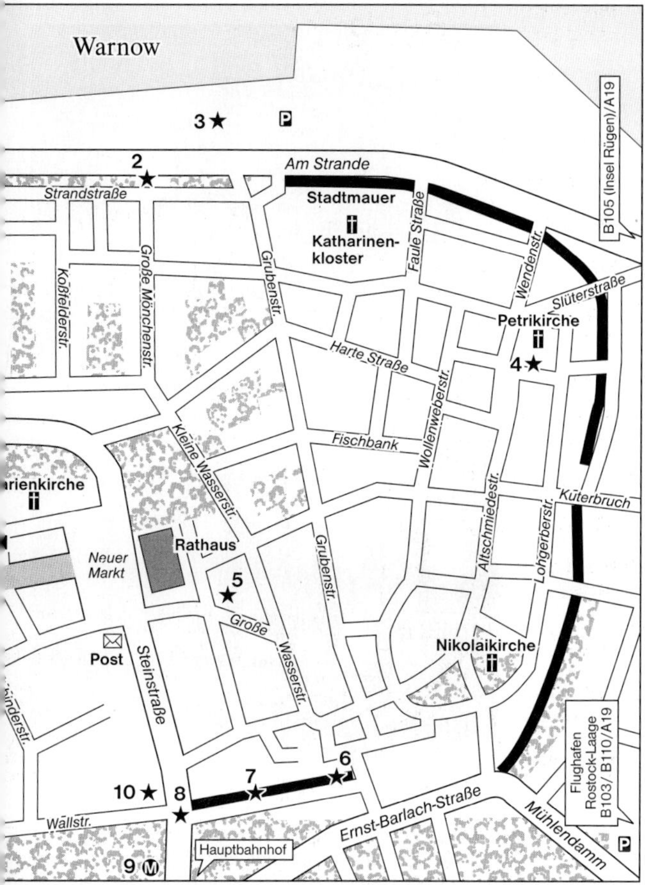

handel auf und garantiert ihren Mitgliedern und so auch Rostock prächtige Gewinne.

Auf dem Höhepunkt der Macht erbittet sich die Stadt beim Vatikan die Erlaubnis zur Gründung einer **Universität,** die Papst *Martin V.* am 13. 2. 1419 genehmigt. Mit 200 Studenten in drei Fakultäten (Jura, Philosophie und Medizin) nimmt die erste Hochschule Nordeuropas ihre Arbeit auf. Bis zum 30järigen Krieg ist die *Alma mater rostochienses* die „Leuchte des Nordens", das geistige Zentrum im Ostseeraum.

037omv Foto: rh

Mit der Verlagerung des Fernhandels hat der Handelsplatz Rostock bereits seit Ende des 15. Jh. viel von seiner Bedeutung verloren und ist hinter Kiel und Hamburg zurückgefallen. Unruhen und Aufstände, in denen das erstarkende Bürgertum von den patrizischen Kaufmannssippen mehr Mitbestimmung fordert, die Wirren der Reformation und ständige Streitigkeiten mit den Landesherren, die vom Reichtum der Stadt profitieren möchten, leiten den **Niedergang** Rostocks ein. Auch die Universität verliert

Das Steintor

in den ständigen Auseinandersetzungen zwischen Stadt und Landesherr um Finanzierung und Einfluß mehr und mehr an Bedeutung. Dennoch bleibt Rostock auch im feudalen Mecklenburg ein Hort fortschrittlichen Denkens.

Der Handelsort erlebt erst wieder mit Beginn der **Industrialisierung** in der Mitte des 19. Jh. neuen Aufschwung. Die Rostocker Werften bauen den ersten seegehenden Schraubendampfer Deutschlands. Mit 378 Schiffen besitzt die Stadt die größte Handelsflotte an der deutschen Ostseeküste. Schwere Wunden schlagen im 2. Weltkrieg die alliierten Bombenangriffe in das historische Gesicht der Hansestadt. Fast die Hälfte aller Wohnhäuser und viele historische Gebäude werden dabei vernichtet. Die Lücken im Stadtbild sind unübersehbar. Auch wenn teilweise das Bemühen erkennbar ist, das historische Stadtbild durch einen speziellen, historisierenden Typus der DDR-typischen Großplattenbauten zu reparieren, das historische Gesicht Rostocks bleibt durch häßliche Narben entstellt.

Sehenswertes

Die beiden großen, nahe beieinander liegenden Parkplätze am Stadthafen und an der Fischerbastion zwischen Warnowufer und Lange Straße sind geeignete Ausgangspunkte, um auf Schusters Rappen durch die **Altstadt von Rostock** zu bummeln. Nicht zuletzt deshalb, weil man auf dem Weg zu den Sehenswürdigkeiten bei Bedarf gleich bei der **Tourist-Information** in der Schnickmannstraße vorbeigehen kann, die in einem alten Speicher ihren Sitz hat.

Im **Stadthafen** legen heute keine großen Frachter mehr an. In die gewaltigen alten **Backsteinspeicher** ist nun das Hanseatic-Center mit Büros, Restaurants und Disco eingezogen. Das Flanieren auf der Promenade entlang der Warnow wird durch den Wahnsinnsverkehr, der sich auf der Uferstraße (B 103/105) durch die Stadt wälzt, leider erheblich beeinträchtigt. In einem alten Hafenbecken ist nun ein **Museumshafen** eingerichtet, in dem die Traditionsseglervereinigung historische Boote und Schiffe zeigt. Am **Anleger Kabutzenhof** am westlichen Ende des Stadthafens verkehrt eine Personenfähre über die Warnow hinüber zum Stadtteil Gehlsdorf, von dem man einen herrlichen Panoramablick auf die Hafenanlagen und die Silhouette der Altstadt hat. Hier legen auch die Fahrgastschiffe an und ab.

Das nördliche **Altstadtviertel** zwischen der Warnow und der Langen Straße ist eine Mischung zwischen historischer Bausubstanz und historisierenden Neubauten, die sich charakterlich vergleichsweise angenehm in die Häuserfronten einreihen. Wie es im Viertel vor dem letzten Weltkrieg und der Abrißpolitik der SED aussah, läßt sich an der wunderschön original wieder aufgebauten und restaurierten Häuserzeile an der Wokrenterstraße nachvollziehen. Besonders sehenswert ist das sogenannte **Hausbaumhaus,** ein spätgotisches Kaufmannshaus, das wegen seiner besonderen Konstruktionsweise seinen Namen bekam: Die Balkenstützkonstruktion ähnelt in ihrem Aufbau einem Baum. Obwohl zum historischen Zentrum gehörig, ist das Viertel entlang des Rostocker Stadthafens eigentümlich still und unbelebt. Nur wenige Passanten durcheilen die Straßen und Gassen, in denen eine nicht besonders einladende Atmosphäre herrscht. Ein Grund dafür ist sicherlich die ebenso breite wie verkehrsreiche Lange Straße, die das Hafenviertel vom geschäftig pulsierenden Zentrum abschneidet. Die breite Verkehrsader säumen große städtische Geschäfts- und Warenhäuser.

Hat man es geschafft, sie zu überqueren, erreicht man nach wenigen Minuten die **Kröpeliner Straße.** Die belebte Fußgängerzone, die die ehemalige Mittel- und Neustadt durchquert, ist die Schlagader des alten Rostock und mit ihrer weitgehend erhalte-

Der imposanteste Straßenzug: Wokrenterstraße

nen historischen Bebauung sein schönster Straßenzug. Sie beginnt am **Kröpeliner Tor,** einem 54 m hohen spätgotischen Turm, der die **Stadtgeschichtliche Ausstellung** beherbergt. Neben der maritimen Tradition der Stadt widmet es sich auch dem „Marschall Vorwärts" *Gebhard Leberecht von Blücher* (1742-1819). Der berühmte Generalfeldmarschall und Bezwinger *Napoleons* bei Waterloo erblickte am 17. 12. 1742 als siebtes Kind eines Rittmeisters in Rostock das Licht der Welt.

Nach wenigen Schritten erreicht man den **Universitätsplatz.** Der Platz war einst der Markt der Neustadt, in dessen Mitte das Rathaus stand. Mit dem Bau neuer Universitätsgebäude wurde er umgestaltet und das ab 1265 als **Auditorium Magnum** genutzte Rathaus abgebrochen. In seiner Mitte steht nun das **Blücherdenkmal** (1819) sowie der 1980 fertiggestellte **Brunnen der Lebensfreude**, der ob der Darstellung nackter Figuren, insbesonders zweier Brüste und eines vor Lebensfreude prallen Pimmels von der einschlägigen Presse als *„Pornobrunnen"* bezeichnet wurde. Eine Seite des Platzes bildet das **Universitäts-Hauptgebäude,** ein

038omv Foto: rh

1867-70 errichteter dreigeschossiger Bau, dessen Fassade nach dem Vorbild des Wismarer Fürstenhofs reichen Terrakottaschmuck aufweist. Ihm gegenüber liegt das **Herzogliche Palais** (1714), der **Barocksaal** (1750), in dem heute Konzerte stattfinden und die **Neue Wache** (1823) mit ihrer monumentalen dorischen Säulenvorhalle. Alle drei Gebäude werden heute von der Universität genutzt.

An der Seite des Uni-Hauptgebäudes führt ein unauffälliger Durchgang zum **Kloster zum Heiligen Kreuz.** Die geschlossene, sich um den Innenhof gruppierende Klosteranlage, 1270 vom Zisterzienserorden als Nonnenkloster errichtet, hat fast dörflichen Charakter. Ihr Mittelpunkt ist die **Klosterkirche,** die oft auch als Universitätskirche bezeichnet wird. Der nach den Prinzipien des Bettelordens äußerlich schlicht gehaltene und nur von einem kleinen Dachreiter betürmte Sakralbau birgt in seinem Inneren eine wertvolle Ausstattung. Zu ihr gehören ein figurenreicher Hochaltar aus dem 15. Jh., ein geschnitzter Sakramentsturm (14. Jh.) und eine Triumphkreuzgruppe (15. Jh.) Sehr interessant sind auch die 50 Grabplatten aus dem 14. bis 16. Jh. mit ihren reichen figürlichen Darstellungen und Inschriften. In der unversehrt erhaltenen Klosteranlage hat das **Kulturhistorische Museum** seinen Sitz. Zu seinen Beständen gehört u.a. eine bedeutende Sammlung niederländischer Malerei sowie eine Kollektion von Werken aus der Schwaaner und Ahrenshooper Künstlerkolonie. Hinter dem Klosterkomplex hat sich ein langes Stück der alten **Stadtmauer** erhalten. Hinter der Mauer erstrecken sich die ehemaligen **Wallanlagen,** die zu einem besonders bei den Studenten beliebten Park umgestaltet wurden.

Eine weitere Klosteranlage findet man unweit vom Universitätsplatz in der Altbettelmönchstraße. Hier haben die Fratres der halbgeistlichen Kongregation der *Brüder vom gemeinsamen Leben* 1480-88 die **Michaeliskirche** erbaut, der 1502 ein Wohnungs- und Werkstattkomplex angefügt wurde.

Die Kröpeliner Straße endet auf dem zentralen Marktplatz. Auf dem Weg dorthin kommt man am ehem. **Spitalspfarrhaus** (15. Jh.) des Hl.-Geist-Hospitals vorüber, dessen mit Zierfriesen und Reliefmedaillons reichgeschmückter Backstein-Staffelgiebel aus der Häuserfront hervorsticht. Der **Neue Markt** könnte mit seinem historischen Architekturensemble, das ihn umgibt, die Perle Rostocks sein – wären da nicht die verkehrsüberflutete Straße, die ihn zerschneidet, und seine Nutzung als Parkplatz. Flair hat der Platz an den Markttagen, wenn ihn eine bunte Budenstadt bedeckt. Dominierendes Gebäude ist das **Rathaus,** das Mitte des 13. Jh. durch die Zusammenfassung dreier Bürgerhäuser entstand. Vor die gotische Giebelfront setzte man 1727 einen Barockvorbau mit Palastfassade, der aber noch von den sieben verspielten Türmchen der alten Schaufront überragt wird – eine architektonische Kuriosität. Das **Kerkhofhaus** (15. Jh.) hinter dem Rathaus ist mit seinem Schmuckgiebel eines der schönsten mittelalterlichen Patrizierhäuser Rostocks.

Rathaus

Überragt wird der Neue Markt von der nahen **Marienkirche.** Die eindrucksvolle Ratspfarrkirche am Ziegenmarkt ist der bedeutendste Rostocker Sakralbau. An der ganzen Ostseeküste findet man nur noch in der Stralsunder Nikolaikirche eine ähnlich reiche Innenausstattung. Mit dem Bau der gotischen Basilika nach westfälischem Vorbild wurde um 1230 begonnen. Schon vor der Fertigstellung stürzte 1398 das Langhaus ein. 1452 wurde sie schließlich vollendet. Der gedrungene, ursprünglich als Zweiturmfront geplante Turm wurde jedoch erst 1796 fertiggestellt. Von der Turmgalerie eröffnet sich ein schöner Blick über die Altstadt und die Hafenanlagen am Warnowufer. Aus ihren vielen bemerkenswerten Schätzen wie dem prachtvollen Orgelprospekt mit Fürstenloge (1766), dem von vier Figuren (Allegorien der vier Elemente) getragenen Bronzetaufkessel (1290), dem aus Eichenholz geschnitzten spätgotischen Rochus-Al-

039omv Foto: rh

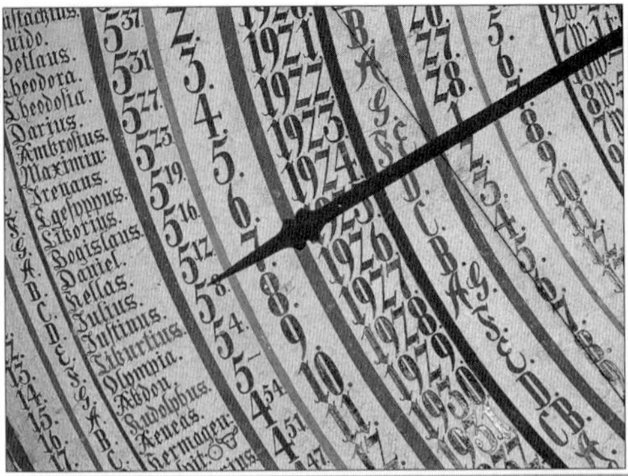

tar (1530) oder der reichverzierten Kanzel (1574) ist ganz besonders die astronomische Uhr hervorzuheben. Das zweigeschossige Kunstwerk hinter dem Hauptaltar ist eine feinmechanische Meisterleistung des Nürnbergers *Hans Düringer*. Seit 1472 (1641 um das Apostelspielwerk erweitert) zeigen die beiden Zifferblätter Sonnen- und Mondphasen, Tierkreiszeichen, Datum und Stunde an. Bis ins Jahr 2017 wird sie dies auch noch weiter tun. Dann muß eine neue Kalenderscheibe angebracht werden. Punkt 12 Uhr setzt das Werk den Apostelumgang in Aktion.

Verläßt man den Neuen Markt in entgegengesetzter Richtung über die Steinstraße, erreicht man am Steintor die Grenze der Altstadt. Das **Steintor,** 1574-77 im Renaissancestil errichtet, ist eines von vier erhaltenen der insgesamt einmal 22 Tore, die in die Stadt Einlaß gewährten. Ihm gegenüber erblickt man das **Ständehaus** (1889-93).

Die astronomische Uhr in der Marienkirche

Die reich dekorierte Schaufassade des neugotischen Klinkerbaus zeigt auch Standbilder der mecklenburgischen Herzöge. Am Steintor ist auch ein Teilstück der alten Stadtbefestigung erhalten, in die der Lagebuschturm integriert ist und das mit dem **Kuhtor** (13. Jh.), dem ältesten Torturm Norddeutschlands abschließt.

Schon außerhalb des historischen Zentrums liegt das **Schiffahrtsmuseum.** Das Museum erläutert u.a. anhand von mehr als 100 Schiffsmodellen die Ostseeschiffahrt von der Wikingerzeit über die Hanse bis zur Gegenwart. Neben dem Museum in der August-Bebel-Straße wird die maritime Geschichte der traditionsreichen Hansestadt noch an zwei weiteren Orten gezeigt. Im Ortsteil Schmarl (Straße Richtung Warnemünde) liegt das **Traditionsschiff „Frieden"** am Kai vor Anker und die dritte seegeschichtliche Einrichtung ist der Museumshafen im Stadthafen.

Rostocks ältester Kern ist der **östliche Teil der Altstadt** jenseits der tief eingeschnittenen Grubenstraße. Der **historische Kern Rostocks** wird noch von der weitgehend erhalten gebliebenen Stadtmauer umschlossen. Das Viertel liegt auf einer Erhebung und ist reichlich vernachlässigt. Die schiefen, holperigen Gassen säumen düstere, teils verfallene Häuser, die dem Viertel eine eigentümliche Aura verleihen. In Baulücken sprießen Bü-

Traditionsschiff „Frieden"

Das Traditionsschiff *„Frieden"* ist ein 10.000-Tonnen- Frachtschiff, das früher unter dem Namen *„Dresden"* die Meere befuhr. Heute liegt es beim Ortsteil Schmarl, östlich der Straße von Rostock nach Warnemünde, am Kai und dient als schwimmendes Museum und Jugendherberge. Alle wichtigen Schiffseinrichtungen sind erhalten und können besichtigt werden: die Kommandobrücke mit Funk- und Kartenraum, der Maschinenraum mit 4 Hauptmaschinen von je 1800 PS und die gesamte Umschlagtechnik. Von der Kommandobrücke hat man einen schönen Ausblick auf den Überseehafen und die gewaltigen Anlagen der Werft.

sche, auf den Treppen liegen Katzen faul in der Sonne. Passanten sind nur wenige unterwegs. Verwitterte Schriftzeichen und Reklamen erzählen von den einstigen Bewohnern und deren Metier. In der Südostecke des Viertels ragt die **Nikolaikirche** auf. Die frühgotische, dreischiffige Hallenkirche aus dem 13. Jh. ist ein architektonisches Kuriosum. Balkone und Fenster in ihrem steilen schwarzen Dach zeigen es an. In ihr Schiff wurden 21 Wohnungen eingebaut.

In der Nordecke des Viertels thront auf einer Anhöhe am abschüssigen Alten Markt die **Petrikirche** über Rostocks Zentrum. Ihr im Krieg zerstörter, 117 m hoher und bei klarem Wetter bis Dänemark sichtbare Turm war einst der Orientierungspunkt für Ostseeschiffe. Er ist bereits wieder aufgebaut. Die im Krieg schwer beschädigte gotische Basilika aus dem 14. Jh. wird zur Zeit restauriert. Auf dem Petrikirchhof erinnert ein Denkmal an den Rostocker Reformator *Joachim Slüter,* der 1532 angeblich den Gifttod durch Meuchlerhand starb. Auf dem Grabmal des freigeistigen Magister liest man den Spruch: *„So steht nun fest und lasset euch nicht in das knechtische Joch fangen".*

Von der Petrikirche führt die Wendestraße hinab zum Warnowufer, an dem der Weg, vorbei am vierten erhaltenen Stadttor, dem **Mönchentor** (1805) zurück zum Parkplatz an der Fischerbastion führt.

Info

- **Rostock-Information,** Schnickmannstr. 13/14, 18055 Rostock, Tel. (0381) 497990, Fax 4979923 (Mai-Sept. Mo-Fr 10-18 Uhr, Sa/So 10-14.30 Uhr, Okt.-April Mo-fr 10-17 Uhr, Sa 10-14.30 Uhr)
- **Ansagedienst „freie Hotelzimmer",** Tel. 19414

Verkehr

- **Zug Auskunft,** Tel. 19419
- **Flughafen Auskunft,** Tel. (038454) 31339
- **Bus-Auskunft,** Tel. 4056018
- **Funktaxi,** Tel. 37861, 2070707
- **Fährlinien Überseehafen,**
TT-Line, Tel. 670790,
DFO, Tel. (01805) 343445
Scandlines, Tel. 674040
easy line, Tel. 3504840

Unterkunft

- **Gesamtverzeichnis** incl. Lageplan ist bei **Rostock-Information** erhältlich
- **Hotel Courtyard by Marriot,** Kröpeliner/Schwaansche Str. 6, Tel. 49700, Fax 4970700 (gute Adresse im hist. Haus mitten inder Altstadt)
- **Trihotel,** Tessiner Str. 103, Tel. 65970, Fax 6597-600 (ruhig gelegener Neubau)
- **Motel Nordland,** Steinstr. 7, Tel. 4922285, Fax 4923706 (kleine Herberge in der Altstadt)
- **Hotel Troika,** Alte Warnemünder Chaussee 42, Tel./Fax 717970 (kleine, von Bäumen umgebene, hübsche Herberge im Forsthausstil, ruhige Lage)
- **Hotel an der Stadthalle,** Platz der Freundschaft 3, Tel. 405200, Fax 40520-62
- **City-Pension,** Krönkenhagen 3, Tel. 4590704, Fax 4590829
- **JH Jugendgästeschiff,** im OT Schmarl, Tel. 716224 (auf dem Traditionsschiff *Frieden)*
- **Camping Ostseecamp,** Dünenweg 27, in OT Markgrafenheide, Tel. 6611510 (ganzjährig geöffnet, großer, baumbestandener, an der Ostsee gelegener Platz, Womo-geeignet, Entsorgungseinrichtungen, Minigolf, Ferienhausvermietung, Fahrradverleih, FKK-Strand, Surfschule)

Gastronomie

- **Zur Kogge,** Wokrenterstr. 27, Tel. 4934493 (traditionsreiche Seemannskneipe, natürlich Fisch in allen Variationen)
- **Lord Nelson,** Badstüberstr., Tel. 455642 (vom Michelin empfohlenes Fischrestaurant
- **Ratskeller,** Neuer Markt 1, Tel. 454850 (historischer Gewölbekeller unter dem Rathaus)
- **John Brinkmann Keller,** Koßfelderstr. 15, Tel. 4923836 (urmecklenburgische Küche und Fisch im Gewölbe)
- **Braugasthof Alter Fritz,** Warnowufer 65, Tel. 208780 (selbstgebrauter Gestensaft direkt am Stadthafen)
- **Mond & Sterne,** Strandstr. 87, Tel. 4590344 (Fisch- und Wild in „himmlischer" Atmosphäre)
- **Stadtcafé,** Eselförterstr. 27, Tel. 452822

Museen

- **Kulturhistorisches Museum,** Kloster zum Hl. Kreuz, Tel. 455913 (Di-So 9-17 Uhr)
- **Schiffahrtsmuseum** (Schiffahrtsgeschichte), August-Bebel-Str. 1, Tel. 4922697 (Di-So 9-17 Uhr)
- **Schiffahrtsmuseum** (Schiffbaugeschichte), OT Schmarl, Traditionsschiff *Frieden,* Tel. 1219726 (Di-So 9-17 Uhr)
- **Kulturhistorisches Museum,** im Kröpeliner Tor, Tel. 454177 (Mi-So 9-17 Uhr)

040omv Foto: rh

- **Kunsthalle,** Hamburger Str. 40, Tel. 82336 (Mi-So 10-18 Uhr)
- **Hausbaumhaus,** Wokrenterstr. 40 (nur nach Anmeldung, Tel. 4922697)

Aktivitäten

- **Theater Großes Haus,** Doberaner Str. 134, Tel. VVK 244253 (mit Ballettsaal, Treppenfoyer, Atelier)
- **Theater im Stadthafen,** Warnowufer 65, Tel. 20820 VVK für alle Theater Tel. 244250 od. 244253
- **Compagnie de Comédie,** Doberaner Str. 21, Tel. 455011
- **Zoologischer Garten,** Rennbahnallee 21, Tel. 20820 im OT Barnstorf (April-Okt. tägl. 9-17 Uhr, Nov.-März tägl. 9-16 Uhr)
- **Botanischer Garten** (Gewächshäuser), Doberaner Str. 143, Tel. 4942056(Mo-Do 10-12 und 13-15 Uhr)
- **Botanischer Garten** (Freianlagen), Hamburger Str., Tel. 2008096 (Di-Do 7-15.45 Uhr, Fr 7-14 Uhr, Sa/So 9-16 Uhr)

Wie eine überladenen Schatzkiste – die Seemannskneipe „Kogge“

Umgebung

Warnemünde
8 km N

Der Weg von Rostock hinaus zur Ostsee und Warnemünde führt vorbei an ebenso endlosen wie seelenlosen Trabantenstädten. Eine dieser unwirtlichen Stätten ist **Lichtenhagen**, wo 1992 tagelange gewaltsame Angriffe auf die zentrale Asyl-Aufnahmestelle des Landes häßliche Geschichte schrieben. Auch wenn nichts derartige Ausschreitungen entschuldigt, so kann man doch angesichts der Trostlosigkeit dieser Vororte die Gründe für eine derartige Verrohung erahnen.

„Im Sommer kimmt halw Rostock wol / na Warnemin herunner, / Und baden sick dar, Jung un Oll / Ock meto (manch) Frunslied drunner", reimte 1812 der Rostocker Kantor *Babst*. Seither ist Warnemünde, das bereits seit 1323 zur Hansestadt gehört, deren Sommerfrische. Aus dem kleinen Fischerdorf am Alten Strom hat sich ein beliebtes Seebad entwickelt, dessen Charme aus der Gegensätzlichkeit seines Gesichtes entspringt. An der Außenküste prägen prächtige Villen und ehemalige mondäne Logierhäuser das Bild. Noch ganz ländlich ist das alte Fischerdorf mit seinen kleinen, malerischen Kapitänshäusern und Katen am Alten Strom. Und im Hintergrund ragen die wuchtigen Kräne der Schiffswerft über Warnemünde auf. In den Kapitänshäusern und Fischerkaten haben sich jetzt Souvenirläden, Fischrestaurants, Pensionen oder Boutiquen eingerichtet, und an schönen Tagen ist das Gedrängel mächtig. An der Mole ankern Segelboote und Fischkutter.

Warnemündes Nachtleben ist dank der Nähe zur Großstadt besonders turbulent, was nicht allen Gästen zur Freude gereicht. Schon 1892 schrieb die *Rostocker Zeitung: „Manche Badegäste fragen gleich, ob ein Klavier im Hause sei, und gehen weiter, wenn die Frage bejaht wird"*. Wahrzeichen Warnemündes ist das legendäre **Hotel Neptun,** das 19 Stockwerke hoch am Strand aufragt und zu DDR-Zeiten dank seiner Disco eine der

1 Westmole

2 Leuchtturm

3 Kurhaus

4 Stephan-Jantzen-Park

5 Kurpark

6 Alter Strom

7 Yachthafen

8 Heimatmuseum

9 Bootsverleih

10 Fähre Hohe Düne Ri. Markgrafenheide

11 Passagierkai

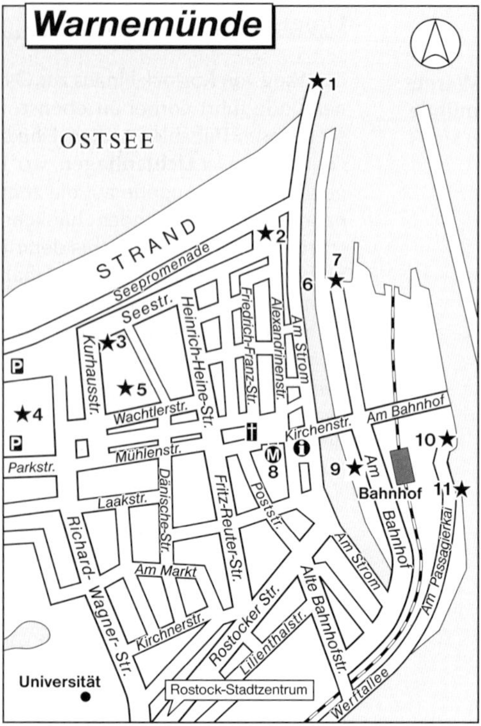

heißesten Adressen war. Von ihm führt die Strandpromenade zum **Leuchtturm.** Wer seine 135 Stufen hinaufklettert, kann bei klarem Wetter bis hinüber nach Dänemark blicken (Mai-Sept. tägl. 10-19 Uhr). Neben dem Leuchtturm liegt der **Teepott,** eine ähnlich dem Berliner Haus der Kulturen der Welt wagemutig geschwungene Konstruktion (z. Zt. geschlossen). Der Strand von Warnemünde ist breit, weiß und feinkörnig und vier Kilometer lang. Trotz seiner Lage an der Warnowmündung und den dortigen Hafen- und Werftanlagen hat das Wasser, wie regelmäßige Messungen zeigen, einwandfreie Badequalität. Das **Heimatmuseum** in der Alexandrinenstraße informiert über die Lebensweise der Fischer und Seeleute in vergangener Zeit sowie über das Seenotrettungswesen.

- **Info: Tourist-Information,** Am Strom 59, 18119 Warnemünde, Tel. (0381) 51142, Fax 51342 (Mai-Aug.Mo-Fr 10-17 Uhr, Sa 10-14 Uhr, Sept.-April Mo-Fr 10-16 Uhr)
- **Unterkunft:**
Hotel Neptun, Seestr. 19, Tel. 7770, Fax 54023 (häßlicher Klotz, aber herrliche Sicht auf Strand und Meer);
Strandhotel Hübner, Seestr. 12, Tel. 54340, Fax 5434444 (gelungener, sehr gepflegter Neubau eines traditionsreichen Hauses mit sehr symphatischer Leitung/Personal direkt am Strand; supertoller Wellnessbereich unter Glasdachkuppel; empfehlenswert!)
Hotel Stolteraa, Strandweg 17, Tel. 54320, Fax 5432151 (schöne alte Villa direkt am Strand);
Hotel Belvedere, Am Strom 58, Tel. 51969-0, Fax -69 (direkt am Kai mit Blick über den Alten Strom);
JH Warnemünde, Parkstr. 46, Tel. 5481700
Camping Markgrafenheide, s. unter Rostock (von Warnemünde aus mit der Fähre über die Warnowmündung schnell zu erreichen)
- **Gastronomie:** Halb Warnemünde besteht aus Restaurants, Bistros, Cafés und Pubs. Die besten Adressen sind die Restaurants in den alten Kapitänshäuschen am Alten Strom mit regionaler Küche und natürlich Ostseefisch
- **Museum: Heimatmuseum,** Alexandrinenstr. 31, Tel. 52667 (April-Sept. Mi-So 10-18 uhr, Okt.-März Mi-So 10-17 Uhr)

Seeheilbad Graal-Müritz
20 km NO

Es war der mecklenburgische Landesmedizinalrat *Carl von Mettenheimer,* der das einstige Fischer- und Bauerndorf zum ersten Seeheilbad an der Ostsee machte. Bei einem Besuch im Jahr 1877 erkannte der Mediziner die klimatisch besonders günstigen Voraussetzungen für ein Heilbad und eröffnete 1880 das *Friedrich-Franz-Seehospitz* für skrofulöse (an Haut- und Lymphknotentuberkulose erkrankten) Kinder.

Die besonders gesunde Mischung aus See- und Waldluft, von dem sich 1923 der tuberkulosekranke *Franz Kafka* Genesung versprach, verdankt das Heilbad dem großen Waldgebiet der **Rostocker Heide.** Der größte geschlossene Wald an der

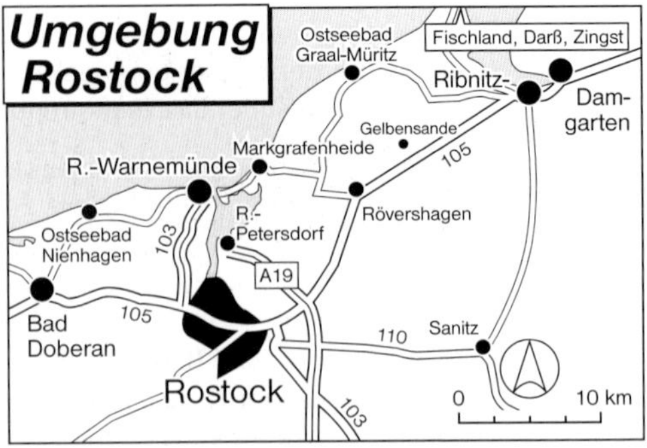

deutschen Küste ist ein herrliches Wander- und Radlerrefugium.

Eine unberührte Perle der Natur ist das in der Heide gelegene, seit 1939 geschützte NSG **„Ribnitzer Großes Moor"**. Fachkundige Führungen durch das 274 ha große Küstenhochmoor und seine außergewöhnliche Flora und Fauna bietet die Stadtinformation Ribnitz-Damgarten an. (Führungen Tel. (03821) 77389. Inmitten der reizvollen Heide liegt auch der **Forst- und Köhlerhof Wiethagen,** der anschaulich die traditionelle Herstellung von Holzkohle demonstriert. Vielbesucht ist auch die Waldgaststätte *Schnatermann* im Küstenwald.

041omv Foto: rh

Im vom Kur- und Badebetrieb geprägten Graal-Müritz ist natürlich der 5 km lange, feine Sandstrand, an dem die Ostsee eine sehr gute Wasserqualität besitzt, der Hauptanziehungspunkt. Der **Kurpark** mit seinen üppigen Rhododendronbüschen lockt Spaziergänger bei Sonnenschein.

● **Kurverwaltung,** Rostocker Str. 3, 18181 Graal-Müritz, Tel. (038206) 7030, Fax 70320
Internet: http://www.mvnet.de/inmv/graal_mue,
e-mail: kurverw.graal-mueritz@mvnet.de
(15.Mai-15.Sept. Mo-Do 9-17 Uhr, Fr 9-18 Uhr, Sa/So 10-16 Uhr; 16.Sept.-14.Mai Mo-Fr 9-16.30 Uhr, Sa 10-12 Uhr)

● **Unterkunft:**

Hotel Residenz an der Seebrücke, An der Seebrücke 34, Tel. 77207, Fax 79246 (gehobene Herberge im Seebäderstil);
Strandhotel, An der Seebrücke 28, Tel. 88606, Fax 77394 (im Bäderstil, 5 min. zum Strand
Pension Witt, Am Tannenhof 2, Tel. 77221 (reizvolles Reethaus in ruhiger Ortsrandlage, mit Liegewiese; im gemütlichen Caféstübchen, selbstgemachter Kuchen und frischer Fisch)
JH, An der Jugendherberge 32, Tel. 77520 (mit Zeltplatz)
Ostseecamp Rostocker Heide, Torfstr. 1, Tel. 77580, Fax 79194
(geöffnet April-Sept., großer bewaldeter Platz hinter den Stranddünen, Womo-geeignet, Entsorgungseinrichtungen, Caravan-, Bungalowvermietung, Fahrradverleih)

● **Museum:**

Forst- und Köhlerhof Wiethagen, bei Wiethagen, Tel. (038202) 2533 (März-Nov. Di-Fr 9-16 Uhr, Sa/So 10-16 Uhr, sonst auf Anfrage)

Kloster Ribnitz (1840)

Schwere See – ein Wintersturm fegt über die Warnemünder Mole

051omv Foto: rh

Fischland –
Darß –
Zingst
WAT 4

Überblick

Wie ein vom Riesen geschleuderter Bumerang liegt die Halbinsel Fischland-Darß-Zingst zwischen den Städten Ribnitz-Damgarten und Stralsund vor der Festlandsküste im Grenzgebiet zwischen Mecklenburg und Vorpommern. Mit einer Ausdehnung von 60 km ist das schmale Land zwischen Meer und Bodden die längste der Inseln, die den Küstenstrich Vorpommerns auf so einzigartige Weise modellieren.

Entstehung der Halbinsel

Schon der eigenartige Dreifachname weist darauf hin, daß da etwas zusammenwuchs, was ursprünglich nicht zusammengehörte. Vor rund 10.000 Jahren, als sich die Gletscher der letzten Eiszeit zurückzuziehen begannen, hinterließen sie an dieser Stelle drei keulenartige Grund- und Endmoränen, die als Landzungen in die See ragten. Als der Meeresspiegel anstieg und die Küstengebiete zu überfluten begann, wurden die Landzungen vom Festland abgetrennt, ihre höchsten Punkte bildeten die Kerne dreier Inseln. Wind und Wellen, Strömung und Brandung begannen, an den Inseln zu nagen und zu formen. An der Außenküste wurde Land abgetragen und mit der Strömung weiter transportiert, um sich an anderer Stelle als Haken

052omv Foto: rh

und Nehrung wieder anzulagern. Bis ins 15. Jh. dauerte es, bis die Durchlässe zwischen den Inseln verlandeten und aus dem Fischland und dem Darß eine Halbinsel wurde. Der Zingst, von der Mündung des Prerowstroms noch abgetrennt, wurde erst bei einem Sturmhochwasser 1872, das die Mündung verschüttete, angeschlossen. Auch die östlich sich anschließenden Inseln Bock und Hiddensee wären wohl schon längst mit dem Zingst zusammengewachsen, würde der Mensch nicht immer wieder eingreifen und mit Baggern die Fahrrinne nach Stralsund offen halten.

Der Prozeß der Umgestaltung ist noch längst nicht abgeschlossen. Nach wie vor arbeitet das Meer, und man kann ihm dabei in einzigartiger Weise zusehen. Wütende Winterstürme und geduldige Strömung fressen am Darßer Weststrand, der in den letzten 20 Jahren 85 m zurückwich, während

Der Darßer Weststrand nach einem Sturm

das flache Schwemmland pro Jahr runde 3 m wächst. Auch wenn der Mensch durch Steinwälle und Buhnen versucht, weitere Landverluste zu verhindern, läßt sich der Vorgang nicht endgültig stoppen. Der alte Mecklenburger Weg entlang der Küste wurde längst vom Meer verschlungen, und ein Gewirr ins Meer gestürzter Bäume zeigt anschaulich, daß die Sturmhochwasser der letzten Winter dem Darßer Weststrand erneut Land entrissen.

National-park „Vorpommersche Boddenlandschaft"

Diese stetige Veränderung und Verwandlung ist es, was die Halbinsel so faszinierend und vielfältig, zu einer amphibischen Landschaft macht, die vielen Pflanzen und Tieren, insbesondere unzähligen Wasser- und Watvögeln, einen idealen Lebensraum bietet.

Seit 1990 sind große Teile des Darß und Zingst deshalb Teil des rund 800 km² großen **Nationalparks** *„Vorpommersche Boddenlandschaft"*, der auch die Insel Hiddensee einschließt und bis zur Westküste Rügens reicht. Eine Wanderung zur Hohen Düne und Pramort auf dem Zingst, durch den Darßer Urwald oder die grandiose Zwitterlandschaft im Übergangsbereich zwischen Land und Wasser am Darßer Ort gehört sicherlich zu den eindrucksvollsten Naturschauspielen, die die deutsche Ostseeküste zu bieten hat. Besonders unvergeßlich wird es jedem bleiben, der einmal den Zug der Kraniche erleben durfte, die zweimal im Jahr in den flachen Boddengewässern zu Abertausenden Rast machen (siehe auch Kasten „Der Zug der Kraniche").

Bernsteinstadt Ribnitz-Damgarten

Die 17.000 Einwohner zählende Doppelstadt am Saaler Bodden ist das Handels- und Dienstleistungszentrum der Region und das westliche Eingangstor zum Fischland-Darß-Zingst. Durch die Stadt schlängelt sich gemächlich das reizvolle Flüßchen Recknitz, das die Grenze zwischen Mecklenburg und Vorpommern markiert.

Geschichte

Ribnitz wird zu Beginn des 13. Jh. im Auftrag des Rostocker Fürsten *Borwin III.* planmäßig angelegt und erhält 1257 das lübische Stadtrecht verliehen. 1323 gründet Heinrich II ein Kloster, in dem heute u.a. das Bernsteinmuseum untergebracht ist. Das etwa zu gleicher Zeit gegründete pommersche Damgarten wird vom Rügenfürsten *Jaromar II.* 1258 in den Stand einer Stadt erhoben, bleibt aber in seiner Bedeutung hinter dem mecklenburgischen Ribnitz zurück. Die unmittelbare Grenzlage bringt beiden Stadtteilen in ihrer Geschichte viel Leid. Ständig befehden und bekriegen sich die mecklenburgischen und pommerschen Herzoghäuser, sind die Mauern und Tore von Ribnitz und Damgarten umkämpft. Im 30jährigen Krieg wechselt der Besitzer fast ununterbrochen, wobei beide Orte weitgehend zerstört werden. Ganze fünf Familien zählt man nach dem

Krieg noch in Damgarten, das 1648 schwedisch wird. Erst 1950 wird das mecklenburgische Ribnitz mit dem pommerschen Damgarten vereint.

Sehenswertes

Kommt man aus Richtung Westen, gewährt das **„Rostocker Tor"** Einlaß in die kleine historische Altstadt von Ribnitz-Damgarten. Auch wenn viele die Kleinstadt schnell auf dem Weg zur Küste durcheilen, lohnt sich ein Bummel durch die Straßen rings um den Marktplatz.

Auf dem Marktplatz thront die mächtige **Marienkirche,** die mit ihrer Silhouette die Stadt wuchtig überragt. (Turmbesteigung Juli/Aug. Mo-Fr 10-16 Uhr, Juni/Sept. Di-Fr 10-12 Uhr). Der im 13. Jh. als spätromanische Hallenkirche errichtete Bau wurde bei den Stadtbränden von 1455 und 1759 schwer zerstört und bei den Wiederaufbauten architektonisch verändert. Ihre heutige barocke Innenausstattung erhielt die Kirche 1765-89. Der Marienkirche gegenüber begrenzt das klassizistische **Rathaus** (1832-34) den auffällig großen Markt-

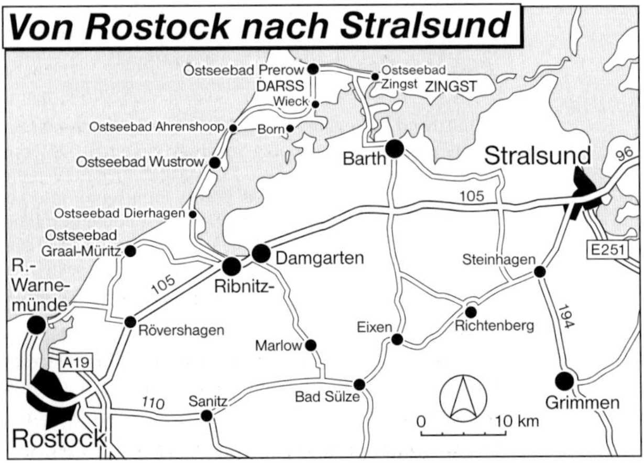

platz. Blickt man vom Markt die von alten Bürgerhäusern gesäumte Lange Straße in westlicher Richtung hinab, sieht man das **Rostocker Tor**. Der quadratische Torturm aus dem 15. Jh. mit seinem reich gegliederten Giebel ist das letzte erhaltene der einst fünf Stadttore. Reste der alten Stadtbefestigung haben sich zwischen Stadttor und Mühlenstraße erhalten. Vor den Stadtmauerresten erstrecken sich die vom Klosterbach durchflossenen ehemaligen Klosterwiesen.

Die saftigen Wiesen wurden einst von den Nonnen des **Klarissenklosters** bestellt, das 1323 von Herzog *Heinrich dem Löwen* gestiftet wurde. Grund für die Stiftung war ein Bann, den der Ratzeburger Bischof gegen den Herzog aussprach. Der hatte, um seine leeren Kassen aufzufüllen, auch die Geistlichkeit mit Abgaben belastet, was dem Klerus gar nicht gefiel. Die Äbte der Klöster von Doberan, Dargun und Tempzin verbündeten sich daraufhin zusammen mit dem Schweriner Bischof mit dem Landadel gegen den Herzog. Angesichts dieser so mächtigen wie bedrohlichen Front blieb diesem, um den lieben Frieden wieder herzustellen, nur die versöhnliche Geste einer Klosterstiftung. Bedacht wurde der Klarissenorden. Nach der Reformation wurde das Kloster in ein weltliches Damenstift umgewandelt, in dem die hochgeborenen Töchter des Landes ein standesgemäßes Wohnrecht und Versorgung erhielten. Von den Klosteranlagen ist nur noch die **Klosterkirche** von 1393 erhalten. Das zierlich und filigran wirkende Kirchlein birgt in seinem 1835-40 neugotisch umgestalteten Innenraum neben dem Wandgrab der Herzogin *Ursula* († 1586) die berühmten Ribnitzer Madonnen, 12 sitzende Schnitzfiguren aus dem 14-16. Jh. von hoher künstlerischer Ausdruckskraft.

Im ehemaligen Dominahaus des Damenstifts hat die Institution ihren Sitz gefunden, die die kleine Stadt weit über die Grenzen des Bundeslandes hinaus bekannt machte – das **Bernsteinmuseum.**

In 12 Schauräumen wird nicht nur über die Entstehung und Gewinnung des fossilen Schmucksteins informiert, sondern auch über seine künstlerische Gestaltung, die als Handels- und Exportobjekt in allen Ostseekulturen eine zentrale Rolle spielte. *„Seine Wertschätzung im Dienste des Luxus ist so groß, daß eine noch so kleine Figur eines Menschen die Preise lebendiger, kräftiger Menschen (sprich Sklaven) übersteigt"*, berichtet uns der Römer *Plinius*, zu dessen Zeit Schmuck aus dem Ostseegold schwer *en vogue* war. Die Blütezeit seiner Wertschätzung erreichte das steingewordene Harz im

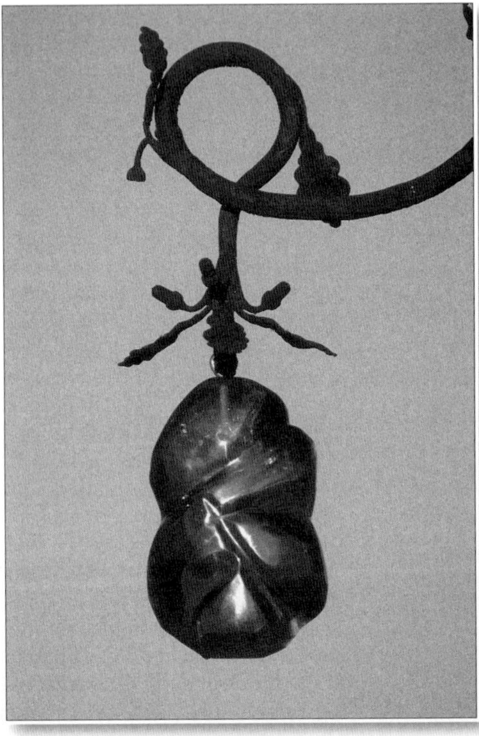

054omv Foto: rh

Barock, in dem ganze Möbel und Altäre aus dem honiggelben Stein gefertigt wurden. So auch die großartigste jemals gefertigte Bernsteinarbeit, das legendäre und seit 1945 verschollene Bernsteinzimmer. Neben vielen prachtvollen historischen Arbeiten zeigt das Spezialmuseum auch Beispiele moderner Bernsteinverarbeitung, die in den Werkstätten von Ribnitz-Damgarten hergestellt werden. Ein Urlaub an der Ostsee ohne einen Besuch des Bernsteinmuseums, das wäre wie nach Athen zu fahren, ohne die Akropolis zu besteigen. Und wer ein für die Region typisches kunsthandwerkliches Reisepräsent sucht, der kann nicht besser liegen als mit einer Bernsteinarbeit aus Ribnitz-Damgarten.

1999 wird eine Bernstein-Schaumanufaktur im Gewerbegebiet an der Mühle neu eröffnen, die neben der Werkstatt auch die umfangreichste Bernsteinschmuck-Ausstellung Deutschlands zeigt.

Info

i

- **Stadtinformation,** Am Markt 1,
18303 Ribnitz-Damgarten, Tel. (03821) 2201, Fax 894750
Internet: http://www.ribnitz-damgarten.de;
e-mail: tourismus@ribnitz-damgarten.de
(15. Juni-15. Sept. Mo-Fr 9-18 Uhr, Sa 10-13 Uhr; 16.Sept.-14. Mai Mo/Di/Mi/Fr 9-16 Uhr, Do 9-18 Uhr)

Schmückt den Eingang des Bernstein-Museums

Bernstein – das Gold der Ostsee

Als Bernstein bezeichnet man alle verfestigten Harze, die älter sind als etwa eine Million Jahre. Bernstein ist also fossiles Pflanzenharz. Mehr als 300 verschiedene Arten davon sind heute bekannt. Ihr Alter kann über 100 Millionen Jahre betragen. Die häufigste Bernsteinart ist der 40-50 Millionen Jahre alte Baltische Bernstein, den man überall im Ostsee- und Nordseegebiet findet. Er entstand während der Braunkohlezeit. Damals waren das südliche Skandinavien und das Gebiet der heutigen Ostsee von subtropischen Wäldern bedeckt, in denen die inzwischen ausgestorbene Bernsteinkiefer wuchs, die das Harz für den Baltischen Bernstein lieferte.

Der Name Bernstein kommt von *Börnstein. Börnen* ist der niederdeutsche Ausdruck für „brennen". Da Bernstein ein Harz ist, ist er leicht brennbar und läßt sich schon mit einem Streichholz anzünden. Außerdem ist Bernstein sauerstoffempfindlich; er bildet an der Luft eine Verwitterungskruste und zerfällt allmählich. Dieser Vorgang geht jedoch sehr langsam voran. Bernsteinstücke mit einer Verwitterungsschicht machen einen recht unansehnlichen Eindruck, lassen sich jedoch leicht aufpolieren und erstrahlen dann in neuem Glanz. Je nach Lichtdurchlässigkeit unterscheidet man klaren, trüben und milchigen oder weißen Bernstein. Im Museum von Ribnitz-Damgarten sind auch einige besonders große Bernsteinbrocken zu bewundern. Der größte, der bisher gefunden wurde, wog fast 10 Kilo.

Bernsteinsuche

Mit etwas Geduld kann man an den Stränden der Ostsee selbst Bernstein finden. Meist ist er dem sogenannten „Bernsteindreck" untergemischt, einem Gewirr von Miesmuschelschalen, kleinen Holzstückchen und Pflanzenresten. Der echte Bernstein läßt sich leicht vom abgeschliffenen Glasstückchen unterscheiden. Zum einen ist er wesentlich weicher (wenn man ihn auf eine Glas- oder Steinplatte fallen läßt, klingt er nicht so hell wie eine Scherbe oder ein Metallstück) und er läßt sich gut mit einer Nadel ritzen. Außerdem ist er so leicht, daß er auf Salzwasser schwimmt.

Diese Eigenschaft machten sich auch die Bernsteinsucher früher zunutze, indem sie von Booten aus mit langen Stangen die Steine am Grund umwälzten und anschließend die emporschwimmenden Bernsteinbrocken mit Käschern einsammelten. Auch heute noch kann man, z.B. auf der Insel Hiddensee, Bernsteinsucher beobachten, die ins flache Wasser waten, mit großen Käschern den am Grund liegenden „Bernsteindreck" herausfischen und anschließend am Strand ausbreiten, um die Bernsteinstücke herauszusammeln. Außerdem wird der in der Erde

054aomv Foto: rh

eingebettete Bernstein heute im Tagebau mit großen Spezialbaggern gewonnen; z. B. in der russischen Enklave Königsberg (Kaliningrad).

Inklusen Inklusen sind in den Bernstein eingeschlossene tierische oder pflanzliche Reste, wie Mücken, Käfer, Spinnen oder Blätter. Diese Lebewesen sind am anfangs flüssigen Harz kleben geblieben und darin eingeschlossen worden. Da das Harz rasch erhärtete, sind sie über Jahrmillionen hinweg vorzüglich konserviert worden, so daß heute noch feinste Einzelheiten zu erkennen sind. Eine schöne Sammlung solcher Inklusien besitzt das Bernsteinmuseum in Ribnitz-Damgarten.

Schlauben Bernsteinschlauben nennt man solche Stücke, bei denen die natürliche Fließform des Harzes erhalten geblieben ist. Sie entstanden, als das dünnflüssige Harz an den Ästen oder am Stamm herabfloß und dort erstarrte. Da meist mehrere Harzströme übereinanderflossen, erscheinen die Schlauben geschichtet. Andere Fließformen sind Tropfen und Zapfen.

Schmuck Da der Bernstein weich ist und sich leicht bearbeiten läßt, ist er schon seit Jahrtausenden ein begehrter Schmuckstein. Aus allen Kulturepochen ist Bernsteinschmuck in Form von Ketten, Anhängern und Figuren bekannt. Neben Schmuck wurden in den letzten Jahrhunderten aber auch zahlreiche kunsthandwerkliche Arbeiten hergestellt: Teller mit Intarsien, Leuchter, Schatullen, Vasen, Schachspiele und ganze Altäre.

Unterkunft

- **Hotel-Pension Boddenblick,** Grüne Str. 9, Tel. 812681 (in ruhiger Lage zwischen Zentrum und Bodden)
- **Hotel Zum Bodden,** Lange Str. 54, Tel. 5621, Fax 813576 (im Stadtzentrum)
- **Pension Heidekrug,** im OT Altheide, Heidestr. 5, Tel. 811271 (preiswerte Zimmer mit rustikaler Ausstattung, in der Gaststätte mecklenburger Küche)
- **JH,** Am Wasserwerk 10, Tel. 812311

Gastronomie

- **Klosterstübchen,** Neue Klosterstr. 14, Tel. 3862 (original mecklenburger Küche)
- **Café im Bernsteinmuseum,** Im Kloster, 1, Tel. 2219 (Galeriecafé mit wechselnden Ausstellungen)
- **Scheune,** ca. 6 km nördl. in Kückenshagen, Kolonie 4, Tel. (0161) 550805 (engagierte Kleinkunst in alter Scheune mit Szene und Bewirtung, ein echter Geheimtip für Freunde der kleinen Form)

Museum

- **Bernsteinmuseum/Stadtgeschichtl. Ausstellung/Galerie,** Im Kloster 1-2, Tel. 2931 (April-Okt. tägl. 9.30-17.45 Uhr, Nov.-März Mi-So 9.30-17 Uhr)
- **Bernstein-Schaumanufaktur,** im OT Damgarten an der B 105, Tel. 88580 (Eröffnung Frühj. 99; mit Bistro)

Umgebung

Freilichtmuseum Klockenhagen
4 km W

Auf 7 ha zeigt das Freilichtmuseum 200 bis 300 Jahre alte traditionelle niederdeutsche Hallenhäuser, Katen und Scheunen und eine Windmühle. Spritzenhaus, Ziehbrunnen, Backhaus und eine Dorfkirche vermitteln zusammen mit den Gehöften den Eindruck eines malerischen Dörfchens. Ein Bauerngarten und grasende Schafe beleben das Bild. Anhand der Gebäude, ihrer Ausstattungen, Möbel und landwirtschaftlichen Gerätschaften erhält man einen Einblick in das ländliche Leben und Wohnen vergangener Tage. Im Sommer dient das Museumsgelände außerdem als passende Kulisse für einen Bauernmarkt und Folklorefeste, auf denen auch das traditionelle Brauchtum des Tonnenabschlagens gepflegt wird.

- **Freilichtmuseum:** Tel. (03821) 2775 (April-Okt. tägl. 9-17 Uhr, sonst Gruppen nach Anmeldung)
- **Gastronomie:** *Museumsgaststätte „Up Dei Däl“,* Tel. 812244 (deftige Bauernkost in musealem Ambiente)

Gelbensande

Bei dem Dorf an der B 105 versteckt sich im Wald das wunderhübsche **Jagdschloß Gelbensande.** Die ehemalige Residenz der mecklenburgischen Landesfürsten ist eine malerische Stilmischung aus mecklenburgischem Herrenhaus und russischem Bojarenhaus. In den sehr sehenswerten, orginal erhaltenen Räumen finden Ausstellungen und Konzerte statt, im Schloßpark Folklorefeste.

● **Info: Jagdschloß Gelbensande,** Am Schloß 1, Tel. (038201) 475 (Mo-Do 10-16 Uhr, Sa/So 14-17 Uhr)

LSG Recknitztal/ Vogelpark Marlow

Das untere Recknitztal zwischen Bad Sülze und Ribnitz-Damgarten ist eine der schönsten Flußtalniederungen in Mecklenburg-Vorpommern. In endlos vielen Kurven und Kehren mäandert das Flüßchen durch eine weitgehend von menschlichen Eingriffen verschonte Auenlandschaft. Das LSG ist insgesamt 7500 ha groß und umfaßt das gesamte, 1-2 km breite Tal und seine Hänge. Die Tierpopulation des Recknitztals, zu der neben vielen Fischarten auch noch Fischotter, Biber und Schreiadler zählen, zeigt, welch wertvolles Refugium das landschaftliche Kleinod darstellt.

Lohnende Ziele für Wanderungen und Radtouren sind beispielsweise der sogenannte **Eiskeller** bei Pantlitz, ein frühdeutscher Turmhügel und der unweit davon gelegene slawische **Burgwall.** Das **NSG Grenztalmoor,** ein 15 km² großes unwegsames Hochmoor zwischen Bad Sülze und Tribsees, ist ebenso sehenswert wie der 20 ha große **Landschaftspark** mit Schloß in **Semlow.**

In dem beschaulichen Dorf Marlow wurde im Jahre 1994 ein 10 ha großer **Vogelpark** eröffnet, der stetig weiter ausgebaut wird. Neben Pflege und Ausbau des Parks widmet sich der Verein insbesondere auch der Betreuung verletzter und pflegebedürftiger gefiederter Freunde. Imbiß, Spielplatz und Picknickmöglichkeiten machen den Vogelpark zum reizvollen Ausflugsziel für Familien.

● **Info:** *Verkehrsverein „Südl. Boddenküste“,* Am Sportplatz, 18356 Bodstedt, Tel./Fax (038231) 4201

Das Fischland

Schon beim Namen Fischland tauchen Vorstellungen von salziger Meeresluft und Hering, kreischenden Möwen, kleinen Kuttern, reetgedeckten Fischerkaten und zum Trocknen aufgespannten Netzen auf. Lange Jahrhunderte war das Fischland Heimat von Fischern, Seefahrern und Schiffsbesitzern. Als sich andernorts bereits die neue Einkommensquelle Sommerfrischler und Kurgast etablierte, mochte niemand in die karge „Wüstenei" Fischland reisen, endete die befestigte Straße bis in die 60er Jahre kurz hinter Wustrow.

Daß der Fremdenverkehr auf dem Fischland und Darß sich nicht entwickeln wollte, lag aber auch daran, daß die zu bescheidenem Wohlstand gekommenen Kapitäne und Schiffseigner nicht an „Sandhasen" oder „Strandlöper", wie sie die wenigen auswärtigen Badefreunde angesichts deren eigenartiger Verhaltensweisen etwas verächtlich titulierten, vermieten wollten.

Die Menschen, die sich auf dem dünigen, unfruchtbaren Sandland niederließen, lebten von und mit der See. Erst der Niedergang der Segelschiffahrt und die Entdeckung der jungfräulichen Küstenlandschaft durch Maler zum Ende des letzten Jahrhunderts lockte die ersten Badegäste auf das Fischland. Einer der ersten „Europäer", wie die Einheimischen jene ihnen unbekannte Spezies der Badegäste nannten, wurde denn auch sogleich verdächtigt, ein dänischer Spion zu sein, da der Kerl bereits acht Tage da sei, ohne zu malen.

Auch wenn die Wustrower hartnäckig behaupten, das Fischland beginne erst bei ihrem Dorfe und das was davor liege, sei maximal als Vorfischland zu bezeichnen, schlagen wir die Gegend zwischen dem Dierhagen und dem Prominentenort Ahrenshoop zum Fischland. Der Grenzweg in Ahrenshoop zeigt an, daß Teile des Ortes eigentlich dem Darß zuzurechnen wären.

Hinter den Stranddünen der Außenküste liegen windgeschützt die vielbesuchten Badeorte mit ihren vortrefflichen Stränden. Auf der Boddenseite finden sich kleine, behaglich verträumte Fischerdörfchen. Die liebevoll herausgeputzten niedlichen Katen, farbenfroh bemalt und von entzückenden Gärtchen umgeben, lassen unschwer erkennen, daß hier oft nicht mehr der schlichte Fischersmann zu Hause ist, sondern gutsituierte Städter ihren Feriensitz aufgeschlagen haben.

Ostseebad Dierhagen

„Es tritt zum ersten Male unter den Badeörtern auf und kann selbstverständlich große Genüsse nicht bieten", schreibt im Mai 1898 die *Rostocker Zeitung*. *„Wer in ungestörter Ruhe, in frischer, reinster Seeluft, bei kräftiger Kost und bescheidenen Preisen Erholung und Stärkung sucht, der möge es mal mit Dierhagen versuchen."*

Das Ostseebad Dierhagen, 1311 in einem dänischen Schutzbrief erstmals als *Deerhagen* (Tierhagen) erwähnt, besteht heute aus fünf voneinander getrennten Ortsteilen. Verteilt zwischen Meer und Bodden und umgeben von Kiefernwald und Wiesen, liegen die einzelnen Ortsteile, deren historischer Kern das boddenseitige **Dierhagen-Dorf** ist. Heute ist der Hauptort das hinter den Dünen an der Außenküste gelegene **Dierhagen-Strand,** das mit seinem 7 km langen und 30 bis 40 m breiten Prachtstrand Sandhasen und Strandläufer anlockt. Zu Dierhagen gehört weiterhin das idyllische Boddendorf **Dändorf,** außerdem **Neuhaus,** das sich erst 1930 aus Urlaubshäusern auf der Hohen Düne entwickelt hat, und die kilometerlange Siedlung aus Datschen, Villen und Wochenendhäusern, die sich parallel zum Strand fast bis Wustrow hinzieht und **Dierhagen-Ost** genannt wird.

Verwaltungs- und Versorgungszentrum ist das alte Dierhagen-Dorf. Ebenso wie in Dändorf, das wegen seiner reichen Kapitäne zuzeiten der

055omv Foto: rh

großen Segelschiffe eines der reichsten Dörfer Mecklenburgs war und deshalb auch „Golddorf" genannt wurde, herrscht in dem schnuckeligen Boddendorf mit seinen teils wunderhübschen Kapitänshäusern und Reetkaten auch zu Sommerzeiten eher beschauliches Treiben. Wer einmal dem Trubel der Außenküste entfliehen will und in Ruhe angeln, radeln oder dinieren will, dem sei der Besuch der Dörfer am Saaler Bodden empfohlen.

Die reizvolle Dünen- und Kiefernwaldlandschaft rings um Dierhagen und besonders das **NSG Großes Ribnitzer Moor,** ein Küstenhochmoor mit seltenen Moorpflanzen, bieten willkommene Gelegenheiten für Spaziergänge und Naturerkundungen. Das **NSG Dierhäger Moor** dagegen ist Totalreservat und darf nicht betreten werden.

Lang, fein und kinderfreundlich flach ist der Strand bei Dierhagen.

Info

- **Kurverwaltung,** Ernst-Moritz-Arndt-Str. 2, 18347 Dierhagen-Strand, Tel. (038226) 201, Fax 80466
  (Mai-Sept. Mo-Fr 9-18 Uhr, Sa 10-12 u. 15-17 Uhr; 15. Juni-14. Sept. auch So 10-12 u. 15-17 Uhr; Okt.-April Mo-Fr 9-16 Uhr)

Unterkunft

- **Hotel Blinkfüer,** Dierhagen-Ost, An der Schwedenschanze 20, Tel. 80384, Fax 80392 (kleines First-Class-Hotel, mit vom *Gault Millau* ausgezeichneter Küche)
- **Strandhotel Fischland,** Dierhagen-Strand, E.-M.-Arndt-Str. 5, Tel. 520, Fax 52999 (klotziger Bau direkt am Strand mit Blick aufs Meer, mit Sauna, Solarium, Schwimmbad, Fahrradverleih)
- **Pension Schuldt,** Dorfstr. 15, Dändorf, Tel. 80461 (preiswerte Herberge in ruhiger Lage mit Restaurant und Fahrradverleih)
- **Camping Neuhaus,** OT Neuhaus, Birkenallee 10, Tel./Fax 409 (Ostern-Dez., kleiner Platz im Wald, 200 m zum Strand, Womo-geeignet, Entsorgungseinrichtungen, Surfstation, Wohnwagenvermietung)
- **Camping Ostseecamp,** OT Dierhagen-Strand, E.-M.-Arndt-Str., Tel. 80778 (ganzjährig, waldumrahmter Platz, Womo-geeignet, Entsorgungseinrichtungen, Boots-, Fahrradverleih)
- **Camping An den Stranddünen,** OT-Dierhagen-Ost, Waldweg 5, Tel. 80492 (ganzjährig geöffnet, direkt am Strand hinter den Dünen gelegen, Fahrradverleih)

Gastronomie

- **Taun Dörpkraug,** OT Dierhagen-Dorf, Kirchstr. 8, Tel. 235 (fangfrischer Fisch in rustikalem Interieur, mit Fremdenzimmern)
- **Café Schipperhus,** OT Dierhagen-Strand, Strandstr. 6, Tel. 80211 (Essen und Trinken im reetgedeckten Katen)
- **Fischland-Café,** OT Dierhagen-Strand, Waldstr. 2, Tel.80096
- **Boddenblick,** OT Dierhagen-Dorf, Am Hafen, Tel. 80166

Ostseebad Wustrow

Swante Wustrowe, „Heilige Insel", nannten die slawischen Bewohner einst den Ort am Permin. Zur Insel machten ihn die Mündungsarme der Recknitz, die den Ort damals nördlich und südlich umflossen. Der Permin, heute eine Bucht des Saaler Boddens, war noch bis 1395 ein Strom, der den Bodden mit der Ostsee verband. Erst als die Rostocker und Stralsunder Hanseaten gezielt Schiffe in der Wasserstraße versenkten, versandete er. Für die Stadt Ribnitz übrigens ein fataler Vorgang, weil die Hafenstadt dadurch ihren direkten Zugang zum Meer verlor und in ihrer Bedeutung hinter den beiden Städten der Schiffeversenker verschwand.

Das goldene Zeitalter Wustrows währte, solange die großen Segler auf allen Meeeren der Welt kreuzten und Frachtraum Gold wert war. Und Frachtraum hatte das Kapitäns- und Schifferdorf Wustrow reichlich. 1832, als der Ort kaum 1.000 Einwohner zählte, waren in Wustrow 132 Schiffe beheimatet. Da jedes der Segelboote durchschnittlich 8 Mann Besatzung hatte, fuhr der Rest des Dorfes als Kapitän, Steuermann oder Matrose auf Große Fahrt. Die vielen herrlichen **Kapitänshäuser** mit ihren aufwendig geschnitzten und bunt bemalten Türen, die man überall im Ort erblickt, erinnern an jene fetten Zeiten.

„Türkunst"

1846 wurde das geballte nautische Wissen, das in Wustrow ansässig war, systematisch genutzt und die Großherzoglich-Mecklenburgische Navigationsschule gegründet. Schon vorher hatten erfahrene Kapitäne und Steuermänner im Winter Kurse zur Erlangung des Steuermannexamens angeboten. 146 Jahre lang bildete die Seefahrtsschule aus, bevor sie im Zuge der Wiedervereinigung 1992 endgültig ihre Tore schließen mußte.

Heute zahlt das Ostseebad Wustrow 1.400 Einwohner und ist damit die größte Gemeinde auf dem Fischland, sein Einkaufszentrum und im Sommer fest in der Hand des Badetourismus. Weithin sichtbar thront auf einem Hügel die neugotische **Dorfkirche**. Eben an jener Stelle, an der zur Zeit der *Swante Wustrowe* ein Heiligtum zur Ehre des Slawengottes *Swantevit* gestanden haben soll. Es ist unbedingt lohnenswert, die engen und steilen Stufen des Kirchturms hinaufzusteigen. Ein überwältigender Blick über die in der Sonne glitzernden Wasser von Bodden und offener See ist der Lohn der Mühe. Gleich hinter der Kirche liegt der kleine Fischerhafen am Bodden, in dem auch die

Ausflugsdampfer anlegen. Der unwiderstehliche Geruch von frisch geräuchertem Fisch weist unfehlbar den Weg.

Das **Fischlandhaus,** einem wunderhübschen, von einem entzückenden Gärtlein umgebenen 250 Jahre alten Büdnerkaten, ist die Heimatstube des Dorfes.

Sehr schön ist auch ein Spaziergang am Boddenufer entlang hinaus zum nahen Ortsteil **Barnstorf** auf der Landspitze Hoher Ort. Barnsdorf besteht nur aus wenigen alten Bauerngehöften, darunter ein höchst fotogenes niederdeutsches Hallenhaus. Alle Gehöfte stehen unter Denkmalschutz und sind die am besten erhaltenen historischen Höfe des Fischlands.

Eine Wustrower Besonderheit ist das traditionsreiche **Tonnenfest.** Als Höhepunkt wird auf dem

Nicht nur bei viel Wind und Wellen – der Surfpoint am Parkplatz vor Wustrow ist ein idealer Einstieg für Windbrettfahrer

jährlich am 2. Sonntag im Juli stattfindenden Volkfest eine Tonne zerschlagen. Der alte Brauch erinnert an das letzte Faß Heringe, daß die Wustrower an ihre Besatzer, die Schweden, abliefern mußten, die jahrhundertelang das Fischland beherrschten.

Info

- **Kurverwaltung,** Strandstr. 10, 18347 Wustrow, Tel. (038220) 251, Fax 253 (Juni-Sept. tägl. 10-17 Uhr; Okt.-Mai Mo-Fr 10-17 Uhr)

Unterkunft

- **Hotelschiff Stinne,** Am Kuhleger, Tel. 336 (fest an Land liegender alter Großsegler mit Restaurant, ruhige Lage am Bodden)
- **Ostseehotel,** Fischländer Weg 35, Tel. 6250, Fax 294 (direkt hinterm Deich)
- **Hof Konow,** Barnstorf Hufe II, Tel. 6030, Fax 60328 (6 Fewo im malerischen Reethof in wunderbarer Alleinlage auf weitläufigem Grundstück direkt am Wasser; mit Privathafen, Sauna, Solarium)

Gastronomie

- **Schifferwiege,** K.-Marx-Str. 30, Tel. 80336 (regionale Fischspezialitäten, mit Gartenpavillon und Terrasse; Gästezimmer)
- **Restaurant Stinne,** Am Kuhleger, Tel. 336 (nach Fisch- und Wildgerichten auf dem gestrandeten Großsegler gleich ab in die gemütliche Doppelbettkajüte)

Museum

- **Fischlandhaus,** Neue Str. 38, Tel. 80465 (Mo/Di/Do 10-12 und 14-17 Uhr, Fr. 9-12 Uhr; Sa/So 14-17 Uhr

Ahrenshoop

Ahrenshoop oder „Arneshoop", wie es früher genannt wurde, zieht sich über Kilometer entlang der Straße. Die 1950 eingemeindeten Dörfer Althagen und Nienhagen liegen noch auf dem Fischland, während Ahrenshoop selbst bereits auf dem Darß liegt. Noch heute ist der Grenzgraben am Grenzweg zu erkennen, der einst die beiden mecklenburgischen Dörfer vom pommerschen Ahrenshoop trennte.

„Im Spätsommer 1889 hielt ich mich mit meinem Kollegen, dem Tiermaler Oskar Frenzel, in Wustrow auf dem Fischlande auf, um zu malen. Gelegentlich

einer Wanderung am Hohen Ufer lag plötzlich, als wir die letzte Anhöhe erreicht hatten, zu unseren Füßen ein Dorf: Ahrenshoop", erinnert sich der Maler *Paul Müller-Kaempf* an seinen ersten Kontakt mit dem winzigen Fischerdorf, das sich in die karge Dünenlandschaft duckte. *„Wir hatten von seiner Existenz keine Ahnung und blickten überrascht auf dieses Bild des Friedens und der Einsamkeit. Kein Mensch war zu sehen, die altersgrauen Rohrdächer, die grauen Weiden und grauen Dünen gaben dem ganzen Bilde einen Zug tiefsten Ernstes und vollkommener Unberührtheit. So sah Ahrenshoop damals aus. Nirgends ein öder Nützlichkeitsbau mit Pappdach, nichts, was den Gesamteindruck störte; die Dorfstraße sehr breit und sandig, kein Drahtzaun, keine Reklametafel. (...) Das war ein Studienplatz, wie ich mir immer gewünscht hatte."* Begeistert von dem Gesamtmotiv kehrte *Müller-Kaempf* immer wieder zum Malen nach Ahrenshoop zurück. 1892 ließ er sich endgültig bei den Fischern nieder und eröffnete eine Malschule. Ihm folgten schnell weitere Kollegen, so daß bereits um die Jahrhundertwende zwischen den 30 Fischerfamilien 16 Maler wohnten. Die Künstlerkolonie Ahrenshoop war entstanden (siehe Exkurs). Auch wenn die Maler nun mehrheitlich von Kunsthandwerkern abgelöst wurden, ist Ahrenshoop bis heute ein beliebter Aufenthaltsort kreativer Menschen.

In den Jahren der DDR entdeckte die privilegierte Oberschicht aus Kultur und Politik den idyllischen Ort für sich und bauten üppige Villen. Auf dem „Millionärshügel", wie ihn der Arbeiter- und Bauernmund spöttisch taufte, unterhielten diese Priviligierten ihre exklusiven Feriensitze.

Daß sich die sozialistische Oberklasse für Ahrenshoop als Urlaubsdomizil entschied, ist natürlich kein Zufall. Auch wenn heute manche Reklametafel das Ortsbild stört, hat sich das ehemalige Fischerdörfchen einen Gesamtcharakter bewahrt, den man so schnell nicht wieder findet. An den sandigen Wegen reihen sich, umrahmt von blühenden Gärten, reetgedeckte Häuschen und Häuser von ausgesuchter Schönheit. Daß ihre Erbauer und Bewohner nicht der Arbeiterschicht angehören, erschließt sich beim Anblick der feinen Lagen von selbst.

Auch die Natur, in die der Ort eingebettet ist, zeigt sich von ihrer herrlichsten Seite. Die Küstenlandschaft bei Ahrenshoop ist so abwechslungsreich und beeindruckend wie an keiner anderen Stelle auf der Halbinsel. *„Hinter dem Dorf auf dem Schifferberg blickte der Kirchhof mit weißen und schwarzen Holzgittern und Kreuzen herüber, überwuchert von goldblühendem Habichtskraut. Steigt man weiter hinauf auf die sogenannte Schwedenschanze, so sieht man in die Einsamkeit hinaus. Dünen, Wald und See, in der Ferne die dunkle Linie des Darß. Die Dünen gekrönt von uralten Weißdornbäumen, Stechpalmen und wilden Rosen"*, beschreibt *Müller-Kaempf* die Natur. Wesentliches hat sich seither nicht geändert.

Kern der **Künstlerkolonie Ahrenshoop** ist der **Kunstkaten,** der sich seit seiner Eröffnung 1909 mit Ausstellungen, Lesungen und anderen Veranstaltungen den Fischländer Kunstschaffenden widmet. Auch die **Bunte Stube,** ein 1922 eingeweihter, kreisrunder Holzbau ist ein Zentrum für Kunst und Kommunikation. Im Mittelpunkt seines Wirkens steht der Verkauf von Kunst und Kunsthandwerk der heimischen Kreativen. Ganz im Stil der Landschaft erbaut ist die **Dorfkirche**. Einheimische Handwerker errichteten sie 1951 in der Form eines kieloben liegenden Fischerbootes, aus Holz aus dem Darßer Urwald und Schilf vom Bodden. Aus dem Stamm der alten Pappel, die bei ihrem Bau gefällt werden mußte, arbeitete die Ahrenshooper Bildhauerin *Doris Oberländer-Seeberg* Kanzel, Taufstein und die Altarrückwand des Kirchleins. In der durch die Schlichtheit der Konstruktion und die verwendeten Materialien ausgesprochen gelungenen Kirche finden häufig abendli-

che Konzerte statt. Auf dem Friedhof befinden sich viele Grabstätten der Ahrenshooper Prominenz, aber auch alte Seemanns- und Kapitänsgräber.

Keinesfalls versäumen sollte man bei seinem Aufenthalt in Ahrenshoop einen Spaziergang entlang der Steilküste am **Hohen Ufer** zwischen Ahrenshoop und Wustrow. Bis zu 20 m fällt hier das gelbleuchtende Steilufer senkrecht ab. An manchen Stellen führen vom Strand Treppen zu der Abbruchkante hinauf, an der sich über Matten von Hornklee, Grasnelken und Mauerpfeffer und durch blühende Weißdornbüsche und Buschwindrosenhecken ein Weg schlängelt. Zerzauste und krummgeblasene Bäume zeigen unmißver-

Seit 1909 das Herz des Künstlerdorfes – der bildschöne Kunstkaten in Ahrenshoop

Die Künstlerkolonie

Begonnen hat der Aufstieg des völlig unbedeutenden und ebenso abgelegenen armen Fischerdorfes zum weitbekannten Künstlermekka im Jahre 1889, als der Maler *Müller-Kaempf* auf einer Wanderung das Dorf und Motiv entdeckte, sich 1892 dort niederließ und eine Malschule eröffnete. Der allererste Künstler war er jedoch nicht. Schon vor ihm logierte der Mecklenburger Landschaftsmaler *Carl Malchin* im nahen Wustrow. Doch mit *Müller-Kaempf* begann der Zuzug von Kollegen und Kolleginnen. Anfänglich wurden die eigentümlichen Künstler- und Bohèmegestalten von den einheimischen Fischern wie exotische Tiere kopfschüttelnd bestaunt. Ein bei sonntäglichen Ausflügen von den Wustrowern vielbestauntes „Kunstwerk" war damals der Flaschenberg, der sich im Garten des Kaempfschen Anwesens (heute *Haus Lucas* in der Dorfstraße) aufstapelte. Da sich Malschüler und Maler überwiegend aus dem weiblichen Geschlecht rekrutierten (was mit seinen Grund darin hatte, daß Frauen damals der Zugang zu Universitäten und Akademien versperrt war) und zur Jahrhundertwende bereits fast so viele Künstler wie Fischer in Ahrenshoop ansässig waren, verbreitete sich der Ruf des Dörfchens mit dem bunten, unkonventionellen Malervölkchen schnell.

Insbesonders die „Malhühner", wie die mit ihren Staffeleien im Dünengras hockenden und von großen Hüten beschatteten Künstlerinnen von der Bevölkerung genannt wurden, waren zunehmend das Ziel von Spott und Witzelei. *„An allen Ecken und Enden vom Darß bis zum Bodden saßen sie und malten"*, erinnert sich eine alte Ahrenshooperin. In ein Gästebuch notierte ein offensichtlich genervter Sommerfrischler: *„Ich kam hierher ganz ahnungslos,/ Das Seebad zu genießen. / Da sah ich Maler, Pilzen gleich, / Rings aus der Erde schießen. / Es gibt an keinem Ort der Welt / Solch Massenheer von Pinseln / auch hört ich hinter jedem Busch / Ein feuchtes Malweib winseln. / Sie streifen hin durch Feld und Flur, / Bald einzeln, bald im Rudel"*.

Die Künstlerkolonie wurde zum – oft humoristischen – Thema in Theater und Roman. Das Bemühen der Maler und Malerinnen, neue Motive zu entdecken, stieß angesichts der ungewöhnlichen Populationsdichte kreativen Schaffensdranges und der räumlichen Begrenztheit des schmalen Dünenstreifens zwischen Meer und Bodden schnell an Grenzen. Diese dramatische Motivverknappung und den damit einhergehenden „Kampf ums Motiv" persiflierte der Schriftsteller *Heinz Tevote* in seinem 1906 erschienenen Roman *„Hilde Vangerow"*. Alle Motive seien längst bekannt und durchnumeriert, heißt es darin. Der entzückende Schweinekoben trägt die Nr. 64, die Windmühle die Nr. 12, usw. Die guten Motive sind den einheimischen Künstlern vorbehalten, Zugereiste und Schüler müssen sich mit Sekundärmotiven begnügen. Als schließlich so ein Zugereister ein bis dato unbekanntes Motiv, ein paar liebliche Blümelein im Katengarten, entdeckt, kauft er „sein" unregistriertes Motiv für drei Mark von der Fischersfrau und schneidet es ab, damit sich kein Konkurrent daran vergreife. Braune Erdfarbe wird von Türen gekratzt, und Bäume werden umgehackt, damit ja kein fremder Maler die „persönlichen, privaten" Motive stehle und auf die Leinwand banne. Nach Erscheinen des Romans konnte sich *Tevote* in Ahrenshoop nicht mehr blicken lassen.

1909 eröffnete, auf Betreiben von *Müller-Kaempf* und seinem Kollegen *Theobald Schorn,* der Kunstkaten als Ausstellungs- und Schauraum für die Ahrenshooper Künstlerszene seine Pforten. 1922 folgt die Bunte Stube. Der Erste Weltkrieg, Wirtschaftskrise und Inflation beendeten die Existenz der Künstlerkolonie Ahrenshoop, die stets hinter dem bekannteren Worpswede zurückgeblieben war. Während und zwischen den Weltkriegen wohnten nur noch wenige Künstler und Schöngeister in dem Ort. Erst nach Kriegsende zog es wieder vermehrt Kunstschaffende in die herrliche Landschaft. Neben einigen Malern, Bildhauern und Kunsthandwerkern wie Töpfern, Glasbläsern oder Webern siedelten sich zunehmend bekannte Schauspieler, Schriftsteller und andere Prominente der Staatskultur der DDR an. Auch Politiker aus der Führungsetage der Partei fanden zunehmend am romantischen Flair von Ahrenshoop Gefallen und bauten sich wenig bescheidene Datschen in die Dünen und auf das Hohe Ufer.

Nun drängen Alteigentümer und Westkapital in das inspirierende Idyll. Die alteingesessenen Ahrenshooper fürchten (sicher nicht zu Unrecht), von dem kapitalkräftigen Publikum aus Berlin und Hamburg verdrängt zu werden. Neu angelegte Tennisplätze, chromblitzende Jeeps und schwindelerregende Immobilienpreise lassen befürchten, daß das einst abgeschiedene, arme Fischerdorf nach der Epoche als Künstlerkolonie und privilegiertes „Bad der Kulturschaffenden" nun zum Treff für gelangweilte Reiche und ihre Groupies wird, zu einem Kampen des Ostens.

ständlich, woher hier der Wind weht. Aus windgeschützten Mulden ragen Schilfdächer paradiesisch gelegener Villen. Ein Stück romantischster Natur voll stiller Harmonie und poetischer Ausdruckskraft, Fischland von seiner allerschönsten Seite.

Ganz anders, aber nicht minder ausdrucksstark ist der wilde, von umgestürzten Bäumen übersäte **Darßer Weststrand,** der sich am Horizont abzeichnet und bei einer ausgedehnten Strandwanderung von Ahrenshoop aus zu erreichen ist (siehe Kapitel „Darß").

Info

- **Kurverwaltung,** Kirchnersgang 2, 18347 Ahrenshoop, Tel. (038220) 234, Fax 300
(Mai/Juni tägl. 10-19 Uhr, Juli/Aug. tägl. 10-20 Uhr, Sept. tägl. 10-19 Uhr, Okt.-April Mo-Fr 10-18 Uhr, Sa/So 10-16 Uhr)

Unterkunft

- **Hotel Möwe,** Schifferberg 16, Tel.6080, Fax 80616 (hübsches Schilfhaus in Hanglage, mit Sauna, Solarium, Fahradverleih)
- **Hotel Haus am Meer,** Dorfstr. 36, Tel. 80816, Fax 80810 (Lage im Zentrum unweit vom Strand)
- **Aparthotel Boddenblick,** OT Niehagen, Bauernreihe 10, Tel. 61600, Fax 61666 (ruhige Lage, mit Boots- und Fahhradverleih, große Terrasse mit Boddenblick)
- **Pension Nordlicht,** Dorfstr. 34, Tel. 80776 (direkt am Strandzugang Nr. 9, mit Seeblick)
- **Hotel Landhaus Susewind,** OT Niehagen, Bauernreihe 4a, Tel. 6410, Fax 64126 (ruhige Boddenlage, mit maritimem Kaminzimmer)
- **Pension Räucherhaus,** OT Althagen, Am Hafen, Tel. 6946 (direkt am Fischerhafen, im Restaurant frische Fischspezialitäten)

Gastronomie

- **Zur Robbe,** Dorfstr. 29, Tel. 80136 (exzellente Fischspezialitäten)
- **Kraug taun Rumdriewer,** Dorfstr. 33, Tel. 80647 (Mecklenburger Fisch- und Fleischgerichte in maritimem Ambiente, mit sehr preisgünstigen Fremdenzimmern und Nachtbar **Kleine Nachtmusik**)
- **Café Namenlos,** Schifferberg 2, Tel. 80156 (sehr traditionsreich, stilvoll eingerichtet, gute, landestypische Küche, von sehr angenehmen Kellnerinnen serviert. Unser Lieblingsort in Ahrenshoop. Mit Pension.)
- **Café Buhne,** Grenzweg 12 (Hohes Ufer), Tel. 232 (herrlich auf dem höchsten Punkt am Steilufer gelegen, prächtige Aussicht)

Der Darß

Der Darß erstreckt sich von Ahrenshoop bis zum Prerower Strom, der bis zu der schweren Sturmflut von 1872 noch Zugang zum Meer hatte und den Zingst abtrennte. Der Altdarß ist der geologische Kern, das Herzstück vom Fischland-Darß-Zingst. Er liefert mit dem Material, das an seiner Westküste abgetragen wird, den Baustoff, aus dem die schmale, langgestreckte Landzunge sich formte und weiter formt. Der Neudarß und der Vordarß ist von den Wellen geborenes Neuland. In ewigem Wirken arbeitet das Meer und spült Strandwall um Strandwall an, schneidet Buchten ab, die dann zu Binnenseen werden, die verlanden. In den Verlandungszonen entstehen Moore, die wiederum von Erlenbruchwald besiedelt werden. Am Darß läßt sich eine **Küstendynamik** beobachten, wie sie am baltischen Meer einzigartig ist. Auf wenigen Quadratkilometern läßt sich am Darßer Ort die Landentstehung und die schrittweise Besiedlung durch Pflanzen und Tiere wie in einem Lehrbuch Kapitel für Kapitel studieren.

Fast der gesamte Darß ist von einem geschlossenen Wald bedeckt, dem 60 km² großen **Darßer Urwald:** knorrige Rotbuchen, vom ständigen Westwind grotesk verformt, dunkle Sümpfe, unwegsame Moore, dichtes Gestrüpp, von wucherndem Waldgeißblatt und Efeu märchenhaft umsponnene Stämme und Äste, trocken-sandige, von Krähen- und Preiselbeere bedeckte Kiefernheiden, meterhohe Farnwälder von berückender Schönheit, umgestürzte Baummethusalems, von weichflauschigen Moosmatten überzogen. *„Der Wald ist ein Urwald. Große Stürme haben die höchsten Bäume gebeugt und ihre Wurzeln aus der Erde gerissen. Dicke Efeuranken, die ihre Kraft aus Stämmen saugen, liegen geringelt wie Schlangen am Boden. Niemand holt das Holz. Es fault, Schwämme wuchern darin, weiße und braune Pilze, Brombeersträucher ranken sich an den Wurzeln hoch. Windbrüche sind*

Sümpfe geworden, braunes Wasser steht in den Kuhlen, von faulen Blättern bedeckt. Große Ringelnattern gleiten wie Peitschenschnüre blitzschnell über schmale Wege. Mannshoch wachsen die Farnkrautwälder. Es gibt Hirsche und Wildschweine im Wald, Reiher und Seeadler. Am Meer geht der Wald in Dünenlandschaft über. Birken und Wacholderbüsche bilden den Rand. Die unaufhörlichen Winde haben alle Pflanzen landeinwärts gebeugt, die Stämme der verkrüppelten Bäume bilden schräg ansteigende Linien, Schriftzeichen der großen Stürme." So beschreibt der Schriftsteller *Heinrich Hauser* in seinem Roman *Brackwasser* treffend den Darßwald.

Die einzigartige Natur des Darß mit seinem Urwald, seiner zerrissenen, windgepeitschten **Westküste,** seinen amphibischen Neulandzonen am **Darßer Ort** und seiner besonderen Flora und Fauna stehen seit 1990 unter dem Schutz des **Nationalparks Vorpommersche Boddenlandschaft,** der neben dem Darß auch den Zingst und Bock wie auch die beiden Inseln Ummanz und Hiddensee umschließt.

Prerow

„Eine Tour durch das Dorf gibt einen Vorgeschmack von einer Reise durch die Sahara. Außer in den Hotel, derer drei vorhanden sind, haben wir nur vereinzelt Badegäste gesehen, ich kann mir auch kaum denken, daß man diese Wüste trotz der Zugabe von Wald, dessen Harzgeruch wir übrigens gerne auf unsere Nerven wirken lassen, aufsucht", berichtete 1884 die *Mecklenburger Zeitung* über das alte Fischer- und Seemannsdorf Prerow.

Davon kann heute keine Rede mehr sein. Das Ostseebad Prerow ist eines der meistbesuchten Seebäder der Region. Die touristischen Einrichtungen am Ort lassen kaum einen Wunsch offen. Und die geschmähte Wüste, die Sahara, die Wind und Strömung an der Prerower Bucht angelandet und zu paradiesischen Sand- und Strandlandschaf-

ten geformt hat, lockt heute Sonnenanbeter zu Tausenden hierher.

Bis 1872 war Prerow noch weitgehend ein Ort, in dem Fischer, Kapitäne und Matrosen wohnten. Die Prerower Bucht war ein ergiebiger Fischgrund, und der Prerowstrom bot einen sicheren Naturhafen. Die große Sturmflut vom November 1872 drängte in die Strommündung und überschwemmte Prerow und große Teile des Darß. Als der Blanke Hans sich zurückzog, war der Zugang zum Meer durch einen mächtigen Sandwall abgeschnitten. Um kommende Katastrophen dieser Art zu verhindern, wurde die Strommündung endgültig durch einen Seedeich verschlossen, der bis Zingst verlängert wurde. Die Fischerei war am Ende und die Ära der Segelschiffe sowieso. Das Ostseebad Prerow war geboren und stieg zum beliebtesten Seebad der Region Fischland-Darß-Zingst auf.

Im Schilf: Bootshäuser am Bodden

An die alten Seemannszeiten erinnern noch die vielen bilderbuchschönen alten **Kapitänshäuser** mit ihren bunt leuchtenden Schnitztüren. Wer wie wir ein Faible für Türen hat, der sollte jedenfalls beim Spaziergang durch Prerow - und auch in Zingst - keinesfalls seine Kamera vergessen. Eine Sammlung jener für die Region typischen, mit stilisierten Blumen, Pflanzen und der lebensspendenden Sonne verzierten Türblätter zeigt das **Darß-Museum.** Mit seinen Sammlungen und Präparaten illustriert es die Geschichte, Geologie, Flora und Fauna der Region sehr anschaulich. Ebenso se-

059omv Foto: rh

henswert ist die 1726 errichtete **Seemannskirche,** ein reizender Backsteinbau mit Holzturm. Im Inneren erinnern geschnitzte Schiffsmodelle an diejenigen, die hier Beistand und Segen für ihre Große Fahrt erflehten. Auf dem Friedhof erinnern alte, verwitterte Grabsteine auch an jene, die die See für immer behielt. Die Kirche liegt etwas versteckt außerhalb von Prerow. Am Ortsausgang Richtung Zingst geht es die Straße gegenüber vom Hafen am Prerowstrom in einen kleinen Wald hinein.

Dank seiner Lage im Zentrum der Halbinsel und am Rande des Darßer Urwalds ist Prerow ein idealer Ausgangspunkt für Erkundungen zu Fuß oder per Fahrrad. Besonders empfehlenswert ist die **Wanderung** durch den Darßer Wald hinaus **zum Leuchtturm** am Darßer Ort. Der Weg führt durch alle Landschaftsformen, die der Inselkern zu bieten hat, durch sandigen Kiefernwald und auf Bohlenstegen durch moorige Wiesen zu einem kleinen Hafen, den einst die Nationale Volksarmee mitten im Schutzgebiet gebaggert hat und den nun einheimische Fischer nutzen. Draußen am Darßer Ort führen Plankenstege durch die neu entstandene Dünenlandschaft. Beobachtungstürme ermöglichen einen bezaubernden Überblick über das jungfräuliche Land und geben Gelegenheit zur Vogelbeobachtung. Am Leuchtturm unterhält das Stralsunder Meeresmuseum ein NP-Informationszentrum zum *Naturraum Darßer Ort* mit Aquarien. Ein Café, das allerdings nur zu besuchen ist, wenn man den Eintritt für die Ausstellung entrichtet, lädt zur Rast ein, bevor man den letzten Dünenkamm überschreitet und den unberührten Strand betritt. Ein großartiges Fleckchen Erde. Nicht versäumen: die Besichtigung des 35 m hohen Leuchtturms!

Tür eines Kapitänshauses in Prerow

Auch der **Darßer Weststrand** ist ein besonders lohnendes Ziel. Quer durch den Darßer Wald führen markierte Wanderwege hin zum wildromantischen Ufer, an dem die berühmten und vielzitierten „Windflüchter auf dem Darß“ sich im Kampfe gegen den Wind in den sandigen Boden krallen. Winterliche Stürme und Fluten reißen immer neue Stücke aus dem Hochufer und lassen die Bäume herabstürzen. Ein Gewirr von Wurzeln und Stämmen bedeckt den Strand und dient im Sommer den Nacktbadern, die sich hier treffen, als Blick- und Windschutz.

Ein Camperparadies ist der Campingplatz westlich von Prerow. Nicht nur wegen seines perfekten Strandes und seiner wüstenähnlichen Dünenlandschaft, sondern weil hier die einzige Stelle an der gesamten Ostseeküste ist, wo man sein Zelt mitten in den Dünen aufschlagen kann. Das macht ihn zum beliebtesten und schönsten Platz der Küste. Leider wird der landschaftliche Reiz für den Naturfreund getrübt durch die schiere Größe und den Rummel mit Disco, Nachtbar und anderen Vergnügungseinrichtungen. Wer die Mittelmeerküste mag, ist hier aber genau richtig.

Info

- **Kurverwaltung,** Gemeindeplatz 1, 18375 Prerow, Tel. (038233) 6100, Fax 61020
Internet: http://www.ostseebad-prerow.de
(Mai-Sept. Mo-Fr 10-17 Uhr, Sa/So 10-12 u. 15-17 Uhr; Okt.-April Mo-Fr 10-16 Uhr)
- **Naturraum Darßer Ort,** am Leuchtturm, Tel. 304 (Ausstellungen, Aquarium, Café), Mai-Okt. tägl. 10-18 Uhr, Nov.-April Mi-so 11-16 Uhr

Unterkunft

- **Waldhotel Hertesburg,** Am Schlaat, Tel. 61611, Fax 61613 (sehr schöne Alleinlage im Wald im Nationalpark zw. Zingst und Prerow, 700 m zum Strand)
- **Waldpension,** Grüne Str. 53, Tel.418, Fax 419 (ruhige Lage am Darßer Wald)
- **Wohnschiff Störtebecker,** Am Prerowstrom, Tel. 246 (fest verankertes Schiff mit Sonnendeck)
- **Villa Kunterbunt,** Bebelstr. 15, Tel./Fax 60004 (entzückende, sehr kinderfreundlich gestaltete Fewo-Anlage in ruhiger Lage mit Grill-, Spielplatz, Schwimmbad)

060omv Foto: rh

- **Pension Barthel,** Hülsenstr. 41, Tel. 6240, Fax 62424 (Zimmer, Fewo, Ferienhäuser in ruhiger Lage am Nationalpark)
- **Camping Robinson-Camp,** Hagens Düne, Tel. 60198 (April-Okt., Waldplatz zwischen Prerowstrom und Strand, Womo-geeignet, Entsorgungseinrichtungen, Caravan-, Wohnmobil-, Fahrradvermietung)

Darßer Leuchtturm

- **Camping Regenbogen-Camp,** Tel. 331 (ganzjährig geöffnet, sehr großer Platz im Kiefernwald direkt am Bilderbuchstrand mit FKK, Womo-geeignet, Entsorgungseinrichtungen, „Erlebniscamp" mit vielen Vergnügungseinrichtungen und Programm, Bungalow-, Wohnwagen-, Caravanvermietung)

Gastronomie

- **Voß,** Villenstr. 6, Tel. 370 (ruhige Waldlage in unmittelbarer Strandnähe, mit guter Küche und Pension)
- **Seeblick,** an der Seebrücke, Tel. 348 (angenehme Atmosphäre im 1. Stock, mit herrlichem Blick auf Seebrücke und Strand)
- **Seeteufel,** Grüne Str. 27c, Tel. 222 (ruhige Lage, tägl. Frischfisch vom Fischer, mit Pension)
- **Am Hafen,** Lange Str. 2, Tel. 328 (fangfrischer Fisch und Hausmannskost in denkmalgesch. Holzveranda mit marit. Ausstattung; mit Hotel)

Museen

- **Darß-Museum,** Waldstr. 48, Tel. 69750 (Mai-Okt. tägl. 10-17 Uhr, Nov.-April Mi-So 13-16 Uhr)
- **Kulturkaten „Kiek Ju",** Waldstr. 42, Tel. 69751 (Musik, Theater, Kabarett, Vorträge etc. im Kapitänshaus)

Born

Das kleine Fischerdorf Born liegt reizvoll zwischen Darßer Wald und Bodden. Es ist das schönste Dorf auf dem Darß. Wunderhübsche Rohrdachhäuser mit malerischen Krüppelwalmdächern und bunt bemalten Holzverschalungen prägen das Ortsbild. Auf der freien Wiese steht die **Fischerkirche.** Der Holzbau mit Rohrdach wird dank der guten Akustik seines Tonnengewölbes im Sommer als Konzertsaal genutzt. Eines der ältesten Häuser Borns ist das denkmalgeschützte **Forstamt,** in dem das *Forst- und Jagdmuseum „Ferdinand von Raesfeld"* seinen Sitz hat. In einer **Windmühle** wurde ein Restaurant eingerichtet, und wer bei der Frau Töpferin Kaffee trinken und dabei ihre Werke betrachten und erwerben will, dem sei das **Café TonArt** empfohlen. Das **Sommertheater,** eine Kleinkunstbühne, unterhält mit Theater, Kabarett, Konzert (Programm-Info. Tel. 50423).

061omv Foto: rh

Fischerkirche in Born

Info

- **Kurverwaltung,** Chausseestr. 75, 18375 Born, Tel. (038234)50421, Fax 50426 (Juni-Aug. Mo-Fr 9-12 u. 13-18 Uhr, Sa/So 10-16 Uhr; Sept-Mai Mo-Fr 10-12 u. 13-16 Uhr)
- **Nationalparkverwaltung Vorpommersche Boddenlandschaft,** Am Wald 13, Tel. 5020, Fax 50224

Unterkunft

- **JH Ibenhorst,** Im Darßer Wald, Tel. 229 (mit Zeltplatz)
- **Campingplatz am Bodden,** Nordstr., Tel. 244, Fax 59303 (April-Okt., direkt am Bodden gelegen, mit eigenem Strand, Womo-geeignet, Entsorgungseinrichtungen, Boots-, Fahrradverleih)

Gastronomie

- **Mühlenstube,** Nordstr. 27 (gemütliches Restaurant/Café in alter Windmühle)
- **Café TonArt,** Chausseestr. 58, Tel. 416 (nettes Café mit Keramikwerkstatt, Ferienwohnungen)

Museum

- **Forst- und Jagdmuseum „Ferdinand v. Raesfeld",** Alte Oberförsterei, Tel. 30297 (Sa/So 10-16 Uhr, sonst nach Anm.)

Wieck

Auch das kleine Boddendorf Wieck bezaubert durch seine nostalgisch romantischen Fischerkaten, die sich locker an den Sandwegen des Ortes aufreihen. In der alten Dorfschule hat die Nationalparkverwaltung eine **Ausstellung** über die Vorpommersche Boddenlandschaft und ihre Flora und Fauna eingerichtet.

- **Info: Kurverwaltung,** Bliesenrader Weg 2, 18375 Wieck, Tel. (038233) 201, Fax 497
Nationalpark-Infozentrum, Alte Schule, Bliesenrader Weg 2, Tel. (038234) 5020 (Mai-Okt. tägl. 10-17 Uhr, Nov.-April Mo-Fr 10-16 Uhr); Ausstellung *„Nationalpark eine Insel"*)

Unterkunft

- **Hotel Haferland,** Bauernreihe, Tel. 680, Fax 68220 (neuerrichtete Reetdachanlage in stiller Lage direkt am Wasser / Seglerhafen; Fahrradverleih)

Gastronomie

- **Teekaten,** Brake 5, Tel./Fax 60151 (feiner Tee und frisches Essen im malerischer Reetkaten /stiller Terrasse am Wasser; mit Nichtraucher-Pension)

Der Zingst

Das Wandern ist des Sandes Lust. Auch der Zingst, jene Landzunge, die sich östlich des Darß auf einer Länge von 20 km erstreckt, ist ein Werk von Wind und Wellen. Angelandete Sande füllten nach und nach Senken zwischen den vermutlich drei eiszeitlichen Landkernen. Auf den Strandwällen und flachen Sandplatten entwickelten sich Röhrichte, in die die Bauern ihr Vieh trieben. Durch Beweidung und regelmäßige Überflutung entstanden allmäh-

Die Hafenmeisterei in Zingst

lich die großen, für das Landschaftsbild des Zingst typischen Salzwiesentorfe. Die flunderflachen, von Wassergräben durchzogenen Salzwiesen bedecken große Teile des Zingst. Es wird vermutet, daß sich der Name Zingst von *seno,* dem slawischen Wort für Heu, ableitet. Die Zingster Wiesen werden jedenfalls seit mehr als 700 Jahren als Weideland genutzt. Größtes zusammenhängendes Waldstück ist der 800 ha große Osterwald im Zentrum der Halbinsel. Bei Pramort am Ostzipfel wächst die Landzunge weiter in das flache Windwatt hinein und wird sich eines nicht zu fernen Tages mit dem Großen Werder verbinden. An der schnurgeraden Außenküste zieht sich auf ihrer ganzen Länge ein breiter, feinsandiger Strand bis zur Hohen Düne. Hier weht der Wind den Sand zu bis 13 m hohen Dünenwällen auf.

Der gesamte Zingst ist weitestgehend unbesiedelt. Der einzige größere Ort ist das Ostseebad Zingst. Bis auf den Bereich von Zingst und den beiden benachbarten Weilern Zingsthof und Müggenburg gehört der gesamte Zingst zum Nationalpark Vorpommersche Boddenlandschaft. Die flachen Salzwiesen, die seichten Boddengewässer

062omv Foto: rh

und die Wattlandschaften der Inseln **Kirr**, **Oie** und **Großer** und **Kleiner Werder** sind ein einzigartiges Vogelparadies und einer der bedeutendsten Rastplätze für Zugvögel. Während der Zugzeiten bevölkern riesige Schwärme verschiedener nordischer Gänse- und Entenarten und über 30 verschiedene Watvogelarten die flachen Gewässer und Wiesen. Am berühmtesten ist der **Zug der Kraniche.** Bis zu 30.000 der scheuen, grazilen Vögel rasten dann im Windwatt um die Werderinseln.

Angesichts seiner schmalen, langgezogenen Form und dem Umstand, daß die Kerngebiete des Nationalparks und damit die schönsten Naturplätze nicht mit dem Auto befahren werden dürfen, ist das Fahrrad für den Zingst ideal. Wer keines mit sich führt, kann sich in Zingst oder am Parkplatz beim „Schlößchen" an der Sundischen Wiese ein solches leihen.

Soweit das Auge reicht – der endlose Strand von Zingst ist auch in der Hochsaison nicht überfüllt.

Zingst

„Wo de Ostseewellen trecken an den Strand, /Wo de gele Ginster bleugt in'n Dünensand, / Wo de Möven schriegen grell in't Stromgebrus, / Da is mine Heimat, da bün ick to Hus ...“ Wer kennt es nicht, das Lied, das die Küstenbewohner der Ostsee von Lübeck bis Ahlbeck zu ihrer Nationalhymne erhoben haben – und das es, etwas umgedichtet, auch als Nordseehymne gibt. Doch ureigentlich ist es das Lied der Zingster. Ihre Heimatdichterin, die in Barth geborene und nach einem schweren, leidvollen Leben in Zingst begrabene *Martha Müller-Grählert* (1876-1939) hat es verfaßt.

Auch wenn bekannterweise an der Ostseeküste die Wellen mancherorts leider mehr an den Strand drecken als trecken, in Zingst und auf dem Zingst trübt nichts die Badefreuden. Mit seinen 3.200 Einwohnern ist Zingst der größte Ort auf der Halbinsel und neben Prerow der größte Badeort. Es entstand durch die Zusammenlegung mehrer kleiner Dörfchen.

Seine lockere, weitläufige Ausdehnung zwischen Außenküste und Bodden erinnert an seine Entstehungsgeschichte. *„Ostseebad Zingst, auf der gleichnamigen Insel gelegen, ist nach übereinstimmendem Urteil der Reisenden eines der schönsten Ostseebäder der ganzen deutschen Ostseeküste.“* Auch wenn manch anderes Seebad gegen diese Anpreisung des Bade-Comités von 1881 Einspruch erheben dürfte, stimmt, was das Comité über den Strand zu sagen weiß: ein *„fester, völlig steinfreier Sandstrand mit prächtigem Wellenschlag“*. Hinzuzufügen ist noch, daß er 18 km lang ist und deshalb auch in den Sommermonaten, wenn die Einwohnerzahl sich verzehnfacht, ein ruhiges Plätzchen zu finden ist.

Neben den für das Schifferdorf typischen, malerischen Reetkaten ist die Zingster **Dorfkirche** einen Abstecher wert. Das vom Schinkelschüler *Friedrich August Stüler* 1860 errichtete Backsteinkirchlein besitzt keinen Turm. Dies deshalb, weil

Kirchtürme zugleich Orientierungspunkte für die Schiffahrt waren und in den Seekarten der Kirchturm von Barth als „Kennewarde" eingezeichnet war. Auf dem Friedhof liegt die Heimatdichterin *Müller-Grählert* begraben. Von der Geschichte des Ortes und dem Leben der Dichterin der „Ostseewellen" berichtet das im hübschen *Haus Morgensonne* untergebrachte **Heimatmuseum.**

Für Hobbyornithologen ein wahrer Leckerbissen sind die beiden **Vogelinseln Kirr und Oie,** die wie Fettaugen auf dem Boddenwasser vor Zingst liegen. Die Eilande dürfen nur mit Genehmigung betreten werden (Führungen über Kur- und Nationalparkverwaltung). Doch auf dem Kirr steht ein altes Gehöft, der **Kranichhof.** Und der Besitzer vermietet von April bis Oktober Zimmer unterm Reetdach. Für Naturfreunde und Liebhaber der gefiederten Gesellen ein exklusiver Logenplatz, ein echtes Paradies! Säbelschnäbler und Alpenstrandläufer, Rotschenkel und Kiebitz, Kampfläufer, Schnepfen und andere seltene und bedrohte Vogelarten sind hier die Urlaubsbekanntschaften.

Für jedermann, allerdings nur zu Fuß oder per Fahrrad erreichbar ist der **Pramort** an der Ostspitze des Zingst, von dem man einen herrlichen Blick über das vogelreiche Windwatt hinüber zum Großen und Kleinen Werder hat. An der Außenküste hat der Wind den feinen Sand an der **Hohen Düne** zu einem faszinierenden Sandmeer aufgeblasen, dessen höchste „Welle" 13 m mißt; die höchste Weißdüne an der deutschen Küste. Am Parkplatz *„Sundische Wiese"* beim Hotel-Restaurant „Schlößchen" gibt es die Fahrradverleihstation *A. Luft.* Bis zur Düne sind es ab hier etwa 10 km (8 km Straße, 2 km auf dem Deich entlang). Hier unterhält die Nationalparkverwaltung auch ein **Informationszentrum** mit der Ausstellung *„Lebensräume"* (tägl. 10-17 Uhr).

1994 haben sich die Zingster eine **Seebrücke** gebaut, die zu den längsten an der Ostseeküste gehört.

Zingst besitzt einen schönen und recht modernen **Wasserwanderstützpunkt/Sportbootanleger** mit noch relativ preiswerten Liegeplätzen. Im Sommer kann man von hier aus Ausflüge nach Hiddensee und Rügen unternehmen. Vom benachbarten Boddenhafen kann man Boddenrundfahrten, im Herbst Kranichfahrten und im Sommer Ausflugsfahrten nach Rügen und Hiddensee unternehmen.

Info

- **Kurverwaltung,** Klosterstr. 21, 18374 Zingst, Tel. (038232) 8150, Fax 81525 (Mai-Sept. tägl. 9-18 Uhr, Okt.-April Mo-Fr 10-16 Uhr)
- **Zingster Zimmerbörse,** Strandstr., Tel./Fax 1408
- **Avest Vermietungsservice,** Zur Post 17-19, 49479 Ibbenbüren, Tel. (05451) 96890, Fax 968920
- **NP-Info-Zentrum / Ausstellung „Lebensräume":** Sundische Wiese, Tel. 5020 (Mai-Sept. tägl. 11-17 Uhr, Okt.-April Do-So 10-16 Uhr)

Exotisches in Zingst: Ferienwohnung balinesisch eintgerichtet

Der Zug der Kraniche

Zweimal im Jahr, im Frühling und im Herbst, wenn die Vögel des Nordens ziehen, spielt sich in den seichten Boddengewässern des Zingst ein einzigartiges Schauspiel ab. Dann sammeln sich große Teile der nord- und osteuropäischen Population des Grauen Kranichs (wissenschaftlich *Grus Grus)* im Gebiet des Nationalparks *Vorpommersche Boddenlandschaft*. Seit die Rastgebiete an der Müritz von den scheuen Kranichen immer weniger aufgesucht werden, ist die ursprüngliche Boddenlandschaft zwischen Zingst und Rügen das wichtigste Rastgebiet in Europa geworden. Dabei haben sich zwei **Riesenschlafplätze** entwickelt, die Werderbuchten vor Pramort, der Udarser Wieck bei Rügen und der Fitt-Kirr-Bereich vor Zingst. Bis zu 30.000 dieser langbeinigen Großvögel halten sich hier auf, um neue Kräfte für ihre mehrere tausend Kilometer lange Reise zwischen Brut- und Winterquartier zu sammeln. Während sie bei ihrem Zug nach Spanien oft wochenlang verweilen, erfolgt der Frühlingszug meist ohne längeren Aufenthalt. Tagsüber sieht man die Kraniche auf den umliegenden Wiesen und Feldern nach Nahrung suchen. Bei Einbruch der Dämmerung sammeln sie sich dann zum Schlafen im knietiefen Flachwasser, das ihnen Schutz vor Feinden bietet.

Das einzigartige Naturschauspiel (neben den Kranichen nutzen bis zu 104 weitere Zugvogelarten die Bodden als Rast- und Nahrungsraum) ist ohne Frage ein unvergeßliches Erlebnis. Da jede Beunruhigung und Störung der majestätischen Tiere jedoch die Nahrungsaufnahme unterbricht und jede Flucht die Energie verzehrt, die sie unbedingt für ihren

Unterkunft

- **Hotel Schlößchen,** Sundische Wiese, Tel. 8180, Fax 81838 (herrliche Alleinlage am Eingang zur Nationalparkkernzone, mit Restaurant, Fahrradverleih)
- **Pension Meeresrauschen,** Seestr. 3, Tel. 80182, Fax 80184 (direkt hinterm Deich am Strandzugang, der Name hält, was er verspricht, Fahrradverleih). Ein gutes Restaurant ist angeschlossen (s.u.)
- **Pension Am Strand,** Birkenstr. 21, Tel. 601, Fax 603 (hinterm Deich am Strandzugang 7, mit Sauna und Fitneßraum)
- **Kranichhof,** Insel Kirr, Info und Buchungen Tel. (0381) 4584589, Fax 4584512 (phantastische Lage auf der gesperrten Vogelinsel, für Naturfreunde ein Sahnestückchen (z. Zt. wegen Eigentümerwechsel geschlossen)

kräfteraubenden Zug benötigen, gelten während des Kranichzuges **besondere Verhaltensvorschriften.** Zwei Grundregeln sind dabei unbedingt einzuhalten:

- Halten Sie unbedingt Abstand jenseits der Fluchtdistanz der Vögel!
- Tragen Sie unauffällige Kleidung und verhalten Sie sich still!

Die Nationalparkverwaltung hat für die Kranichbeobachtung besondere **Beobachtungspunkte** eingerichtet, die die nötige Distanz garantieren. Verlassen Sie deshalb diese Punkte nicht. Die wichtigsten Beobachtungspunkte auf dem Zingst sind der Pramort und Müggenburg. Auf dem Festland sind es Kinnbackenhaken und Zarrenzin auf dem Barhöft, auf Rügen Tankow auf Ummanz. Da der Pramort auf Zingst der beste und deshalb meistbesuchte Beobachtungspunkt ist, gelten während des Kranichzuges besondere Regelungen. Die Zahl der Zuschauer ist hier beschränkt. Informieren Sie sich deshalb vorher bei der Nationalparkverwaltung.

- **Info: Nationalparkverwaltung,** Am Wald 13, 18375 Born, Tel. 5020, Fax 50224
- **Kranich-Informationszentrum,** Lindenstr. 27, in Groß Mohrdorf, Tel. (038323) 80540 (März-Juni Mi-So 10-16 Uhr, Juli/Aug.-Nov. Di-So 10-16.30 Uhr, Sept./Okt. Mo-So 9.30-17.30 Uhr
- **Nationalpark-Informationszentrum Barhöft (Beobachtungsplattform),** Haus Nord, Tel. (038234) 5020 (Mai-Sept. tägl. 11-17 Uhr, Okt.-April Mi/Sa/So 10-16 Uhr)

- **Ferienwohnungen:** Mittlerweile steht auch hier ein großes Angebot an Ferienwohnungen zur Verfügung. Die Ferienwohnungsvermittlung *Avest* (Tel. (05451) 96890, Fax 968920) verfügt über das größte Angebot schicker Appartements, die modernst eingerichtet sind und keine Wünsche offen lassen. Besonders fünf der ca. 50 Wohnungen sind hervorzuheben, da sie für die Region bemerkenswert eingerichtet sind (Nähe Jachthafen, direkt am Deich): Alle Möbel und die reichlichen Dekorationsgegenstände stammen von der indonesischen Tropeninsel Bali. Man schläft hier in (ausgesprochen bequemen) Bambusbetten unter Baldachinen aus Tempelschirmen, sitzt auf formschönen Rattanstühlen, an den Wänden hängen Webereien, Holzreliefs, Gemälde und Masken, die dem

Urlauber das Gefühl geben, in der Südsee zu weilen. Und das Beste: Teurer sind diese luxuriös ausgestatteten Wohnungen deshalb nicht.

- **JH,** Glebbe 14, Tel. 15465
- **Camping Am Freesenbruch,** Seestr. 1a, Tel. 15786 (ganzjährig geöffnet, waldumrahmter Wiesenplatz am Strandzugang 16, mit extra Wohnmobilhafen, Entsorgungseinrichtungen, Fahrradverleih, FKK-Strand und auch Sonntags geöffnetem Supermarkt)

Gastronomie

- **Fischerklause,** Strandstr. 10, Tel. 15205 (traditionsreiches Fischrestaurant)
- **Skipper,** Alte Reihe 5a, Tel. 15680 (gemütliches Ambiente)
- **Zingster Ostseeklause,** Seestr. 1b, Tel. 243 (Fisch und Fleisch nach Art des Hauses, mit Pension)
- Die **Pension Meeresrauschen** verfügt über ein kleines, aber feines Restaurant, in dem der Besitzer selbst kocht und die leckersten Gerichte kredenzt. Nette Atmosphäre (Adresse s. Übernachtung).
- **Zingster Stuben,** Strandstr. 25a, Tel. 80202

Museum

- **Heimatmuseum (Haus Morgensonne),** Strandstr. 19, Tel. 15561 (Mai-Sept. Mo-Fr 10-17 Uhr, Sa/So 13-16 Uhr, Okt.-April Mo-Fr 10-16 Uhr, So 13-16 Uhr)

Barth

Das östliche Zugangstor zu Fischland-Darß-Zingst führt über die 10.000 Einwohner zählende kleine Stadt Barth. Da der Zugang bei Bresewitz über eine ampelgeregelte, einspurige Brücke führt, ist hier, trotz einer zusätzlichen Pontonbrücke von Mai-Okt., in den Sommermonaten mit Staus zu rechnen.

In Barth selbst ist die gotische **Marienkirche** (1325) mit ihrem weithin sichtbaren 87 m hohen Turm zu nennen. Der Turm ist besteigbar und bietet eine tolle Aussicht über den Bodden hinüber auf den Darß-Zingst und Hiddensee. Von den ursprünglich vier Stadttoren ist das **Dammtor,** ein Mitte des 14. Jh. errichteter 35 m hoher Torturm erhalten. Ein Rest der alten Stadtbefestigung ist der 10 m hohe **Fangelturm** (16. Jh.), ein mit Zinnen gekrönter, runder Wehrturm.

Das in einem historischen Bürgerhaus von 1780 untergebrachte Stadtmuseum zeigt Ausstellungen zu Schiffbau, Schiffahrt, Fischerei u.a.

Info

- **Barth-Information,** Markt 3, 18365 Barth, Tel. (038231) 2464; (Mai-Okt. Mo-Sa 10-12 u. 13-18 Uhr, Nov.-April Mo-Fr 10-12 u. 13-17 Uhr)

Unterkunft

- **Hotel Speicher,** Am Osthafen 2, Tel. 63300, Fax 63400 (4-Sterne-Haus im ehem. Hafen-Getreidespeicher; mit Weinkeller, Sauna, Dampfbad, Solarium, Boots-, Fahrradverleih)
- **Pommernhotel,** Divitzer Weg 2, Tel. 82000, Fax 82006 (neues, behindertengerechtes Hotel)
- **JH,** Donnerberg, Tel. 2843 (mit Zeltplatz)
- **Camping Bodstedt,** 2 km nordwestl. am Bodden, Damm 1, Tel. 4226 (ganzjährig geöffnet, Womo-geeignet, Bungalow-, Caravanverleih)

Museum

- **Museum der Stadt Barth,** Lange Str. 16, Tel. 81771 (Mo-Fr 10-12 u. 13-18 Uhr, Sa 9-12 Uhr)

Blick von Zingst nach Barth

August 1998:
11.-17. August 2003: Zeltpl. Altenkirch
30.-07. Aug/Sept. 2004: Haus Göhren,

©Tmv Foto: rh

Rügen und Hiddensee

Überblick

„Oh Land der dunklen Haine, / Oh Glanz der blauen See, / Oh Eiland, das ich meine, / Wie tut's nach Dir mir weh! / Nach Fluchten und nach Zügen, / Weit übers Land und Meer, / Mein trautes Ländchen Rügen, / Wie mahnst du mich so sehr!" Auch wenn man kein geborener Rügener wie der Verfasser dieser wehmütigen Verse, der bei Garz geborene *Ernst Moritz Arndt,* ist: Wer einmal auf Rügen war, wird sie mit dem Herz verstehen.

Wie soll man Rügen beschreiben? Rügen ist mit einer Gesamtfläche von 926 km² die größte Insel Deutschlands. Die Gesamtlänge ihrer Küstenlinie mißt 570 km, die größte Ausdehnung von Ost nach West 43 km, die von Nord nach Süd 49 km. Kein Ort ist mehr als 7 km vom Wasser entfernt. Auf der Insel wohnen rund 90.000 Menschen.

Mit solchen statistischen Zahlen erfährt man durchaus etwas über die Insel, aber um die Schönheit, den Reiz, die Seele Rügens zu erfassen, bedarf es weit mehr. Auch weit mehr, als dieses Büchlein leisten kann. Rügen muß man selbst, hautnah und unmittelbar erleben, um ihm gerecht werden zu können.

Rügen, dessen Umriß einem freundlichen Gespenstlein ähnelt, das in den Wellen der Ostsee flattert, ist ein Fleckchen Erde, das mit allem aufwartet, was die nordische Küste an Natur- und Landschaftsformen anzubieten hat. Was hier Wind, Wellen, Gezeiten und Strömungen im Zusammenspiel hervorgebracht haben, das ist wahrlich ein Meisterstück. Wilde, zerklüftete Steilküsten, von schwerer Brandung erschüttert und oft sturmumtost. Kilometerlange Nehrungen mit goldgelben Badestränden, weiße Felsen in grünem Wasser, abgeschiedene Seen und dunkle alte Wälder. Stille Buchten, urwüchsige Moore, schattige Haine, trockene Heidelandschaft, verwoben mit der zerlappten Küstenlinie. Turbulente, traditionsreiche Seebäder mit ihrer mondänen, nostalgischen Bäderarchitektur der *Belle Epoque* und winzige, abgeschiedene Fischerdörfchen mit ihren geduckten Rohrdachkaten. Mittelalterliche Dorfkirchen und prächtige Jagdschlösser, steinzeitliche Großsteingräber und slawische Burgwälle. Uralte Alleen, die grünen Tunneln gleichen, und aufragende Leuchtfeuer. Kleine Fischerhäfen, in denen von alters her Hering angelandet wird, und große Fährhafen. Und durch die schönsten Inselteile schnauft und tutet der legendäre *Rasende Roland,* eine historische Schmalspurbahn.

Nicht umsonst ist Rügen so etwas wie ein Synonym der deutschen Romantik geworden, jener

072omv Foto: rh

Sehnsucht nach dem Einfachen und Reinen, dem Bäuerlichen und Heimatverbundenen, der großen Mutter Natur, die den Menschen in sich aufnimmt. Untrennbar mit der Insel ist der Name *Caspar David Friedrich* verbunden, der mit seinen Rügenbildern die Schönheit der Insel bekannt machte und dem unzählige Malerkollegen und Vertreter der Kulturwelt folgten.

Seit es Ende des letzten Jahrhunderts in Mode kam, in die Sommerfrische zu reisen, ist die Insel Rügen eines der meistbesuchten Ziele. Zuzeiten der DDR war es für ihre Bürger geradezu ein Lebensziel, einmal einen Ferienschein für Rügen zu ergattern. Auch im vereinten Deutschland hat die Anziehungskraft Rügens nichts verloren. In den Sommermonaten wälzt sich ein mächtiger Besucherstrom über den Rügendamm auf die Trauminsel. Dann ist Rügen weitgehend ausgebucht. Was für die Gewerbetreibenden durchaus ein Segen ist, ist für die landschaftliche Schönheit, für die unverbaute und intakte Natur Rügens eine große Gefahr. Jeder Rügenfahrer sollte mit seinem Verhalten und seinen Ansprüchen dazu beitragen, daß Rügens Natur auch für die kommenden Generationen erhalten bleibt. Überzogene Komfortwünsche nach luxuriösen Hotelressorts mit Pool, nach Ferienvergnügungsparks in Kunstnatur bedrohen die in den Jahrzehnten des Sozialismus weitgehend unbeschädigt gebliebene Insel. Schon muß der Verein *Insula Rugia,* der um den Erhalt der rügenschen Heimat kämpft, gegen Golfplätze, Urlaubersiedlungen in Schutzgebieten und andere verheerende Projekte kämpfen. Die mächtige Tourismusindustrie steht jedenfalls entlang der gesamten Ostseeküste Mecklenburgs und Vorpommerns Gewehr bei Fuß, um jeden Kundenspleen sofort in Beton zu gießen. Jeder Rügenfahrer ist mitverantwortlich, ob das Kleinod zum zementierten Vergnügungsviertel mit Meerblick degeneriert oder das bleibt,was es heute noch ist – die Perle der deutschen Ostseeküste.

Landschaft

Schon ein Blick auf die Landkarte zeigt, wie vielgestaltig Rügen ist. Die Insel besteht eigentlich aus einer ganzen Reihe von Inselkernen und Eilanden, die durch kilometerlange Sandnehrungen miteinander verbunden sind. Die Küstenlinie ist derart stark zerlappt und zergliedert, daß sich mit den Buchten, Landzungen, Bodden, Wieken und Nehrungen fast 600 km Küste ergeben. Meer und Land sind auf das Innigste miteinander verwoben, so daß *Max Dreyer* 1924 beim Anblick des Mönchguts begeistert feststellte: *„Nur ein Gestade gibt es auf der ganzen Welt, das diesem ähnlich ist, so zerklüftet, mit so wunderbar wechselnden weichen und scharfen gerissenen Linien, und ebensolche Zwiesprache hält mit dem Himmelslicht: die griechische Küste."*

Doch nicht nur die Küste, sondern auch die Landschaft Rügens ist höchst vielgestaltig. **Westrügen** ist flach und um den Hauptort Bergen hügelig. Diese Region wird überwiegend landwirtschaftlich genutzt. Hier fühlt man sich stark an das Mecklenburger Binnenland erinnert. Im Norden auf **Jasmund** und **Wittow** steigt die Landscholle bis auf 160 m an, um in der Stubbenkammer mit ihren berühmten Kreidefelsen und am Kap Arkona als steiles Kliff abrupt ins Meer abzufallen. Die schmalen Landbrücken **Schmale Heide** und **Schaabe,** die Jasmund, den Balkon Rügens, und Wittow, das Windland, mit dem „Muttland", dem Inselkern, verbinden, sind Strandwälle aus Sand, Kies und Feuersteinknollen, die erst im Laufe der letzten Jahrtausende von der Meeresströmung geboren wurden. Hier findet man lichte Kiefernwälder, Feuersteinfelder und Badestrände, die ohne Frage die Note 1 verdienen. Ganz außergewöhnlich präsentiert sich das **Mönchgut** mit seiner besonders zerlappten Küstenlinie. Die sanften Höhenrücken der trockensten Region Rügens bedecken Wacholder- und Ginsterheiden und mage-

Tracht (Mönchgut)

rer, aber intensiv duftender Trockenrasen. Die Niederungen sind Salzwiesen oder sumpfige Rohrschilffelder, auf denen die „Dachziegel" für die Katen geerntet werden. Die Außenküste mit ihrem kilometerlangen Strand und der besonders starken Brandung ist ein Mekka der Surfer.

Vor der Küste Rügens liegen die Kronjuwelen der Königin Ostsee im Wasser. *Erich Honeckers* und Co. ehemalige Privatinsel, der kleine, aber atemberaubend schöne **Vilm,** der allerdings nur im Rahmen einer Führung betreten werden darf. Und das *Söte Länneken,* die autofreie Insel **Hiddensee,** Traum- und Sehnsuchtsziel aller Ostseefahrer.

Stralsund

Das Tor zu Rügen

„Meerstadt ist Stralsund, vom Meere erzeugt, dem Meere ähnlich. Auf das Meer ist sie bezogen in ihrer Erscheinung und in ihrer Geschichte", bemerkt die Schriftstellerin *Ricarda Huch. „Die Stralsunder richteten sich auf der Insel ein, wie auf einem Schiff, dessen Masten die Kirchtürme waren, überraschend hoch, weithin sichbar in der Wildnis des Meeres."*

Nähert man sich Stralsund, so künden bereits von Ferne die gewaltigen Türme der drei Stadtkirchen von der einstigen Macht und dem Reichtum der Hafenstadt. Die historische Altstadt liegt wie eine Insel zwischen den Wassern des Strelasundes und des Greifswalder Boddens. Die verkehrstechnische Schlüsselposition, der geschützte Hafen und der Umstand, daß seit alters her der kürzeste und sicherste Zugang nach Rügen bei Stralsund lag, bescherte der Hansestadt großes Ansehen, viel Macht und Reichtum, aber auch viel Neid, Mißgunst und Krieg. Denn *„wer Stralsund hat und (damit) Rügen, der hat die Ostsee",* stellte schon 1632 der schwedische Reichstag fest. Und zur

Blütezeit der Hanse war die Beherrschung der Ostsee sozusagen die Lizenz, Geld zu drucken. Der ungeheure Wohlstand, den die Hanse in die Taschen der Stralsunder Kaufleute und Händler spülte, spiegelt sich in den Häusern der mittelalterlichen Altstadt wider. Von wehrhaften Stadtmauern und Toren umschlossen, reihen sich an

Im niedlichen Lotsenhaus wohnt heute das Hafenamt

1 Schill-anlagen
2 Boots-verleih
3 Theater
4 Knieper-Tor
5 Weiße Flotte
6 Alte Wache
7 Dielenhaus
8 Wulflam-Haus
9 Scheele-Haus
10 Kütertor
11 JH
12 Kampischer Hof
13 Meeres-museum
14 Kulturhistor. Museum
15 Speicher
16 „Schiffer-compagnie"
17 Weingarten-bastion

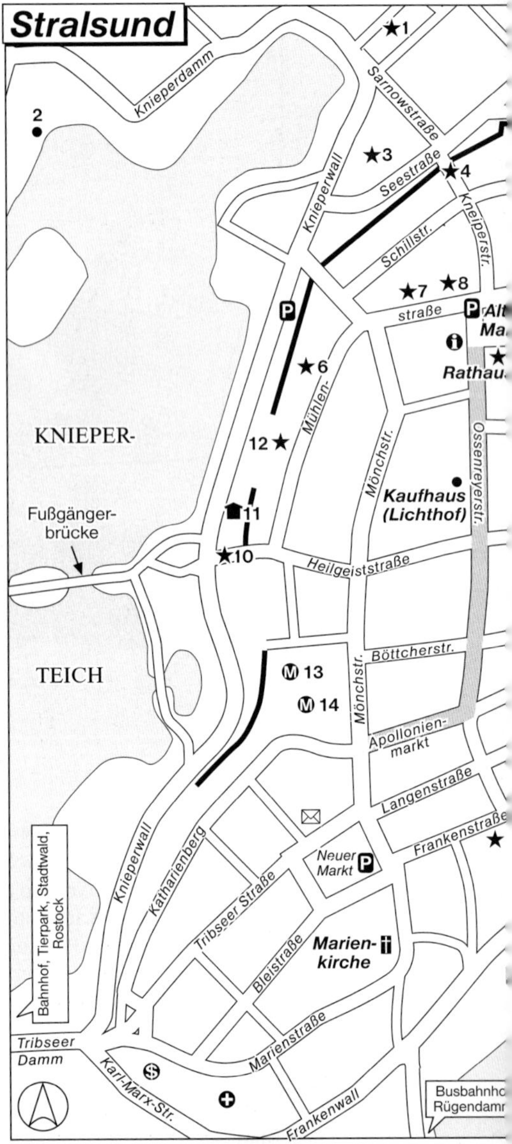

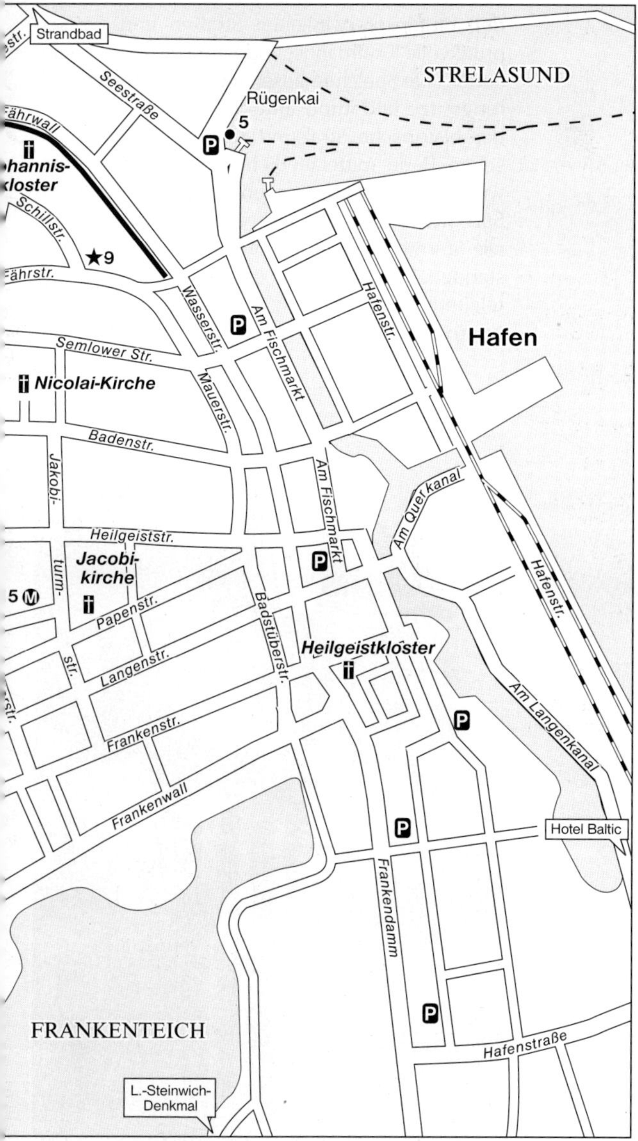
Strandbad
Seestraße
Rügenkai
5
STRELASUND
Fährwall
Schillstr.
★9
Fährstr.
Wasserstr.
Am Fischmarkt
Hafenstr.
Hafen
Semlower Str.
Nicolai-Kirche
Mauerstr.
Badenstr.
Jakobi-
Am Querkanal
Heilgeiststr.
Jacobi-
kirche
turm-
str.
5
Papenstr.
Badstüberstr.
Heilgeistkloster
Langenstr.
Am Langenkanal
Frankenstr.
Frankenwall
Hotel Baltic
Frankendamm
FRANKENTEICH
Hafenstraße
L.-Steinwich-
Denkmal

den engen, verwinkelten Straßen und Gassen prunkvolle Kaufmanns- und Patrizierhäuser aneinander. Alte Speicherhäuser, repräsentative Verwaltungssitze und imposante Sakralbauten machen das historische Stralsund zu einer architektonischen Perle mittelalterlichen Städtebaus. Auch wenn die Bausubstanz unter der berüchtigten SED-Städtebaupolitik schwer gelitten hat, hat sie alle Stürme der Zeit fast ohne Totalverluste überstanden. Die Altstadt mit ihrer geschlossenen mittelalterlichen Bebauung soll nun zum Weltkulturerbe der Menschheit erklärt werden.

074omv Foto: rh

Geschichte

Der kometenhafte Aufstieg vom winzigen Fischerdorf zu der neben Lübeck mächtigsten Hansestadt beginnt im Jahre 1203. In diesem Jahr gründet der Rügenfürst *Jaromar I.* neben dem Fischerdorf eine neue Siedlung für deutsche Kaufleute und nennt sie *Stralow*. Sein Nachfolger *Witzlaw I.* verleiht dem Handelsplatz schon 1234 das Stadtrecht, mit dem weitreichende Vergünstigungen wie die Zollfreiheit und das Fischereirecht verbunden sind. Die überaus günstige Lage am Strelasund und die massive Förderung durch die Rügenfürsten lassen die junge Stadt schnell gedeihen. Das mächtige Lübeck sieht einen mißliebigen Konkurrenten heranwachsen. Um sich die Pfründe zu sichern, überfallen die Lübecker 1249 Stralsund und zerstören es. Seine immer bedeutender werdende Rolle im Ostseehandel können sie damit aber nicht verhindern. So schließen sie sich 1278 zum gemeinsamen Wohle im Bund der Hanse zusammen. Das einflußreiche Kartell versteht es, durch Gründungen von Stützpunkten im gesamten Ostseeraum die Handelsrouten unter seine Kontrolle zu bringen. Stralsund steigt nach dem Ausschalten seiner größten Widersacher, den Dänen, nach Lübeck zur bedeutendsten Hansestadt auf.

Mit dem Niedergang der Hanse sinkt auch Stralsunds Stern. 1628 marschiert *Wallenstein* auf Stralsund zu und will die strategisch wichtige Stadt erobern. *„Und wenn die Stadt mit Ketten an den Himmel gebunden wäre, ich will sie herunterholen“,* soll er geschworen haben. Doch die Stralsunder können sich, unter ihrem Bürgermeister *Steinwich* vereint und von schwedischen Truppen unterstützt, erfolgreich gegen die Belagerung wehren. Doch nun fordern die Schweden die Belohnung für ihre Hilfe. 1648 wird im Westfälischen Frieden ganz Vorpommern und Stralsund den Schweden zuerkannt. Es bleibt, mit kurzen Unterbrechungen, bis zum Wiener Kongreß 1815 schwedisch. Die lange Schwedenzeit hat in der Stadt viele Spuren hinterlassen.

1807 fällt Stralsund im Zuge der napoleonischen Eroberungskriege den Franzosen in die Hände, wird aber 1809 von dem draufgängerischen Freiheitskämpfer *Ferdinand von Schill* im Husarenstreich befreit. Doch nach wenigen Tagen gelingt es den Dänen und Holländern, das Schillsche Freiheitscorps zu schlagen und Stralsund zu besetzten. *Schill* fällt in den Kämpfen, wird aber von den patriotischen Einwohnern als Held verehrt. *„So ziehet der tapfere, mutige Schill, / Der mit den Franzosen sich schlagen will. /*

Die mittelalterliche Altstadt Stralsunds soll zum „Weltkulturerbe der Menschheit“ erklärt werden.

Ihn sendet kein Kaiser, kein König aus, / Ihn sendet die Freiheit, das Vaterland aus", besingt *E. M. Arndt* den kühnen Patrioten, an den heute ein Denkmal erinnert.

Ein wichtiges Datum für die jüngere Geschichte der Stadt ist der Bau des Rügendamms 1931-36, der die Insel erstmals direkt mit dem Festland verbindet. Mit der Eröffnung der Zugstrecke via Saßnitz nach Schweden wächst die Bedeutung Stralsunds als Handelsdrehscheibe wieder.

Sehenswertes

Um es gleich vorwegzunehmen: Die Altstadt Stralsunds ist ein kulturhistorisches Kleinod, das eine solche Fülle an Sehens- und Erwähnenswertem bietet, daß es an dieser Stelle nicht in erschöpfenden Maße gewürdigt werden kann. Wer nach Stralsund kommt, der sollte also genügend Zeit und Muße mitbringen, um sich durch die Gassen und über die Plätze des historischen Zentrums treiben zu lassen und die kleinen, unerwähnten Schönheiten dieser mittelalterlichen Hafenstadt zu entdecken. Daß eine mittelalterliche Stadtanlage nicht den Bedürfnissen des heutigen Individualverkehrs entspricht, sollte sich eigentlich von selbst verstehen. Um das romantische Flair und die einnehmende Aura des alten Stralsund zu bewahren und um Gebäude und Bewohner zu schonen, parke man auf einer der großen Stellflächen, die in genügender Zahl unmittelbar am Rande der Altstadt zur Verfügung stehen.

Vom Parkhaus Weingartenbastion am Knieperteich erreicht man nach wenigen Schritten den **Neuen Markt,** an dem sich mit beeindruckender Wuchtigkeit die größte der drei Stralsunder Stadtkirchen, die **Marienkirche** (Mo-Sa 10-17 Uhr, So 11.30-17 Uhr), erhebt. Mit ihrem 100 m langen und 32 m hohen Schiff ist die im 14. Jh. errichtete Kirche eine der größten Backsteinkirchen Norddeutschlands und das Hauptwerk der niederdeutschen Backsteingotik. Finanziert hat den Bau die aufstrebende Stralsunder Handwerkerzunft. Mit der Größe und insbesondere der Turmhöhe woll-

ten die Handwerker die Konkurrentin, die Kaufmanns- und Ratskirche am Alten Markt, für jedermann sichtbar übertrumpfen. Wer es auf sich nimmt und den 104 m hohen Marienkirchturm ersteigt, wird mit einem herrlichen Rundblick über die Stadt und den Sund belohnt. Neben der Kirche steht die achteckige **Apollonienkapelle,** die 1416 als Sühnebau errichtet wurde. Beim „Papen-

Die Marienkirche am Neuen Markt

brand am Sunde" hatten sich die Bürger nach vorhergegangenen Plünderungen unter geistlicher Führung drei Pfaffen geschnappt und auf dem Markt angezündet.

Vom Neuen Markt geht die **Mönchstraße** ab. Der Straßenzug hat weitgehend seinen historischen Charakter bewahrt. Eine ähnlich geschlossene Bebauung mit prachtvollen Patrizierhäusern aus Gotik, Barock, Renaissance und Klassizismus besitzen auch die Fähr-, Schill-, Mühlen-, Baden-, Külp- und Knieperstraße. Die Mönchstraße führt, am Museum für Meereskunde und Fischerei und am Kulturhistorischen Museum vorbei, Richtung Alter Markt und Rathaus. Auf dem Wege dorthin erblickt man durch die Heilgeiststraße das **Küter-tor** (1466), eines von zwei erhaltenen der einst elf Stadttore. Küter nannte man früher die Fleischer und Schlachter. Beim Kütertor steht auch die **Alte Wasserkunst,** die zwischen 1680 und 1894 die Stadt mit Wasser versorgte.

Rathaus

Der **Alte Markt** ist nicht nur das historische Herz Stralsunds, sondern auch sein architektonischer Mittelpunkt. Das Ensemble, das den Markt umschließt, zählt zu den schönsten Anlagen im Norden Deutschlands. Dominant erhebt sich die filigrane Schmuckfassade des **Rathauses,** des Wahrzeichens Stralsunds, am Platz. Das Gebäude, im Kern ursprünglich als Kaufhaus errichtet, ist ein buntes Durcheinander an Stilen und Epochen. Seine ältesten Teile datieren von 1278. Die großartige Schaufassade, die das Rathaus zu einem der schönsten Profanbauten Nordeuropas macht, soll einst mit Lösegeldern finanziert worden sein, welche die von den Bürgern im nahen Hainholz gefangenen Fürsten für ihre Freilassung entrichten mußten. Sie sollte einen direkten Konkurrenten,

Das Rathaus am Alten Markt kann sich mit seiner Schaufassade mit dem in Lübeck messen.

die Hansestadt Lübeck, deren Rathaus über eine ähnliche üppige Schmuckfassade verfügt, ausstechen. Die Lübecker, mit den Stralsunder Hansebrüdern eh in permanente Eifersüchteleien verstrickt, reimten auf den Versuch gehässig: *„Dat Stralsunner Rathus is as sinne Kinner, hoch hinaus und nix dahinner."* Das „nix dahinner", das durch die Durchbrechungen des Giebels einfallende Licht, wird so manchen Hobbyfotografen mit der Belichtung zur Verzweiflung bringen. Der von Säulen getragene Rathausdurchgang verbindet seit 1680 zwei ehemals getrennte Gebäude. In der

076omv Foto: rh

077omv Foto: rh

Galerie erblickt man die Büste von Schwedenkönig *Gustav Adolf II.* Auch das neben dem Rathaus stehende klassizistische *Commandanten-Hus* erinnert an die Herrschaftszeit der skandinavischen Nachbarn. Es ist die ehemalige **Schwedische Stadtkommandantur.**

Hinter dem Rathaus erhebt sich die **Nikolaikirche** (Di-Fr 10-16 Uhr, Sa 10-12 Uhr, So 11.30-12 Uhr). Sie ist dem Schutzpatron der Seefahrer, dem heiligen Nikolaus, geweiht. Dem 1270-1350 erbauten gotische Backsteingebäude diente (wie sonst) die Lübecker Marienkirche als Vorbild. Da es die Kirche der Ratsherren und Patrizier war, ließen diese sich bei ihrer Ausschmückung nicht lumpen. Die frisch renovierte Kirche glänzt mit einer prachtvollen Innenausstattung. Kostbarste Schätze sind beispielsweise der geschnitzte Hochaltar (15. Jh.), der Schneideraltar oder der Bergenfahreraltar. An den Arkaden des Mittelschiffs sieht man den Altar der Riemer-Innung, und hinter dem

Die „Unnütze Straße“ in Stralsund

Hochaltar hängt ein besonders wertvolles Stück, die Astronomische Uhr von 1360. Für die Kostbarkeiten der Nikolaikirche sollte man sich Zeit nehmen. Dann entdeckt man auch solche Nettigkeiten wie die Inschrift unter einem Keulenschwinger am Gestühl der Kramerkompanie. *„Dat ken Kramer ist, de blief da buten oder ick schla emp up de schnuten"*, wird da unmißverständlich darauf hingewiesen, wer hier Platz nehmen darf.

Dem Rathaus direkt gegenüber steht eines der schönsten Patrizierhäuser der Stadt, das **Wulflam-Haus.** Dieses spätgotische Giebelhaus verdankt Stralsund seinem ehemaligen Bürgermeister *Bertram Wulflam,* der es sich 1370 erbauen ließ.

Nördlich des Alten Markts liegt zwischen Schill- und Fährstraße das **Johanniskloster** (Mai-Okt., Mi-So 10-18 Uhr). Die Kirche des 1254 vom Franziskanerorden erbauten Klosters wurde 1624 bei einem Brand zerstört. Auch während der Bombenangriffe 1944 wurde das Kloster schwer getroffen. In 23jähriger Rekonstruktionsarbeit wurden wesentliche Teile der Anlage weitgehend originalgetreu wiederhergestellt. Die Fassaden der Kirchenruine dienen in den Sommermonaten als würdevolle Kulisse für Konzerte. Der stille, von einem kleinen Rosengarten geschmückte Innenhof, in dessen Mitte die nach dem Modell von *Ernst Barlach* gefertigte Bronzeplastik *„Pieta"* an das Elend des Krieges mahnt, strahlt eine ganz besondere, kontemplative Atmosphäre aus. Eine herrliche Oase der Ruhe, in der man sich vom Stadtrundgang erholen und seinen Gedanken nachhängen kann.

Ebenfalls vom Alten Markt führt die Knieperstraße schnurstracks zum **Kniepertor.** Das 1293 erstmals genannte und nach der Familie Knieper benannte Stadttor birgt einen Gedenkstein, der an den treuen Kampfgefährten *Ferdinand von Schills,* den Schweden *Petersson,* erinnert. Dieser wurde an dieser Stelle von den Franzosen füssiliert. Duchschreitet man das Kniepertor und geht ein Stück die Samowstraße entlang, erblickt man

rechter Hand eine kleine Grünanlage, die das **Schill-Denkmal** umrahmt. Das Grab des verehrten Draufgängers liegt übrigens auf dem verwilderten St.-Jürgens-Friedhof in der Kniepervorstadt (vom Denkmal ca. 10 Min. zu Fuß).

Die Ruine des Johannisklosters

Das Scheele-Haus

Die Stelle, an der *Schill* am 31.5.1809 im Kampfe fiel, kennzeichnet eine in den Bürgersteig eingelassene Gedenkplatte in der Fährstraße 21. Nicht weit davon fällt ein architektonisches Kleinod ins Auge, das **Scheele-Haus.** Das Doppelhaus, das von polnischen Restauratoren vorbildlich saniert wurde, ist nach dem Entdecker des Sauerstoffs, *Carl Wilhelm Scheele,* benannt, der hier 1742 das Licht der Welt erblickte. Am Ende der Fährstraße tritt man unvermittelt aus der historischen Altstadt heraus und steht vor dem **Hafen am Strelasund.** Links sieht man die Anlegestelle der Weißen Flotte, die von hier aus zu Ausflugsfahrten startet. Auch die fahrplanmäßige Fähre hinüber nach Hiddensee und das Motorboot hinüber nach Altefähr auf der anderen Sundseite legen von dieser Stelle ab. Am Ufer lädt die **Sundpromenade** zu einem kleinen Spaziergang ein.

Stralsunds dritte Stadtkirche ist die **Jakobikirche** in der Böttcherstraße. Das im 14. Jh. zur Basilika umgebaute Gotteshaus diente zuzeiten des real

079omv Foto: rh

ruinierenden Sozialismus als Baustofflager des Kirchenbauhofs. Was der Kirche immerhin ein dichtes Dach bescherte und sie somit vor dem weiteren Verfall rettete. Nun haben umfangreiche Restaurierungsarbeiten begonnen.

Wer etwas über die Arbeit der hanseatischen Kaufleute im Mittelalter erfahren will, sollte einen Abstecher in die Mühlenstraße machen. Hier steht das **Dielenhaus,** ein mittelalterliches Kaufmannshaus. Das gotische Giebelhaus ist ein typischer Vertreter eines sogenannten Wohnspeichers. Während der Kaufmann die untere Etage mit seiner Familie bewohnte, wurden auf den Speicheretagen die Produkte und Waren gelagert, die der Kunde dann im direkten „Kauf vor Augen" erstand. Heute wird das Speicherhaus für Ausstellungen genutzt.

Eine ganz besondere Stralsunder Institution liegt in der Frankenstraße, die vom Neuen Markt hinunter zum Hafen führt. Dort steht das Bruderschaftshaus der **Schiffercompagnie,** der 1488 gegründeten und ohne Unterbrechung bis heute aktiven Vereinigung der „Fahrenslüd". Seit mehr als 500 Jahren organisieren sich die „Schiffbrüder" in einer Art Selbsthilfeprojekt. Von Großer Fahrt heimgekehrt, nahmen sie hier Quartier. Die vielen Reiseandenken, die sie von ihren Weltreisen im Laufe der Jahrhunderte mit nach Hause brachten, sind nun in der Schiffercompagnie zusammengetragen und ausgestellt. Doch die Compagnie ist kein Museum, sondern ein aktiver Verein. Wenn über dem Portal die Vereinsfahne weht, dann tagen die 71 Seemänner, die heute Mitglieder sind.

Am Ende der Frankenstraße trifft man auf das **Heilgeistkloster.** Eigentlich war die 1256 erstmals urkundlich erwähnte Anlage nie ein Kloster, sondern ein von der Stadt gegründetes Siechenhospital. Das Hospitalgelände, einst als „kleine, in sich abgeschlossene Stadt mit sauberen Gängen und malerischen Häusern" beschrieben, wurde während der letzten 40 Jahre sich selbst überlassen und verfiel. Nun haben die Sanierungsarbeiten begonnen.

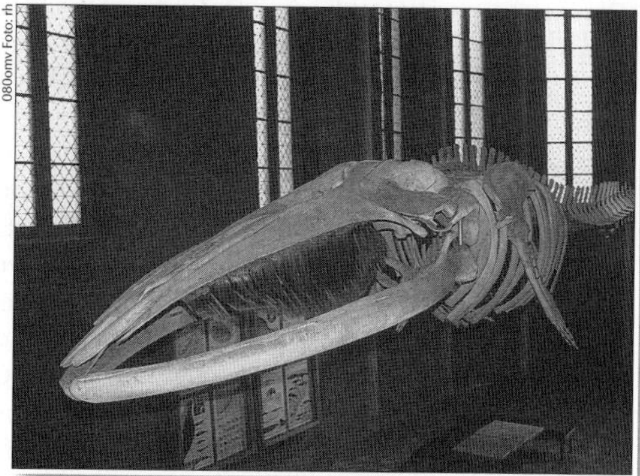
080omv Foto: rh

Museen

Zwischen der Mönchstraße und der Stadtmauer am Knieperteich erstreckt sich das Gelände des ehemaligen **Katharinenklosters.** Das 1251 geweihte Dominikanerkloster war eine der größten mittelalterlichen Klosteranlagen an der Ostseeküste. Es ist einer der wenigen fast vollständig erhaltenen Bauten seiner Art in Norddeutschland. Die altehrwürdigen klösterlichen Mauern dienen nun zwei über Stralsund hinaus bedeutenden Kulturtempeln als Heimstatt: dem Kulturhistorischen Museum und dem Meeresmuseum.

Das **Deutsche Meeresmuseum** ist in der ehemaligen Klosterkirche untergebracht. Der sehr gelungene Versuch, Backsteingotik und Museum architektonisch zu verbinden, ist schon allein für sich den Besuch wert. Mittelpunkt sind aber die interessant und originell gestalteten Ausstellungen zum Thema Lebensraum Meer (mit Schwerpunkt Ost-

Das Walskelett im Meeresmuseum

see) und Fischerei. Zu den Attraktionen zählt neben den großen Aquarien das 16 m lange Skelett eines Finnwals, der 1825 an der Westküste Rügens gestrandet war.

Das **Kulturhistorische Museum** ist ebenfalls in ehemaligen Klostergebäuden untergebracht. Es zeigt auf zwei Etagen Ausstellungen über die Geschichte Stralsunds und Vorpommerns, Sammlungen sakraler Kunst und mittelalterlicher Zunftgegenstände. Besonders interessant sind die umfangreichen ur- und frühgeschichtlichen Gegenstände, die man u.a. bei der Öffnung von Großsteingräbern auf Rügen fand. Nicht nur Kinder erfreuen sich an der großen Spielzeug- und Puppensammlung.

Der **Speicher,** eine Außenstelle des Museums in der Böttcherstraße, widmet sich ganz der Volkskunst und dem traditionellen Handwerk sowie der Lebensweise und dem Brauchtum der Bevölkerung vom Darß und dem Mönchgut auf Rügen.

Gleichfalls eine Außenstelle des Kulturhistorischen Museums ist das **Marinemuseum Dänholm** auf der Sternschanze. Es pflegt die Schifffahrtsgeschichte der Stadt, der Festung Stralsund und der Preußischen Marine, als deren Wiege der Dänholm gilt.

Info

- **Stralsund-Information,** Alter Markt 9, 18408 Stralsund, Tel. (03831) 24690, Fax 246949
e-mail: info-hst@t-online.de
(Mai-Sept. Mo-Fr 9-19 Uhr, Sa 9-14 Uhr, So 10-14 Uhr; Okt.-April Mo-Fr 10-17 Uhr, Sa 10-14 Uhr)

Unterkunft

- **Royal-Hotel Am Bahnhof,** Tribseer Damm 4, Tel. 295268, Fax 292650 in historischem Erkerhaus 8 Fußminuten zum Zentrum
- **Schloßparkhotel,** ca. 8 km nördl. in Hohendorf, Tel. (038323) 80638, Fax 81412 (prächtiges, von Schinkel gestaltetes 4-Sterne-Landschloß in 12 ha großem Park; mit feinem Restaurant, urigem Ritterkeller, Tennisplätzen und Reitmöglichkeit)
- **Hotel-Pension Klabautermann,** Am Querkanal 2, Tel. 293628, Fax 280612 (familiäre 5 Zi.-Herberge direkt am Hafenkanal mit Hafenkneipe, Zimmer mit Hafenblick, Ü/F 60-70 DM)

- **Hotel zur Post,** Tribseer Str. 22, Tel. 200500, Fax 200510 (neueröffnetes First-Class-Hotel am Neuen Markt gegenüber der Marienkirche, mit für die Kategorie zivilen Preisen, DZ 160,- DM, diverse gastronom. Einrichtungen, Sauna, Solarium)
- **Hotel Norddeutscher Hof,** Neuer Markt 22, Tel./Fax 293161 (mit Fischrestaurant)
- **Herwig's Hotel,** Heilgeiststr.50, Tel. 293954, Fax 266823 (mitten in der Altstadt)
- **Pension Zur Taucherbasis,** Dänholm, Am Alten Marinehafen 16, Tel. 297090, Fax 297099 (preiswerte Unterkunft mit Tauchschule)
- **Haus am Rügendamm,** Reiferbahn 29, Tel. 295051, Fax 295053 (preiswerte Unterkunft am Rügendamm)
- **JH**, Am Kütertor 1, Tel. 292160 (sehr günstige Lage in der Altstadt)
- **JH Devin**, OT Devin, Strandstr. 21, Tel. 490289 (ca. 8 km am Greifswalder Bodden, zu erreichen über Straße Richt. Greifswald, vor Teschenhagen links abbiegen)
- **Camping Altefähr**, Klingenberg 15, Tel. (038306) 75483 (April-Okt., Lage am Strelasund gegenüber Stralsund, Womo geeignet, Entsorgungseinrichtungen, Boots-, Fahrradverleih)

Gastronomie

- **Wulflamstuben**, Alter Markt 5, Tel. 291533 (regionale Gerichte und Spezialitäten im historischen Ambiente)
- **Zur Kogge,** Tribseer Str. 26, Tel. 703810 (traditionsreiches Lokal mit Kellerbar)
- **Torschließerhaus,** Am Kütertor 1, Tel. 293032 (im hist. Torschließerhaus, schöner Gastraum auf mehreren Ebenen, gute Küche)
- **Klabautermann,** Querkanal, Tel. 293628 (gemütliche Hafenkneipe mit maritimem Flair und Fischgerichten direkt am Kai)
- **Braugasthaus Zum Alten Fritz**, Greifswalder Chaussee 84-85 (an der B 96 Richt. Greifswald), Tel. 255500 (Erlebnisgastronomie in der erhaltenen Einrichtung der alten Brauerei. Hausgemachtes Brot, Spezialitäten der Brauerzunft und Region; großer Biergarten)
- **Brasserie Grand Café,** Neuer Markt 2, Tel. 703514 (angenehmer Treff mit Garten in der Fußgängerzone; ideal zum Spazierensitzen und schauen)

Museen

- **Deutsches Meeresmuseum,** Katharinenberg 14-17, Tel. 26500 (Juli/Aug. tägl. 9-18 Uhr, Sept.-Juni tägl. 10-17 Uhr)
- **Kulturhistorisches Museum,** Mönchstr. 25/27, Tel. 292180 (Di-So 10-17 Uhr)
- **Speicher,** Böttcherstr. 23, Tel. 293382 (Di-So 10-17 Uhr)

081omv Foto: rh

- **Marinemuseum Dänholm,** Sternschanze (Am Rügendamm), Tel. 297328 (Di-So 10-17 Uhr)
- **Schiffercompagnie,** Frankenstr. 9, Tel. 290449 (museales Vereinshaus, Mo-Fr 9.30-11.30 und 13-15.30 Uhr)

Aktivitäten

- **Theater,** Olof-Palme-Platz, Tel. 295491
- **Tierpark,** Barther Str., Tel. 293033 (tägl. 9-18 Uhr, im Winter bis 16 Uhr)
- **Weiße Flotte,** (Fähre nach Hiddensee), Fährstr. 16, Info-Tel. (0180) 3212120, Buchung Tel. 268116, Fax 268130 Internet: http://www.weisse-flotte.com (Fähre nach Hiddensee)

Eingang zur Schiffercompagnie

Rügendamm

Von Stralsund führt der 1936 eröffnete Rügendamm hinüber auf die vielbesuchte Insel. An dem Nadelöhr – lange Zeit der einzige und nach wie vor der wichtigste Zugang nach Rügen – muß besonders zu Reisezeiten mit längeren Staus gerechnet werden. Erschwerend kommt hinzu, daß die Ziegelbrücke ein Klappbrücke ist, die zeitweise, um große Schiffe durchzulassen, hochgeklappt wird. Eine Möglichkeit, die neuralgische Stelle zu umgehen, ist die wiedereröffnete Fähre zwischen Stahlbrode und Glewitz (ca. 20 km östlich von Stralsund).

Schließzeiten Ziegelgrabenbrücke: 2.30-2.50, 5.20-5.40, 11.20-11.40, 17.50-18.10, 21.30-21.50 Uhr)

● **Unterkünfte, Informationen: Tourist-Service Rügen,** direkt hinter der Brücke an der B 69,
Tel. (038306) 6160, Fax 61666 (alle touristischen Dienstleistungen; informieren, beraten, buchen)

Süd-Rügen

„Unbekanntes Mesoboddamien“ nennen spöttische Mäuler die Region Südrügen, die sich zwischen Kubitzer und Rügischem Bodden erstreckt und rund ein Viertel des *Muttlands,* des Inselkerns, bedeckt. Das wellige Südrügen ist überwiegend landwirtschaftlich genutzt und hat keine mondänen Seebäder vorzuweisen. Deshalb rauscht der Besucherstrom auch meist auf der Bäderstraße nonstop durch Rügens Süden. Wer aber nach Ruhe sucht, nach langen Spaziergängen an stillen, unverbauten Boddenufern, durch wogende Felder und pappelgesäumte Weiden in kleinen Bauerndörfern in der Schenke einkehren möchte, der ist hier ganz richtig.

Hauptort ist das dörfliche wirkende Städtchen **Garz** mit der slawischen Wallburg *Charenza* und dem Ernst-Moritz-Arndt-Museum. Dieser Sohn Rügens erblickte im nahen Weiler Groß-Schoritz das Licht der Welt. Die spektakulärste Sehenswürdigkeit der Region ist natürlich **Putbus,** die „Weiße Stadt am Meer“, die sich Fürst *Malte* repräsentativ auf die grüne Wiese bauen ließ.

Garz

Auf halber Strecke zwischen Altefähr und Putbus liegt Rügens älteste Stadt, Garz. Früher war das Landstädtchen der Mittelpunkt der Insel. Von der Hauptburg *Charenza* regierten die Slawenfürsten ihr Inselreich. Hier stellte *Witzlaw I.* im Jahr 1234 die Urkunde aus, die Stralsund das Stadtrecht verlieh. Garz selbst bekam diese im Jahr 1317.

Die mächtige **Wallburg Charenza,** in der einst den Gottheiten *Rugivit, Porenut* und *Porivit* gehuldigt wurde, liegt am südlichen Ortsrand. Auf dem Weg dorthin kommt man am **Ernst-Moritz-Arndt-Museum** vorbei. Es widmet sich dem Leben und Werk des Schriftstellers, Politikers und Patrioten, der sich vehement gegen das System der Leibeigenschaft einsetzte. Geprägt von den Idealen der Französischen Revolution, mußte *Arndt* nach der Veröffentlichung seines Buches *„Versuch einer Geschichte der Leibeigenschaft in Pommern und Rügen“* 1803 nach Schweden fliehen. In den Befreiungskriegen gegen *Napoleon* wird *Arndt* zur „neuen Stimme Preußens“. Nach der Niederlage des Korsen setzt er sich mit der Forderung *„Was ist des Deutschen Vaterland? Das ganze Deutschland soll es sein!“* für die Einheit des zerstückelten Deutschland ein. Während der Bürgerlichen Revolution 1848 zieht er als Abgeordneter der Nationalversammlung in die Paulskirche ein. 91jährig stirbt Arndt 1860 in Bonn.

Das Geburtshaus von E. M. Arndt

●**Info**: **Touristik-Information**, Thälmannstr. 1, 18574 Garz, Tel. (038304) 12107, Fax 86090
●**Unterkunft/Gastronomie: Hotel Am Wiesengrund**, Am Wiesengrund 23, Tel./Fax 347 (Neubau in ruhiger Lage, im Restaurant gutbürgerliche Küche)
●**Museum**: **Ernst-Moritz-Arndt-Museum,** In den Anlagen 1, Tel. 12212 (Di-Sa 10-12 + 13-17 Uhr)

Groß-Schoritz/Zudar

Von Garz führt ein schmales Sträßlein Richtung Bodden. In dem abgeschiedenen Weiler Groß-Schoritz sticht ein renoviertes, weiß gestrichenes altes Herrenhaus heraus. Es ist das **Geburtshaus von Ernst Moritz Arndt,** wo er als Sohn eines ehemaligen Leibeigenen am 26. 12. 1769 zur Welt kam. In dem Gebäude ist eine Arndt-Gedenkstätte eingerichtet.

Die Halbinsel Zudar ist vom Wasser des Schoritzer und Puddeminer Wiek fast vom Lande abgeschnürt. Nur ein schmaler Landstreifen verbindet die flache, fast baumlose Halbinsel mit dem Festland. In den Feldern liegen verstreut steinzeitliche **Hügelgräber.** Bei Zicker liegt ein kleines Wäldchen am Ufer, in dem sich ein Campingplatz verbirgt. Die Straße endet in Glewitz. Von hier ver-

082omv Foto: rh

kehrt die **Fähre Glewitz – Stahlbrode,** die eine gute Alternative für den oft überlasteten Rügendamm bietet.

Museum

• **E.-M-Arndt-Geburtshaus,** 18574 Groß-Schoritz, Tel. (038304) 515 (Diele tägl. 8-18 Uhr; Saal Mo-Fr 9-16 Uhr, Sa/So 10-16 Uhr)

Unterkunft

• **Camping Pritzwald,** Zudar, Tel. 758 (April-Okt., im lichten Kieferwald mit 700 m Sandstrand, Womo-geeignet)

Fähre

• **Glewitz – Stahlbrode**; Sommer tägl. 6-21.40 Uhr, Winter tägl. 7-18.45 Uhr, Info: Tel. (0161) 4407217

Putbus

„Sollten einige Handwerker und andere Genüge haben, sich hierselbst niederzulassen, so können Ihnen Hausplätze angewiesen werden. Es können jedoch nur Personen unterhandelt weden, die ordentliche Beweise eines ordentlichen und stillen Betragens beybringen können.“ Mit dieser Zeitungsannonce suchte Fürst *Malte* (1783-1854) Einwohner für seine neue Stadt, die er höchstselbst am Reißbrett entwarf und sich auf die Wiese stellen ließ. Übrigens meldete sich kein einziger Interessent darauf. Anlaß für den Bau von Putbus war die Erhebung des Grafen *Malte* in den Fürstenstand durch den Schwedenkönig *Gustav Adolf.* Und ein Fürst braucht nun mal einen repräsentativen Sitz.

Nach dem Vorbild von Heiligendamm entstand eine weitläufige klassizistische Anlage. Architektonisches Zentrum der Weißen Stadt ist der (viel zu groß geratene) **Circus,** eine kreisrunde, von repräsentativen Bauten gesäumte Anlage, in deren Mitte sich ein Obelisk erhebt. Vom Circus führt die Lindenallee schnurgerade zum Markt und Schloßpark hin. Am irgendwie auch zu groß geratenen Markt steht das klassizistische **Theater.** Seit seiner Eröffnung 1821 ist es der kulturelle Mittelpunkt von Rügen mit Oper, Operette, Konzert,

083omv Foto: rh

Musical und Schauspiel. Gegenüber dem Theater breitet sich auf 75 ha der **Schloßpark** aus, 1810-25 nach dem Vorbild englischer Landschaftsgärten angelegt. Am Eingang steht die **Orangerie**, in der eine Galerie und ein Café ihren Sitz haben. Im Schloßpark wachsen Büsche und Bäume, die der Fürst aus der ganzen Welt herbeischaffen ließ. Sein **Schloß** ist leider nicht mehr vorhanden. Nur die Reste der Pergola am Schwanenteich erinnert noch an den Standort der Fürstenresidenz. Die ließ die „Partei" 1962 sprengen. Im Park verstreut stehen viele Bauwerke, Denkmale und Denksteine. Das **Malte-Denkmal** findet man nahe der Kastanienallee. Nahe dem Circus lädt das reizvoll gelegene **Rosencafé** ein. Im Affenhaus zwischen Schwanenteich und Kastanienallee ist das **Rüganer Puppen- und Spielzeugmuseum** unterge-

Das Putbuser Theater ist seit 1821 der kulturelle Mittelpunkt Rügens.

bracht. Was viele Besucher zunächst für das Schloß halten, ist die **Schloßkirche.** Ursprünglich als Kurhaus erbaut, wurde der Bau 1892 zur Kirche umgestaltet. Hinter der Kirche liegt das 8 ha große Wildgehege, in dem Hirsche herumwandern. Wer einen solchen Geweihträger auch gerne als Braten mag, der begebe sich in die **Jägerhütte** am Südrand des Geheges. Dort gibt es im Forsthausambiente Wildgerichte. Ein beschaulicher Spaziergang durch das Parkidyll führt zu manch anderen Malteschöpfungen.

Die zweite große Attraktion von Putbus ist der **„Rasende Roland"**, der fahrplanmäßig zwischen Putbus und Göhren verkehrt (s. Kasten „Der Rasende Roland").

Info

- **Putbus-Information,** Circus, 18581 Putbus, Tel. (038301) 431, Fax 292 (unklare Öffnungszeiten)

Unterkunft

- **Pension Forsthaus Gremmin,** Am Wildgehege, Tel. 61972 (preiswerte Herberge in ruhiger Lage)
- **Hotel Koos**, Bahnhofstr. 7, Tel./Fax 278 (mit Kegelbahn und Restaurant)

Gastronomie

- **Rosencafé,** im Schloßpark, Tel. 449 (ital. Küche in der **Villa Löwenstein,** in der einst Bismarck die Verfassung des Norddeutschen Bundes ausarbeitete)
- **Jägerhütte,** am Tierpark, Tel. 510 (Wildspezialitäten im Fosthausambiente)
- **Zur Remise,** im Marstall, Tel. 820 (schön im Schloßpark gelegen, mit Café und Biergarten; Literatur- und Musikabenden)
- **Am Circus,** Circus 12, Tel. 61992 (Restaurant / Café im hist. Gebäude, von der Terrasse Blick auf den Bodden)

Museen

- **Rügener Puppen- und Spielzeugmuseum,** Affenhaus, Tel. 60959 (April-Okt. tägl. 10-17 Uhr, Nov.-März Sa/So 11-16 Uhr)
- **Hist. Uhren- und Musikgeräte-Museum,** Alleestr. 13, Tel. 60988 (Neueröffnung Mai 99)
- **Ausstellungszentrum Orangerie,** Am Park 7, Tel. 745 (Mai-Sept. tägl. 11-18 Uhr, Okt.-April. Di-So 11-16 Uhr)

Theater

- Markt 13, Tel. 8080, Fax 80838 (Besucherservice tägl. 9-17 Uhr

Der „Rasende Roland"

Von Putbus auf der Insel Rügen dampft der *Roland* – eine 1895 eröffnete Schmalspurbahn – durch die Granitz, zu den Seebädern Binz, Sellin, Baabe und Göhren. Mit einer Geschwindigkeit von bis zu 30 km pro Stunde (immerhin doppelt so schnell wie etwa die Zittauer Bimmelbahn) rauscht er durch die reizvolle Landschaft Rügens, was ihm auch den Beinamen der *„Rasende"* eingetragen hat. An der Steilstrecke die Südflanke der Granitz hinauf (1:50) hat er tüchtig zu schnaufen. Das drückt den Schnitt, so daß der *Roland* für die 24 km eine gute Stunde braucht. Nach dem Krieg, als wegen Kohlemangel mit – oft feuchtem – Holz gefeuert werden mußte, war diese Steigung nur mit einem ordentlichen Anlauf zu bewältigen.

Rund 2000 Fahrgäste pro Tag befördert der *Rasende Roland.* Im Sommer fahren in jeder Richtung sieben Züge, im Winter reichen fünf. Der erste Zug geht schon morgens um fünf Uhr am Bahnhof Göhren ab, der letzte fährt zwischen 21 und 22 Uhr in Putbus ab. Ein Tip für Fotofreunde: Wenn man den *Roland* in voller Fahrt ablichten möchte, stellt man sich am besten auf die Wiese des Jagdschlosses Granitz und wartet ihn ab, wenn er aus Richtung Göhren kommt. Aus Richtung Putbus kommt die Lok immer rückwärts.

● **Info: Rügensche Kleinbahn GmbH & Co,** Binzer Str. 2, 18581 Putbus, Tel. 8010, Fax 80115

084omv Foto: rh

Lauterbach und Insel Vilm

Eine herrliche Lindenallee führt von Putbus hinunter an den Bodden zum kleinen Fischerhafen **Lauterbach.** Etwas außerhalb des Ortes liegt der landschaftlich sehr reizvolle, buchenbestandene Goor. Am Rande des herrlichen Buchenwaldes leuchtet das **Badehaus Goor** weiß aus dem Grün. Das beeindruckende klassizistische Badehaus mit seiner 50 m langen, von 18 mächtigen dorischen Säulen getragenen Fassade ließ Fürst *Malte* 1818 errichten. Nun wird es zu einem Hotel mit Thermalbad umgebaut. Nicht versäumen sollte man einen Spaziergang am **Hochufer des Goor,** von dem sich schöne Aussichten über den Bodden hinüber zum Mönchgut und zur Insel Vilm eröffnen. Am Weg hinaus zum Goor weist ein Schild auf den **Semkors,** ein sehr schön erhaltenes steinzeitliches Großsteingrab, hin (300 m von der Straße).

Im Fischereihafen von Lauterbach kann man den Fischern bei ihrer Arbeit zuschauen und frischen Fisch erstehen. Einen Abstecher wert sind auch die benachbarten malerischen Fischerdörfchen **Neuendorf, Wreechen** und **Neukamp.**

085omv Foto: rh

Die große Besonderheit von Lauterbach ist jedoch die **Insel Vilm,** die in Sichtweite im Rügischen Bodden liegt. *„Ich kann sagen, ich habe kaum jemals wieder das Gefühl so ganz reinen, schönen und einsamen Naturerlebnis gehabt wie damals auf dem kleinen Eilande“*, berichtet der Dresdner Maler *Carl Custav Carus* 1819 in seiner *„Rügenreise“*. Das können wir ohne Abstrich nur unterstreichen. Das winzige Eiland ist von märchenhafter Schönheit und Anmut, eine „solch reiche, kräftige Urnatur des Nordens“, daß keine Worte sie beschreiben können. Man muß sie selbst erleben.

Dieses kleine Paradies blieb auch dem Ministerrat der DDR nicht verborgen. Obwohl die Insel bereits seit 1936 unter strengem Naturschutz stand, bauten sich die Herren ihre Ferienhäuser und eine große Antenne, um die Westprogramme sehen zu können, in das Kleinod. *Honeckers* Privatinsel war völlig abgeschirmt, schwer bewacht und deshalb dementsprechend legendenumwoben. Heute residiert in der Anlage die *Europäische Naturschutzakademie.* Der Vilm ist NSG und darf nicht betreten werden. Anlegen ist ebenfalls untersagt. Doch man braucht nicht auf das Erlebnis der bis zu 700 Jahre alten Bäume (seit 1538 wurde kein Holz mehr geschlagen) und einen Blick auf Honnis Strandtoilette zu verzichten. Im Rahmen einer fachkundigen Führung kann das Juwel besichtigt werden. Die Gruppen sind jedoch zum Schutze der einmaligen Natur des Vilms sowohl in ihrer Anzahl als auch in Teilnehmerzahl stark begrenzt. Voranmeldung ist obligatorisch!

Das Boot nach Vilm

• **Info u. Anmeldung „Insel Vilm":** Fahrgastreederei Lenz, Tel. 61896, Fax 61874 und am Infokiosk am Hafen (max. 30 Pers., Preis HS/NS Erw. 25.-/ 20.- DM, Kind 12,50 / 10.- DM)
• **Unterkunft: Hotel Clemens,** am Fischereihafen, Tel. 820, Fax 61381 (Neubau mit Boddenblick-Café-Terrasse);
• **Hotel Nautilus**, Dorfstr. 17, in Neukamp, Tel. 830, Fax 60860 (Hotelneubau, der Clou: das Restaurant ist Kapitän Nemos U-Boot Nautilus aus dem Roman von Jules Verne nachgebaut. Serviert werden Spezialitäten aus Nemos Kombüse)
• **Wreecher Hof,** in Wreechen, Tel. 850, Fax 85100 (schön gelegene, reetgedeckte 4-Sterne-Anlage der gehobenen Kategorie; mit Sauna, Solarium, Dampfbad, Schwimmbad; im Restaurant sehr gute regionale Küche)
• **Gastronomie: Schwarzer Bär,** am Fischerhafen, Tel. 216 (fangfrischer Fisch und leckere Bratkartoffeln)

Vilmnitz

Überaus malerisch steht die kleine mittelalterliche **Dorfkirche Maria Magdalena** auf einem Hügel. Nicht nur, weil hier Fürst *Malte* begraben liegt, lohnt sich der Abstecher dorthin. Im Sommerhalbjahr finden in dem Kirchlein jeden Donnerstag um 19.30 Uhr **Abendmusiken** statt, die sehr zu empfehlen sind (Info bei Putbus-Information).

Bergen

Rügens Hauptstadt

Ziemlich exakt in der geographischen Mitte der Insel liegt Bergen, Verwaltungszentrum, Hauptstadt und mit 17.000 Einwohnern Rügens größte Ort. *„In Bergen selbst ist nichts merkwürdiges",* stellte schon 1769 *Wilhelm von Humboldt* fest. Von der historischen Bausubstanz der nahezu 800 Jahre alten Stadt ist nicht viel zu sehen. Sie wurde bei vielen Stadtbränden nahezu gänzlich zerstört. *Gora,* also Berg, nannten die slawischen Bewohner ihren Ort, an dem 1193 ihr bekehrter Fürst

Jaromar I. ein Benediktinerkloster gründete, das 1230 die Zisterzienser übernahmen. Auch Bergen war Standort einer wichtigen Slawenburg, die oben auf dem Berg Rugard stand und von der aus, abwechselnd mit der Charenzaburg, das rügische Ranenreich regiert wurde. Größtes Problem der Stadt auf dem Berge war der Wassermangel. Deshalb wurde sie immer wieder von vernichtenden Stadtbränden eingeäschert.

Der Ernst-Moritz-Arndt-Turm

Das wichtigste der wenigen Bauwerke, die die Feuersbrünste überstanden, ist die **Marienkirche** (Mo-Fr 10-17 Uhr, Okt./April 10-11 und 14-15 Uhr, Nov./März auf Anfrage, Tel. 254222). Die 1185 von *Jaromar I.* erbaute gotische Kirche ist die älteste auf Rügen und zählt zu den bedeutendsten Denkmälern der dänisch-norddeutschen Backsteinarchitektur. Einmalig ist ihre im Kern vom Jahr 1200 datierende Ausmalung, die 1896 freigelegt und ergänzt wurde. Im Innenraum ist ein Standbild des Kirchenstifters *Jaromar* zu sehen. An der Außenmauer neben dem Hauptportal ist der sogenannte **Swantevitstein** eingelassen, ein slawischer Kultstein aus vorchristlicher Zeit mit dem Gesicht des Obergottes *Svantevit*. Im Klosterhof hinter der Kirche hat das **Stadtmuseum** seinen Sitz. Das älteste Haus Bergens ist ein schönes Fachwerkhaus am Markt. Die am Querbalken eingekerbte lateinische Jahreszahl berichtet von 1538 als Baujahr. Vom Markt führt die Vieschstraße hinauf auf den Rugard. Etwa 10 min. Fußmarsch, und man steht vor dem Wall der **Slawenburg Rugard.** In den Resten der Burg erhebt sich der **Ernst-Moritz-Arndt-Turm.** Der 27 m hohe Turm wurde zum Gedenken an *Arndts* 100. Geburtstag 1868 begonnen, konnte mangels Geld jedoch erst 1877 fertiggestellt werden. Den Entwurf stifteten „patriotische deutsche Architekten“, die Steine der wohlbekannte Fürst *Malte von Putbus,* und eine eigens für den Turm initiierte Lotterie brachte schließlich das nötige Bare. Der Weg hinauf lohnt sich unbedingt. Von dem Turm hat man einen der schönsten Blicke über die Insel (Mai-Sept. tägl. 10-18 Uhr).

Info

- **Touristen-Information,** Markt 11, 18528 Bergen, Tel. (03838) 256095, Fax 256096 (Juni-Sept. Mo-Fr 10-20 Uhr, Sa 10-14 Uhr; Okt.-Mai Mo-Fr 10-18 Uhr)

Unterkunft

- **Hotel Kaufmannshof**, Bahnhofstr. 6-7, Tel. 80450, Fax 804545 (zentral gelegen, mit historischem Interieur wie das Restaurant „Kontor“ mit alter Kaufmannsladeneinrichtung)

• **Hotel Sonnenhaken,** in Buschvitz, Grüner Weg 9, Tel. 8210 (mit Gourmetrestaurant und herrlichem Blick auf Jasmunder Bodden)

Gastronomie

• **Haxenhaus**, Störtebekerstr. 31, Tel. 254874 (ein Bayer auf Rügen; mal kein Fisch, sondern deftig bayrisches Essen)
• **Bibo Ergo Sum**, Markt 14, Tel. 252259 („Ich trinke also bin ich" – nomen est omen)

Museum

• **Stadtmuseum,** im Klosterhof, Tel. 252226 (Mo-Sa 10-12.30 Uhr und 13-16.30 Uhr)

Die Granitz

Bis zu 107 Meter steigt das hügelige Moränenland an, das sich zwischen Prorer Wiek, Strasower Bucht und dem Kleinen Jasmunder Bodden ausbreitet. Es wird Granitz genannt. Ein schmaler, verschilfter Wassergraben zieht die historische Grenze zum benachbarten Mönchgut.

Die Granitz ist eine der landschaftlich anmutigsten Regionen Rügens und mit ihren traditionsreichen Seebädern eine der meistbesuchten. Die lichten Buchenwälder, die die Hügel bedecken, sind das größte zusammenhängende Waldgebiet der Insel. Sanfte Wiesentäler durchbrechen den schattenspendenden Wald, aus dem auf der höchsten Erhebung, dem Tempelberg, das majestätische **Jagdschloß** des Fürsten *Malte* herausragt. Ein Netz von **Wanderwegen** durchzieht die Granitz und macht sie zum Wanderparadies. Bis unmittelbar an die Abbruchkante der steilen, gelb leuchtenden Kliffe reicht das satte Grün der Bäume. In den Wiesen und Feldern liegen steinzeitliche Gräberfelder wie die sehr gut erhaltenen **Großsteingräber** bei Lancken-Granitz. Durch die liebliche Natur schnauft der **Rasende Roland** auf seinem Weg nach **Binz,** dem bekanntesten und größten Badeort auf Rügen. Bis fast an den nördlichen Ortsrand des mondänen Seebades reicht die **Schmale Hei-**

de, eine kilometerlange Sandnehrung, heran. Mit ihrem Traumstrand ist sie ein echtes Badeparadies. Dort, wo die Landbrücke an Jasmund anschließt, liegt im Wald ein versteinertes Meer, das **NSG Feuersteinfelder.** Nach Rügen zu fahren heißt deshalb für viele, in die Granitz zu fahren.

Seebad Binz

Vor Westwinden geschützt, liegt Rügens Rimini touristisch ideal zwischen der Ostsee, den Wäldern der Granitz und der Schmalen Heide mit ihrem bis an den Horizont reichenden Strand. Wer anders als der spleenige Fürst *Malte von Putbus* könnte der Vater des bekannten Seebades sein. Er war es, der um 1825 die ersten Badekarren aufstellen ließ. Wegen seiner Lage abseits der Verkehrswege wollte das fürstliche Bad jedoch nicht recht gedeihen, obwohl *Malte* den Gästen sein prächtiges Jagdschloß als Logierhaus andiente. Das änderte sich erst, als 1895 die Schmalspurbahn eingeweiht wurde, die Binz mit Putbus verband. Auch ihren Bau betrieb übrigens Fürst *Malte,* obwohl er den Baubeginn nicht mehr erlebte. Mit dem Geld Berliner Bankiers wurden im großen Maßstab feine Hotels, prächtige Villen

087omv Foto: rh

und elegante Logierhäuser gebaut, die noch heute das Gesicht von Binz bestimmen.

Die Attraktion von Binz ist natürlich der endlose **Strand** in Verbindung mit einem lebenslustigen Ort, der nebst der höchsten Bettenzahl die höchste gastronomische Dichte sowie die meisten Vergnügungseinrichtungen auf Rügen vorweist. Wer einmal am schönen alten **Kurhaus** an der **Strandpromenade** saß und dem sommerlichen Treiben auf der Flanier- und Promeniermeile zugesehen hat, wird den Vergleich mit mediterranen Schaumeilen verstehen.

Eine Attraktion der besonderen Art ist das neu in der Galerie Jahreszeiten eröffnete 1. Deutsche Fälschermuseum, das Orginale à la Kujau von weltberühmten Gemälden versammelt und nicht nur an Regentagen den Besuch lohnt. Das Hotel **„Vier Jahreszeiten"** präsentiert im Binz Museum „Binz anno 1900".

Info

- **Kurverwaltung,** Heinrich-Heine-Str. 7, 18609 Binz, Tel. (038393) 30675, Fax 30676
  Internet: http:/www.ostseebad-binz.de;
  e-mail: kv-binz@t-online.de
  (Mai-Okt. Mo-Fr 9-18 Uhr, Sa/So 10-18 Uhr, Juni/Juli/Aug. bis 20 Uhr; Nov.-April Mo-Fr 9-16 Uhr, Febr.-April auch Sa 10-13 Uhr)
- **Fremdenverkehrsverein,** Paulstr. 2, Tel. 2783, Fax 2782
- **Zimmervermittlung,** Proraer Chaussee 3g, Tel. 33789, Fax 33790
  e-mail:zimmervermittlung_binz@t-online.de

Unterkunft

- **Hotel Zur Promenade,** Strandpromenade 46, Tel./Fax 2742 (direkt am Strand)
- **Strandhotel Lissek,** Strandpromenade 33, Tel. 3810, Fax 38130 (First class Hotel in romantischer Seebädervilla in der 1. Reihe; im Haus das Spezialitätenrestaurant „Fischmarkt")

Kurhaus am Strand – das traditionsreiche Seebad Binz ist das touristische Zentrum Rügens.

- **Hotel Vier Jahreszeiten,** Zeppelinstr. 8, Tel. 500, Fax 50430 (prächtige Bäderarchitektur in zentraler, ruhiger Lage mit umfangreichem Angebot; Wellnesslandschaft, Beautyfarm, Bibliothek/Kaminzimmer, Fahrradverleih und angeschl. Appartementhaus „Jahreszeiten"
- **Villa Sturmvogel,** Strandpromenade 4, Tel. 40140, Fax 401440 (allein und ruhig und doch zentral unweit der Seebrücke direkt am Fischerstrand gelegene Bädervilla mit tollem Blick auf Ostsee und Kreidefelsen Jasmund; mit Sauna, Solarium)
- **Villa Meeresgruß,** Margaretenstr. 19, Tel. 3820, Fax 38240 (bildschöne Villa im Bäderstil)
- **Villa Agnes,** Strandpromenade 4, Tel. 30752 (denkmalgeschützte Villa direkt am Strand)
- **Villa Seefrieden,** Schmachter-See-Str. 4, Tel. 32310, Fax 32311 (idyllisch am Schmachter See)
- **JH**, Strandpromenade 35, Tel. 32597
- **JH Prora**, in Prora, Tel. 32844
- **Camping Mobil-Camp,** in Prora, Proraer Chaussee, Tel. 2085, Fax 32624 (April-Okt., windgeschützte Waldlichtung, Entsorgungseinrichtungen, Fahrradverleih, 800 m zum Strand)

Gastronomie

- **Poseidon,** Lottumstr. 1, Tel. 2669
- **Strandhalle,** Strandstr. 5 (leckere Fischgerichte im bezaubernden, restaurierten Ambiente der Jahrhundertwende) (Fisch- und Wildspezialitäten, empfehlenswert)
- **Café Möwe,** Schillerstr. 2, Tel. 2355 (im Wiener Caféhausstil mit Stuckdecken)
- **Im Schwedischen Hof,** Sonnenstr. 1, Tel. 2549 (angenehmes Hotelrestaurant mit sehr guter skandinavischer und vorpommerscher Küche am offenen Kamin)
- **Villa Salve,** Strandpromenade 41, Tel. 2223 (gehobenes Hotelrestaurant mit franz. Koch; besonders gut: Meeresfrüchte; an der Cocktailbar des Hauses trifft sich die Inselprominenz)

Museen

- **1. Deutsches Fälschermuseum,** Margarethenstr.20, Tel. 13112 (tägl. 10-20 Uhr)
- **Hist. Binz Museum,** Zeppelinstr. 8, Tel. 500 (tägl. 10-20 Uhr)

Schmale Heide/Prora

Strand, Strand, Strand, so weit das Auge reicht. Entlang der gesamten Außenküste der Schmalen Heide zieht sich ein sehr breiter, feinkörniger Sandstrand hin. Dem Bilderbuchstrand folgt ein Streifen mit Dünen und Sandverwehungen. Lichter, in der Sonne harzig duftender Kiefernwald spendet willkommenen Schatten.

Bei **Prora** kann man eine Begegnung der besonderen Art machen. Hier hat die NS-Organisation *Kraft durch Freude* eine gigantomanische Ferienanlage im doppelten Wortsinn in den Sand gesetzt. Sie wurde nie fertiggestellt, und die „Volksgenossen", die sich hier in der Sonne aalen sollten, krepierten dafür in der afrikanischen Wüste und im russischen Winter. Eigentlich wollte hier *Wernher von Braun* sein Raketenversuchsgelände errichten, das dann bei Peenemünde auf Usedom entstand. Teile der monströsen Anlage dienten in der DDR-Zeit den Armeen des Ostblocks als Häuserkampfobjekt. Düstere Ruinen ragen nun unvermittelt fünf Stockwerke hoch aus der malerischen Heide. Über die spannende Geschichte des KdF-Seebads informiert in Block I das **Prora-NVA-Museum.** Es zeigt neben orginal eingerichteten KdF-Zimmern und NVA-Stuben zahlreiche Dokumente zu der Anlage. Einen Eindruck seiner monumentalen Dimensionen kann man sich an einem 18 m langen Proramodell im Maßstab 1 : 250 machen.

Ihm angegliedert ist das **„Jahrhundert des Wissens"**, ein Museum zum Anfassen, das sich als neuartiges Erlebnismuseum begreift. Auf drei Stockwerken werden in einzenen Themenräumen technische Errungenschaften der Menschheit wie die Schallplatte, Strom, Auto, Rakete, Radio u.a. sehr anschaulich erläutert.

Beim Bahnhof in Prora hat das **Eisenbahn- und Technikmuseum Rügen** eröffnet. Auf 4.000 überdachten Quadratmetern ist eine große Sammlung alter Lokomotiven, Lastwagen und Feuerwehrautos zu bestaunen.

Am Nordende der Schmalen Heide liegt im Kiefernwald das **NSG Feuersteinfelder**. Die Feuersteinknollenflächen sind ein in Europa einzigartiges Naturphänomen. Beim großen Parkplatz gibt eine Informationstafel Auskunft über ihre Entstehung und den Weg dorthin. In der geschützten Zone dürfen die Wege nicht verlassen werden. Achtung: Im Sommer gegen Mücken schützen!

Museen

- **Museum zum Anfassen / Prora-NVA-Museum,** Tel. 32640 (April- Okt. tägl. 10-18 Uhr, Nov.-März tägl. 10-15 Uhr)
- **Eisenbahn- und Technikmuseum,** Tel. 2366 (März-Okt. tägl. 10-17 Uhr).

Jagdschloß Granitz

Auf dem Tempelberg inmitten der schönen Granitz thront das **Jagdschloß Granitz.** Das schmucke Schlößchen mit seinen vier Ecktürmen und seinem mittigen Aussichtsturm ließ, wer sonst, der Fürst *Malte von Putbus* 1835-46 durch den Schinkelschüler *Steinmeyer* unter maßgeblicher Mitwirkung des Meisters errichten. In dem neu renovierten Schloß wurde inzwischen ein **Jagdmuseum** eingerichtet. Hauptgrund, auf den Tempelberg zu pilgern, ist jedoch die grandiose Aussicht, die sich vom Hauptturm über die Granitz bietet. Phantastisch! Die 154stufige Wendeltreppe, die nach oben führt, ist eine filigrane, durchbrochene Gußeisentreppe. Leicht Schwindelnde sollten besser nicht nach unten gucken!

088omv Foto: rh

Das Jagdschloß erreicht man von Binz aus problemlos zu Fuß. Auch mit dem *Rasenden Roland* gelangt man zum Tempelberg. Am Fuße des Berges liegt die Kleinbahnstation *Jagdschloß.*

● **Jagdmuseum und Aussichtsturm,** Tel. 2263 (April-Okt. tägl. 9-18 Uhr, Nov.-März Di-So 10-16 Uhr)

Ostseebad Sellin

„Sellin ist ein ausgedehntes Dorf und Gut, welches sich teils am See gleichen Namens, teils am Waldrande, den Ausläufern der Granitz erstreckt. Dieser Ort ist wegen seines schönen Strandes zur Anlage eines Seebades sehr geeignet", schrieb 1886 ein Rügen-Reiseführer. Sellin ist das zweite Seebad der Granitz. Es liegt am Steilufer, hoch über der See. Mit der Eröffnung der Schmalspurbahnverbindung 1895 stieg das Fischerdorf zur vielbesuchten Sommerfrische auf, in der sich besser Betuchte ihre prächtigen Villen im Bäderstil bauten. Auch die SED ließ sich hier ein luxuriöses Domizil, das *Cliff-Hotel,* errichten, in dem all das vorhanden war, was die Bevölkerung nur im Westfernsehen sah.

Die Flaniermeile Sellins ist die von schmucken alten Villen und Hotels gesäumte Wilhelmstraße. Der Boulevard führt schnurstracks bis zum Steilufer, wo die **Himmelsleiter** hinab zum 2,5 km langen, windgeschützten Badestrand führt. Dort strahlt nun wieder der Glanzpunkt des anmutig nostalgischen Seebads, die neu errichtete, 400 m lange und bildschöne **Seebrücke.** Zu diesem ihrem historischen, 1942 vom Eis zerstörten Vorbild mit Palmengarten, Kaiserpavillon und Balticsaal orginalgetreu nachempfundenen Schmuckstück kann man Sellin nur gratulieren. Sehr schön ist ein Spaziergang auf dem 6 km langen **Hochuferweg** zwischen Sellin und Binz.

Auch der Ortsteil **Moritzdorf** ist ein lohnendes Ausflugsziel. Zu dem wirklich bezaubernd am Bodden liegenden Dörfchen muß man, von Sellin her kommend, mit einer Fähre übersetzen. In Moritzdorf lädt die empfehlenswerte Ausflugsgaststätte **Moritzburg** zur Rast mit betörendem Blick über die verwobene Land- und Wasserlandschaft des Boddens ein.

Info

- **Kurverwaltung,** Warmbadstr. 4, 18586 Sellin, Tel. (038303) 161Fax 87205
Internet: http://www.ostseebad-sellin.de
e-mail: kv@ostseebad-sellin.de
(Mai-Okt. Mo-Fr 7.30-20 Uhr, Sa 14-18 Uhr, So 15-19 Uhr; Nov.-April Mo-Fr 7.30-17 Uhr, Sa 13-17 Uhr)
- **Tourist-Information,** Wilhelmstr. 40, Tel. 87305, Fax 86075; mit Zimmervermittlung
(Mai-Okt. Mo-Fr 9-19 Uhr, Sa 10-12 u. 14-16 Uhr, So 10-12 Uhr; Nov.-April Mo-Fr 9-18 Uhr, Sa 10-12 u. 13-16 Uhr)

Unterkunft

- **Cliff-Hotel,** Siedlung am Wald, Tel. 8484, Fax 8495, gebührenfrei Tel. (0130) 181010, (wenig schöner Bau, dafür mit dem Charme, dort zu wohnen, wo einst die SED-Politprominenz logierte. Ausgestattet mit allem, was man braucht – oder auch nicht)
- **Hotel Haus Sellin,** Wilhelmstr.9, Tel. 153, Fax 15599 (gehobene Herberge in bildschöner Bäderarchitektur)
- **Pension Tatjana,** Wilhelmstr. 28, Tel. 1450, Fax 14540 (Russisch auf Rügen; symphatisches Haus mit künstlerisch gestalteten Zimmern und sehr gastfreundlicher Betreiberin; mit Sauna, russ. Teestube und selbst von Hand gemachten, delikaten Speisen)
- **Hotel Moritzdorf,** im OT Moritzdorf, Dorfstr. 15, Tel. 186, Fax 18740 (kleines Hotel aus 3 entzückenden Reethäuschen in herrlich stiller Alleinlage direkt am Ufer; von der Terrasse toller Wasserblick, im Restaurant gute einheimische Küche)
- **Pension Ingeborg,** Wilhelmstr. 18, Tel. 291 (traumhaft schöne, alte Villa mit Holzveranden)
- **Haus Borussia,** Wilhelmstr. 36, Tel. 995 (entzückende Villa im Bäderstil, mit sehr günstigen Zimmerpreisen, familien- und reisekassefreundlich, Sauna, großer Garten mit Grill, 3 min. zum Strand.)

Gastronomie

- **Moritzburg,** im OT Moritzdorf, Tel. 25284 (Terrasse mit herrlicher Aussicht über das Mönchgut)
- **Fischerhütte,** im OT Moritzdorf, Tel. 86098 (gepflegte Atmosphäre im Fischerstil, gute Küche)
- **Destille,** Weißer Steg 12, Tel. 87604 („blumig blühendes" Spezialitätenrestaurant im Ambiente einer alten Apotheke; mit Pension)

Das Mönchgut

„Nun ist aber kaum etwas mehr geeignet, das Bedeutungsvolle der Linie so recht zur Empfindung und Anschauung zu bringen als das Studium solcher Küstengegenden", schreibt der Maler *Carl Gustav Carus,* der mit *C. D. Friedrich* 1819 durch Rügen reiste. *Max Dreyer* schwärmte 1924 von *„so wunderbar wechselnden weichen und scharf gerissenen Linien und solcher Zwiesprache mit dem Himmelslicht"*. Und *Ferdinand von Schill,* der 1842 über das Mönchgut streifte, stellte begeistert fest, *„daß auf den Höhen von Groß Zicker eine Seenlandschaft sich darstellt, wie sie die gerühmtesten Küsten des südlichen Italien nicht haben"*.

Das Mönchgut ist in jeder Hinsicht eine ganz besondere Landschaft. Die extrem zergliederte Küstenlinie mit weit vorspringenden Landzungen und tief ins Land drängenden Boddenbuchten ist von atemberaubender Schönheit und Anmut. Sanft ansteigende Höhen, überzogen mit duftendem Trockenrasen und Holunder- und Ginsterheide, machen das extrem niederschlagsarme Mönchgut zu Rügens Romantikzimmer. Schon 1803 schwärmte *Johann Jacob Grümbke* in seinem Buch *Streifzüge durch das Rügenland: „... zog ich in Gedanken eine gerade Linie von Putbus über Cirow nach Prora. Was jenseits derselben ostwärts liegt, ist das wahre Paradies von Rügen."* Eben diese Linie griff auch die letzte DDR-Regierung auf und wies die Region, die die gesamte Granitz und das Mönchgut umschließt, als **Biosphärenreservat Südost-Rügen** aus.

Auch historisch nahm das Mönchgut einen Sonderweg. Jahrhundertelang gehörte der Inselzipfel zum Kloster Eldena bei Greifswald. Die strengen Klosterregeln schränkten den Kontakt mit der „Außenwelt", dem restlichen Rügen, auf das Allernotwendigste ein. So konnte sich auf dem Mönchgut altes Brauchtum und Tradition besonders gut erhalten. Auch die kleinen Fischerdörfchen haben sich ihr traditionelles Gesicht mit geduckten, reetbedeckten Fischerkaten oft unverfälscht bewahrt. Nach wie vor fühlen sich seine Bewohner als Mönchguter und nicht als Rügener.

Ostseebad Baabe

Baabe ist das kleinste der vier Ostseebäder Binz, Sellin, Baabe und Göhren. Es liegt am Eingang zum Mönchgut. Der alte **Mönchgraben,** den das Eldenaer Kloster zwischen Bodden und Meer quer durch als Grenzmarkierung ausheben ließ, ist noch gut zu erkennen. Er verläuft unmittelbar vor dem Bahnhof Baabe.

Eine breite Allee führt zum steinfreien **Badestrand** und der **Strandpromenade,** auf der man bis ins benachbarte Göhren spazieren kann. Ein Unikum ist der Fährmann, der seit 35 Jahren auf den Ruf *„Fährmann hol över"* Gäste von Baabe über die Enge zwischen Selliner See und Having hinüber nach Seedorf rudert. Von Seedorf führt ein ungemein reizvoller Spazierweg zur empfehlenswerten Ausflugsgaststätte *Moritzburg.*

Info

- **Kurverwaltung** Fritz-Worm-Str. 1, 18586 Baabe, Tel. (038303) 1420, Fax 14299
Internet: http://www.wild-east.de/meckpomm/ruegen/baabe; e-mail: kv-baabe@t-online.de
(Mai-Sept. Mo-Fr 9-18 Uhr, Sa 9-12 Uhr; Okt.-April Mo-Do 9-12 u. 13-17 Uhr, Fr 9-12 Uhr)

Unterkunft

- **Villa Fröhlich,** Göhrener Weg 2, Tel. 86191, Fax 86190 (kleines Komforthotel in alter Bädervilla)
- **Villa Granitz,** Birkenallee 17, Tel. 1410, Fax 141444 (neu im Bäderstil erbautes kleines Hotel)

089omv Foto: rh

- **Feriendorf Siesta,** Am Fuchsloch 26, Tel./Fax 87410 (Ferienhaussiedlung mit Restaurant und Café, sehr preiswerte Übernachtungsmöglichkeit)
- **Camping Campingzentrum,** Tel. 87309, Fax 14299 (ganzjährig geöffnet, Lage im Küstenwald unmittelbar am Strand, Womo-geeignet, Entsorgungseinrichtungen, Fahrradverleih, FKK-Strand)

Gastronomie

- **Birkenhof,** Birkenallee 7, Tel. 86431 (gutbürgerliche Küche, mit Pension)
- **Binnen & Buten,** in Seedorf, Tel. 436 (direkt am Fischerhafen, von wo der Fisch ebenso direkt auf den Teller kommt)

Ostseebad Göhren

Göhren ist der größte Ort auf dem Mönchgut und mit seinen Museen auch der kulturelle Mittelpunkt. Es liegt landschaftlich besonders reizvoll an einer ins Meer vorspringenden Nase, dem Nord-

„Fährmann hol över!" Vom Bollwerk Baabe wird man auf Zuruf noch mit Muskelkraft hinüber nach Moritzdorf gerudert.

perd. Das Ortsbild des traditionsreichen Seebades prägen herrliche alte Villen und Logierhäuser in der Bäderarchitektur der Jahrhundertwende. Die Fassaden, meist von filigranen, reich verzierten Holzveranden geschmückt, strahlen in ihrem frischem Weiß eine sonnige Leichtigkeit und heitere Lebensfreude aus, wie man sie an der nordischen Küste gar nicht vermutet. Inmitten der Ortschaft liegt das **Mönchgut-Museum,** das mehrere Außenstellen umfaßt und Rügens museales Zentrum ist. Haupthaus ist das **Heimatmuseum,** ein malerischer Rohrdachkaten. Nur wenige Schritte davon entfernt liegt der **Museumshof,** eine bäuerliche Hofanlage aus dem 18. und 19. Jh. Auch das **Rookhus,** ein wunderschöner schornsteinloser Rauchkaten mit einem Zuckerhutrohrdach, gehört zum Museumskomplex. Das **Freigelände** des Mu-

Schneeweiß und filigran verziert – Bäderarchitektur im Seebad Göhren.

Das Heimatmuseum in Göhren ist Teil des vielfältigen Mönchgut-Museums.

seums liegt hinter den Dünen am Strand. Rund um das Museumsschiff *Luise* läßt sich an den verschiedenen ausgestellten Bootstypen die Mönchguter Fischerei studieren, wie beispielsweise an dem eigentümlichen *„Ligger"*, dessen Kugelrumpf mit Löchern durchsiebt ist.

In dem kleinen Dorf **Zirkow** an der Straße von Lancken-Granitz nach Bergen unterhält das Mönchgut-Museum einen **Museumshof.** Der malerische Denkmalhof umfaßt Wohnhaus, Stallungen, Scheune und Geräteschuppen. Auch das **Schulmuseum** in Middelhagen wird vom Möchgut-Museum unterhalten.

Göhrens **Badestrand** umschließt das Nordperd von beiden Seiten. Jeweils 4,5 km lang, völlig steinfrei und windgeschützt, haben seine beiden Seiten jedoch unterschiedlichen Charakter. Während der Nordstrand mit Volleyball-, Tennisplatz, Kegelbahn, Surfschule und FKK-Bereich den sportlichen Aktivitäten gehört, ist der Südstrand mit seinen Fischerbooten ruhiger. Im Wasser vor dem Nordstrand liegt der **„Buskam"** (altslawisch „Gottesstein"), der mit einem Volumen von 600 m³ und einem Gewicht von 1600 Tonnen gewaltigste Findlingsblock Rügens.

091omv Foto: rh

Empfehlenswert ist der **Nordperd-Rundweg**. Der Weg führt durch lichten Wald unmittelbar an der Abbruchkante des bis zu 50 m hohen Kliffs entlang und eröffnet herrliche Aussichten, die bei gutem Wetter bis zum polnischen Wolin reichen. Wirklich traumhaft schön!

Info

- **Kurverwaltung,** Schulstr. 8, 18586 Göhren, Tel. (038308) 25910, Fax 25911
Internet: http://www.goehren.de
(Mai-Sept. tägl. 8-18 Uhr, Okt.-April Mo-Do 8-15.30 Uhr, Fr 8-12.30 Uhr)

Unterkunft

- **Waldhotel,** Waldstr. 7, Tel. 50500, Fax 25380 (4-Sterne-Haus in zentraler Lage oberhalb der Seebrücke, mit umfangr. Fitneßeinrichtungen, Pool, Fahradverleih)
- **Haus am Hövt,** Hövtstr. 8, Tel. 81313, Fax 81113 (sehr schöne, ruhige Lage am Orts-, Waldrand auf dem Nordperd)
- **Pension Schwanensee,** An der alten Försterei, Tel. 2211, Fax 91068 (hübsches Reethaus in ruhiger Alleinlage mit kleinem Vogelpark)
- **Camping Ostsee-Camping,** Tel. 90120, Fax 2123 (Ostern bis Okt., ebener Platz mit lichtem Baumbestand direkt am Strand, separater Womo-Stellplatz, Entsorgungseinrichtungen, Fahrrad-, Tretbootverleih)

Gastronomie

- **Mönchgut,** Thiessower Str.5, Tel. 91034 (Göhrens ältestes Gasthaus mit einheimischer und gutbürgerlicher Küche, eigene Fischräucherei; mit Pension)
- **Waldperle,** Carlstr. 6, Tel. 5400 (Spezialitätenrestaurant, auch Fisch)
- **Fischklause,** Strandstr. 14, Tel. 2211 (Fisch in allen Variationen)

Museen

- **Heimatmuseum,** Strandstr., Tel. 2175 (Juli/Aug. tägl. 10-18 Uhr, Jan.-Juni u. Sept./Okt. Di-So 10-17 Uhr, Nov./Dez. auf Anfrage)
- **Museumshof,** Strandstr. (Öffnungszeiten wie Heimatmuseum, Nov./Dez. geschlossen)
- **Rookhus,** (Öffnungszeiten wie Heimatmuseum)

Das Pfarrwitwenhaus

- **Museumsschiff Luise**
(Öffnungszeiten wie Heimatmuseum, Nov.-April geschlossen)
- **Schulmuseum Middelhagen,** in Middelhagen
(Öffnungszeiten wie Heimatmuseum)
- **Museumshof Zirkow,** in Zirkow, Tel. (03838) 801239
(April-Sept. 10-17 Uhr, sonst nach Vereinbarung)

Middelhagen

Middelhagen liegt landschaftlich reizvoll zwischen weiten Schilffeldern, Salzwiesen und sanften Höhenzügen. Das kleine Dorf besitzt einen außerordentlich schönen historischen Ortskern. Seit Jahrhunderten praktisch unverändert ist das Ensemble um die 1400 errichtete **Mönchskirche** mit ihrem bemerkenswerten Schnitzaltar. Das schilfgedeckte, ehemalige Küsterhaus beheimatet das **Schulmuseum**, das Schülern von heute erschließt, wie gut sie es doch haben.

Sehr schöne Ausflugsziele sind das **Reddevitzer Hövt** mit dem Fischerdorf **Alt-Reddevitz,** eine schmale, von Ginsterheide bedeckte Landzunge, deren Höhen herrliche Aussichten gewähren und das **Zickersche Hövt** mit dem Fischerdorf Groß-Zicker. Der von Trockenrasen und Heide überzogene, weit in den Bodden hinausragende Land-

092omv Foto: rh

arm gipfelt im 66 m hohen **Bakenberg,** von dem der Rundum-Panoramablick über das gesamte Mönchgut mit seiner zerfledderten Küstenlinie reicht. In **Groß-Zicker,** einem der schönsten Dörfchen auf ganz Rügen, ist das 1727 erbaute **Pfarrwitwenhaus** (April-Okt. tägl. 10-20 Uhr, Tel. (038308) 8248 mit seinem Zuckerhutrohrdach ein Fest für Auge und Kamera. Die bereits 1360 von den Eldenaer Mönchen errichtete **Dorfkirche** ist das älteste Gebäude des Mönchguts.

Die Außenküste bei **Lobbe** schmückt ein idealer Sandstrand, der sich bis hinunter nach Thiessow an der Südspitze des Mönchguts hinzieht. Dank seiner guten Brandung ist dieser Strand das Mekka aller Surfer.

Info

- **Kurverwaltung,** Dorfstr. 4, 18586 Middelhagen, Tel. (038308) 2153, Fax 2154 (Mi-Mo 8-16 Uhr, Di 8-18 Uhr)
- **Nationalparkamt Biosphärenreservat Südost-Rügen,** Tel./Fax (038308) 25068
- **Kurverwaltung Gager / Groß Zicker,** Zum Hövt 15a, 18586 Gager, Tel./Fax (038308) 8210 (Mai-Sept. Mo-Fr 9-12 und 15-19 Uhr, Sa 9-11 und 17-19 Uhr, Okt.-April Di 8-11 und 15-17 Uhr, Mi/Do/Fr 8-11 Uhr)

Unterkunft

- **Pension To Hus,** in Middelhagen, Dorfstr. 26a, Tel. 25484, Fax 25947 (entzückendes Reethaus mit Blick auf Bodden und Zickersches Höft)
- **Pension Boddenhusblick,** in Alt-Reddevitz, Dorfstr. 41, Tel. 2383, Fax 30048 (sehr ruhige Lage mit Blick auf Greifswalder Bodden)
- **Pension Das Zeesboothaus,** Dorfstr. 45a, Tel 25478 (malerisches Reethaus direkt am Wasser mit Möglichkeit, auf hist. Zeesboot mitzusegeln; Zimmer mit Boddenblick, Sauna)
- **Naturparadies Teutenberg,** in Alt-Reddevitz, Dorfstr. 35, Tel./Fax 2419 (traumhaft schöne Alleinlage auf Höhenrücken in 3000 qm Öko-Obstgarten und erlesen schöner Fernblick über das Mönchgut)
- **Pension Taun Hövt,** in Groß Zicker, Boddenstr. 61, Tel. 5420, Fax 30054 (reetgedeckter Dreiseithof in bezaubernder Alleinlage, mit Fischrestaurant)
- **Camping Freizeit-Oase,** in Lobbe, Tel. 2314 (Mai-Sept., direkt am Strand, Womo-geeignet, Entsorgungseinrichtungen, Fahrradverleih, FKK-Strand)
- **Camping Gager,** in Gager, Tel. 30199 (April-Okt., intimer Platz mit 75 Stellplätzen am stillen Bodden, Womo-geeignet, Bungalowvermietung, Boots-, Fahrradverleih)

Gastronomie

- **Kliesows Reuse,** Alt-Reddevitz, Dorfstr. 23a, Tel. 2171 (sehr empfehlenswertes Fischrestaurant in alter Scheune, mit Fewo)
- **Zur Linde,** Dorfstr. 20, Tel. 5540 (einnehmend rustikal ausgestatteter Landgasthof mit Hotel, der der Fernsehserie „Ein Bayer auf Rügen" als Kulisse diente mit mehrfach preisgekrönter Küche)
- **Kaisers Gaststuben,** in Groß Zicker, Boddenstr. 43, Tel. 30091 (Mönchguter Fischspezialitäten und Wildgerichte unterm Reetdach, Terrasse mit freier Sicht auf Bodden)

Thiessow

Ganz am südlichsten Zipel des Mönchguts liegt das alte Lotsendorf Thiessow. Hier am Südperd und Endhaken vereinen sich alle Ausprägungen der Mönchguter Landschaft auf engstem Raum. Gleich von drei Seiten ist das hübsche Dorf vom Wasser umspült. Von hohen Dünen und flachen Salzwiesen, von steilen Kliffs und flachen Sandstränden, von sanften Grashügeln bis zum lichten Kiefernwald spannt sich der Thiessower Landschaftsbogen. Die Brandung am **Thiessower Höft,** früher eine Gefahr für die Schiffe und Einkommensquelle für die Lotsen, zieht heute die Surffreaks an. Surfer und Brandung kann man vom **Lotsenberg** auf dem Südperd schön beobachten. Die Straße endet schließlich in **Klein Zicker,** das auf einem keulenartigen Landvorsprung zwischen Greifswalder Bodden und Zickersee liegt.

Info

- **Kurverwaltung,** 18586 Thiessow, Hauptstr. 36, Tel. (038308) 8280, Fax 30191 e-mail: Ostseebad Thiessow@t-online.de
- **KV-Zimmervermittlung:** Hauptstr. 1, Tel. 85031 (Mai-Sept. Mo-Fr 9-17 Uhr, Sa 10-12 Uhr; Okt.-April Mo-Do 9-16 Uhr, Fr 9-12 Uhr)

Unterkunft

- **Hotel Mönchgut,** Hauptstr. 45, Tel. 30117
- **Camping Oase,** Hauptstr. 4, Tel. 8226, Fax 8297 (16.12.-31.10., landschaftlich sehr reizvoll gelegener Platz, Womo-geeignet, Entsorgungseinrichtungen, FKK-Strand, Fahrradverleih)

- **Surf-Oase,** Tel. 30125 (1.5.-31.10., Surferplatz direkt am Strand, Womo-geeignet)

Gastronomie

- **Fischrestaurant,** am Hafen, Tel. 30001 (frischer Ostseefisch direkt vom Kutter auf den Tisch, Räucherfischverkauf)
- **Strandcafé,** Strandpromenade, Tel. 8345 (schöne Terrasse mit Meeresblick)
- **Zum trauten Fischerheim,** in Klein Zicker, Tel. 30152 (mit Panoramablick auf den Bodden)

Jasmund

Die 135 km² große **Halbinsel Jasmund** ist der Balkon Rügens. Gewaltige Kräfte und Verwerfungen haben die Landscholle nach oben gedrückt. Sanft, aber stetig steigt die mächtige Kreideplatte an, um an der Nordküste dann steil und schroff in weißen Kliffen senkrecht ins Meer abzufallen. Hier liegen sie, die Kreidefelsen von Rügen, die die Insel weltweit bekanntgemacht haben. Hier leuchtet der weltberühmte Königsstuhl aus dem tiefen Grün der Stubnitz, des herrlichen alten Laubwalds, der Rügens nordöstlichsten Teil bedeckt. Hier war es, wo der große Maler der Romantik, *Caspar David Friedrich* das fand, was er für seine malerische In-

093omv Foto: rh

spiration brauchte: die Harmonie mit dem Kosmos. *„Ich muß mich dem hingeben, was mich umgibt, mich vereinigen mit meinen Wolken und Felsen, um das zu sein, was ich bin."* Seine eindrucksvollen Bilder der weißen Felsen machten Jasmund zum ersten Ausflugsziel auf Rügen. Zehntausende strömen heute auf den Spuren *C. D. Friedrichs* hin zum Königsstuhl, um das berauschend schöne Zusammenspiel von grünem Wald, blauem Meer und weißen Klippen zu erleben und genießen. Seit 1990 steht die einzigartige Natur der Stubnitz mit ihren Kreidefelsen unter dem besonderen Schutz des **Nationalparks Jasmund.**

Zwei kilometerlange Sandwälle verbinden heute die einstige Insel Jasmund mit dem *„Muttland"*, wie die Rügener den Inselkern nennen. Die **Schmale Heide** und die **Schaabe** sind die herrlichsten Badestrände, die man auf Rügen finden kann.

Hauptort auf Jasmund ist die Hafenstadt **Sassnitz**, von der die großen Fähren hinüber nach Skandinavien pendeln. In den 80er Jahren wurde mit immensem Aufwand und größter Geheimhaltung der Fährhafen **Neu-Mukran** aus dem Boden gestampft. Eigentlich war die Anlage für das ökonomische Überleben der DDR gedacht: Sie sollte die lebenswichtige Verbindung zur Sowjetunion sichern und den Landweg durch das renitente Solidarnosc-Land Polen ersetzen. Letzlich fand der Fährhafen seine historische Erfüllung darin, daß über ihn große Teile der abziehenden Westgruppe der Roten Armee verschifft wurden. Nun halten die Fähren von Mukran mit dem litauischen Klaipeda Verbindung.

Beim Bummel auf der Hafenstraße kann man den Schiffen beim Ein- und Auslaufen zuschauen.

Sassnitz

Auf einem schmalen Landstreifen zwischen Meer und den Crampaser Bergen eingeklemmt liegt die mit 12.000 Einwohnern größte Stadt auf Jasmund. Kilometerlang zieht sie sich an der Hauptstraße hin. Vergeblich schaut man sich nach einem Marktplatz, einem gewachsenen Zentrum um. Auch die als „Zentrum" gedachte, neuerbaute Einkaufsmeile **„Rügen-Galerie"** vermag den Mangel einer Mitte kaum zu beheben. Das liegt daran, daß Sassnitz 1906 aus der Zusammenlegung der beiden Fischerdörfer Crampas und Sassnitz erwuchs. *„Nach Rügen reisen heißt nach Saßnitz reisen"*, läßt *Fontane* seine *Effie Briest* sagen. Tatsächlich war Sassnitz der erste Badeort auf Rügen. Davon zeugen noch alte Villen in der bekannten Bäderarchitektur. Sonst hat das Stadtbild wenig Bemerkenswertes zu bieten. Sehr schön ist dagegen der **Fischereihafen.** Hier liegt die größte Kutterflotte Rügens vor Anker und beliefert mit ihrem Fang die Fischindustrie der Stadt. Malerisch und fotogen wiegen sich die großen und kleinen Boote mit ihren bunten Wimpeln in der leichten Dünung, und das Fischerei- und Hafenmuseum gewährt Einblick in die maritime Geschichte. Überhaupt ist der Hafen die Schokoladenseite der Stadt. Ein Spaziergang hinaus auf die 1,5 km lange **Hafenmole** bietet einen guten Blick auf das Hafengelände und die großen Fähren nach Trelleborg und Rønne. Und die Hafenstraße lockt mit ihren guten Fischrestaurants und Cafés. Vom Hafen starten Ausflugsboote zu Königsstuhl-Rundfahrten. Wer die Kreidefelsen fotografieren will, sollte eine solche Rundfahrt machen. Nur vom Meer her gibt es den wirklichen Postkartenblick. Die Hafenstraße geht in die **Strandpromenade** über und zum Findlingsblock *„Klein-Helgoland"*. Und hier beginnt, was die meisten Besucher der Stadt suchen und wofür es sich unbedingt lohnt, herzukommen: der **Hochuferweg** zum Königs-

Kreide

Das Wort „Kreide" kommt aus dem Lateinischen und leitet sich von *terra creta* ab, was soviel wie „gesiebte Erde" bedeutet.

Kreide ist ein weißer, zerreibbarer und abfärbender Kalkstein aus kohlesaurem Kalk, der vorwiegend aus Mikrofossilien besteht. Hauptmineral der Kreide ist Kalkspat, dem unter anderem Ton (Kreidemergel), Glaukonit und Brauneisen beigemengt sind.

Entstanden sind die Kreideschichten vor 50-100 Millionen Jahren im Mesozoikum, als durch eine Erwärmung gigantische Gletscher abschmolzen und den Meeresspiegel ansteigen ließen. Das so entstandene Kreidemeer überschwemmte ganz Nordeuropa. Erst die Alpen konnten die Fluten stoppen. Nur wenige Mittelgebirge ragten als Inseln aus diesem Meer. Land, Luft und Wasser dieser erdgeschichtlichen Epoche, naheliegenderweise Kreidezeit genannt, bevölkerten Saurier aller Größen und Spielarten.

Die Wasserläufe, die in dieses Meer mündeten, trugen eine feine Kalklösung ein, die allmählich das Wasser bis zum Sättigungsgrad anreicherte. Der ausgefällte Kalk sank zum Grund und lagerte sich in dicken Schlammschichten ab. Mit dem Kalk bauten sich auch Myriarden von Kleinlebewesen sowie Krebse, Schnecken, Muscheln u. a. ihre Skelette, Schalen und Panzer. Nach ihrem Absterben sanken sie ebenfalls auf den Meeresgrund und versanken in der Schlammschicht. Im Laufe der Jahrtausende wurde diese Kalkschlammschicht 200 bis 400 Meter mächtig. Faltungen und Verschiebungen brachten an manchen Stellen, wie z. B. auf Rügen, die Kreideschicht an die Erdoberfläche.

Die Rügener Kreide ist besonders weiß und rein. In dem Ort Klementelvitz bei Sassnitz wird die Kreide, auch das „Weiße Gold Jasmunds" genannt, im einzigen Kreidewerk Rügens industriell abgebaut. Verwendung findet sie bei der Herstellung von Farben, Kitt, Medikamenten, Zahnpasta oder in der Porzellan- und Glasherstellung.

stuhl. Die rund 12 km lange Wanderung durch den Nationalpark entlang der Abbruchkante der Kreidekliffs, vorbei an den Wissower Klinken zur Großen und Kleinen Stubbenkammer und dem Königsstuhl ist mit das Schönste, was Rügen seinen Gästen zu bieten hat. Man kann übrigens auch unten am Ufer entlangspazieren. Der Weg über Stock und Stein ist zwar recht beschwerlich, aber von den Blicken auf die Kreidekliffe fast noch schöner als oben entlang. Hin und wieder führen Leitern hinauf zum Hochuferweg, wenn sie der letzte Wintersturm nicht weggerissen hat. Vom Königsstuhl verkehren Busse zurück nach Sassnitz.

Info

- **Fremdenverkehrsbüro,** Seestr. 1, 18546 Sassnitz, Tel. (038392) 5160, Fax 51616 (April-Okt. Mo-Fr 9-19 Uhr, Sa 10-19 Uhr, So 14-19 Uhr; Nov.-März Mo-Fr 9-17 Uhr)
- **Nationalpark Jasmund,** Postfach 22, 18540 Sassnitz, Stubbenkammer, Tel. (038392) 35011, Fax 35054
- **Heimattiergarten,** Am Steinbachtal, Tel. 22381 (April-Sept. tägl. 10-18 Uhr, Okt.-März tägl. 10-16 Uhr)

Unterkunft

- **Kurhotel,** Hauptstr. 1, Tel. 530, Fax 53333 (im schönen ehem. Seemannsheim, mit Blick auf Fährhafen und Prorer Wiek)
- **Villa Aegir,** Mittelstr. 5, Tel. 3020, Fax 33046 (alte Villa mit Blick auf den Hafen, großer Wintergarten und Terrasse mit Restaurant)
- **Pension Haus Fährblick,** Strandpromenade 5, Tel. 22901, Fax 22902 (Bäderstilvilla direkt an der Strandpromenade)

Gastronomie

- **König Gustav,** Hauptstr. 10a, Tel. 22359 (gehobenes Spezialitätenrestaurant, mit Pension)
- **Zur Mole,** Strandpromenade 1, Tel. 22798 (direkt am Hafen, Fischspezialitäten)
- **Waldhalle,** Tel. 22478 (Ausflugsrestaurant im Nationalpark, Alleinlage im Wald, 200 m von den Wissower Klinken, Wild- und Fischgerichte)
- **Kapitänsmesse,** Walterstr. 8, Tel.57858 (kleines, der Seefahrt nicht nur optisch verbundenes Restaurant mit Hafenblick)

Museen

- **Fischerei- und Hafenmuseum,** Am Stadthafen, Tel. 57846 (tägl. 10-17 Uhr)

Der Königsstuhl

„Mit eins öffnete sich der Wald, wir stehen an den jäh abstürzenden Kreideklippen des Königsstuhls. Wie jemand, der mit viel Sinn für Musik sich immer an den leichten Melodien und heiteren Gesängen hat begnügen müssen und dem nun mit einemmal eine große vollständige Beethovensche Symphonie ins Ohr dröhnt, so war mir." So beschreibt der

Maler *Carl Gustav Carus* seine erste Begegnung mit dem vielbesungenen Königsstuhl auf seiner Wanderung über Rügen, die er 1819 mit *Caspar David Friedrich* unternahm. Solche Gefühlswallungen werden sich angesichts der Besuchermassen aus aller Welt, die sich heute zu dem berühmten Kreidekliff hinauswälzen, nur noch schwerlich einstellen.

Die schiere Menge der Königsstuhl-Wallfahrer ist kaum mehr zu bewältigen und gefährdet die sensible Natur des Nationalparks Jasmund über die Maßen. Um den Strom zu kanalisieren, wurde die schmale Straße zum Königsstuhl gesperrt. Beim *Baumhaus Hagen* ist Schluß. Von hier aus verkehren Pendelbusse zum 2 km entfernten Königsstuhl. Um die einzigartige Stubnitz zu schonen, sollte jeder, der kann, sein Auto bereits in Sassnitz oder in Lohme abstellen und sich auf Schusters Rappen oder per Rad auf den Weg machen. Diese Art der **Anreise** ist dazu noch ungleich eindrucksvoller, ein Naturerlebnis der wahrlich eindringlichen Art.

Auf dem Königsstuhl angekommen, wird man schnell feststellen, daß man den imposanten, 117 m hohen Kreidefels von oben eigentlich gar nicht zu Gesicht bekommt. In seiner vollen Pracht zeigt er sich von See her oder der *Victoriasicht* am Hochuferweg. Durch die **Golgaschlucht** führt ein steiler Trampelpfad über Knüppeldämme hinab zum Strand. Die letzten Meter geht es über eine Leiter. Wer sich die Muße nimmt und den grotesken Versuchen von den Damen und Herren in Stöckel- oder Kaffeeschühchen zuschaut, über den glitschigen Pfad nach unten zu kommen, der hat viel Anlaß zum Amüsement. Festes Schuhwerk bringt einen sicher zum Strand hinab. Die wilde, ursprüngliche Schönheit des von Steinen, Feuersteinknollen und Schwemmgut übersäten Ufers und der ehrfürchtige Blick von unten auf den majestätisch aufragenden Königsstuhl machen den Abstieg unvergeßlich.

094omv Foto: rh

Vom Königsstuhl wenige 100 m durch den Wald landeinwärts liegen der 10 m hohe Burgwall der slawischen **Herthaburg** und der sagenumwobene **Herthasee.**

Lohme

Das kleine Fischerdorf Lohme liegt unmittelbar an der Grenze zum Nationalpark Jasmund an der 70 m hohen Steilküste. Da der Wanderweg von Lohme an der Steilküste entlang zur Stubbenkammer und dem Königsstuhl weniger frequentiert ist als die anderen, ist er für Menschen, die nach Ruhe suchen, empfehlenswert. Das kleine Dörfchen ist auch ein guter Ausgangspunkt für Wanderungen durch die Wälder der Stubnitz und die kleinen, vom Fremdenverkehr unberührten Dörfer Jasmunds. Wer Ruhe sucht und laute Badestrände meidet, ist in Lohme nicht falsch.

Unterkunft

- **Hotel Villa Seestern,** Mühlenstr. 5, Tel. (038392) 33257, Fax 36765 (alte, still gelegene Bädervilla direkt am Steilufer mit grandiosem Panoramablick übers Meer, sehr schöne Seeterrasse und empfehlenswerte Küche)
- **Panoramahotel,** Dorfstr. 35, Tel. 9221, Fax 9234 (ebenfalls direkt am Steilufer gelegen mit herrlichem Ostseeblick, schöner Seeterrasse und empfehlenswerter Küche)
- **Camping Nipmerow,** in Nipmerow, Am Teufelsberg 15, Tel. (038302) 9244 (der einzige Campingplatz auf Jasmund, 4.4.-31.10., kleiner Waldplatz, Womo-geeignet, Entsorgungseinrichtungen, Zelt-, Fahrradverleih)

Gastronomie

- **Aalkate,** in Hagen, Tel. 90037 (der Gastraum ist mit Hausfassaden wie ein Marktplatz gestaltetet, Fisch und mehr)

So fotogen zeigt sich der vielbesuchte Königsstuhl nur von der Viktoriasicht aus.

Schloß Spyker

Umgeben von einem Park, liegt das Schloß Spyker allein für sich an der Boddenbucht Spykersee. Der braunrote Bau mit seinen vier gedrungenen Ecktürmen entstand in seiner heutigen Form 1660-65. Einst war er Sitz der Herrschaft Spyker. 1650 zog der schwedische Marschall *Carl Gustav Wrangel* ein. Nach dem Tode *Wrangels* 1676 kam es in den Besitz des Fürsten *Malte von Putbus*. Zuzeiten der DDR verbrachten in dem idyllisch gelegenen Schloß Rentner ihren Lebensabend. Nun sind die Senioren weg, und nach einer umfassenden Renovierung erwartet jetzt das Schloßhotel Gäste in den historischen Mauern. Seine Lage zwischen Königsstuhl und Kap Arkona, die Nähe des exzellenten Badeparadieses Schaabe und die historischen Gemäuer bieten sicherlich eine ganz besondere, exklusive Möglichkeit, auf Rügen zu nächtigen.

- **Schloßhotel Spyker,** Schloßallee, 18551 Spyker,
Tel. (038302) 770, Fax 53386
(mit Restaurant, Bier- und Café-Garten)

Glowe/Schaabe

Am Eingang zur 8 km langen Sandnehrung, die Jasmund mit Wittow verbindet, liegt das ehemalige Fischerdorf Glowe. Das Badeparadies der Schaabe, an deren Außenküste sich ein 50 m breiter Superstrand entlangzieht, hat aus dem Fischerdorf einen Ort gemacht, der fast ausschließlich vom Fremdenverkehr lebt. Die von lichtem Kiefernwald bestandene Landbrücke zählt in den Sommermonaten Tausende von Badegästen. Der kinderfreundliche, weil flach abfallende Strand ist auf 3 km den FKK-Freunden vorbehalten. Der Kiefernwald mit seinen moosigen Kuhlen bietet Schattenplätze und Schmuseecken. An der Boddenküste führt ein ruhiger Wanderweg von Glowe hinüber nach Juliusruh auf Wittow. Glowe selbst dient ganz der Versorgung und Unterbringung der Schaabe-Besucher und ist außerhalb der Saison dementsprechend ausgestorben.

Info

- **Tourismusbüro,** Hauptstr. 37, 18551 Glowe, Tel. (038302) 5221, Fax 5252 (Juli-Sept. Mo/Mi/Do/Fr 7.30-16 Uhr, Di 7.30-17 Uhr; Okt.-Juni Mo/Mi/Do 7.30-16 Uhr, Di 7.30-17 Uhr, Fr 7.30-12.30 Uhr)

Unterkunft

- **Hotel Meeresblick,** Hauptstr. 62, Tel. 5246, Fax 53057 (in Strandnähe, mit 2 Restaurants)
- **Ferienherberge,** Bungalowsiedlung 35, Tel. 53026, Fax 53273 (preiswerte Bungalows im Wald, 400 m zum Strand, Gemeinschaftsduschen, Fahrradverleih)
- **Haus Gräuntwig am Meer,** in Nardevitz, Am Ufer 3, Tel./Fax (038302) 9300 (entzückendes Reethaus in idyllischer Lage auf 25.000 qm großem Grund am Steilufer; mit Terrasse, Spielplatz, Liegewiese)

Gastronomie

- **Fischerhus,** Hauptstr. 53, Tel. 5235 (regionale Fischgerichte, heimische Spezialitäten, Appartements)

Wittow

Wie ein Bollwerk ist Wittow der Kerninsel Rügens vorgelagert. Ebenso wie das benachbarte Jasmund war es einst eine Insel. Eine Landbrücke hat sie aber nur hinüber nach Jasmund. Vom „Muttland" ist sie durch den Breetzer Bodden abgetrennt, über den eine kleine Autofähre pendelt.

Wittow ist Windland. Weit in die rauhe Ostsee vorgeschoben, ist die waldlose Hochfläche den vorherrschenden Nordwestwinden schutzlos ausgeliefert. *„Sturmtief über der Ostsee"*, meldet in den Wintermonaten häufig die Wettervorhersage. Ihre Daten hat sie oft von der meteorologischen Station am **Kap Arkona,** dem deutschen Nordkap. Die besonders harten klimatischen Bedingungen an diesem nördlichsten Zipfel Rügens dienten zu DDR-Zeiten als eine Art Materialprüfungsanstalt. Man legte die zu testenden Materialien einfach am Kap ins Freie und beobachtete, wie sie die Witterung überstanden. Größere Orte gibt es auf Wittow keine. Die windige Steilküste ist zum Baden denkbar ungeeignet. Nur an der Westküste am Bakenberg lockt ein schöner Sandstrand.

Dennoch ist Wittow eine Reise wert. Der mächtige Burgwall der **Jaromarsburg** am Kap war einst das größte Heiligtum der Rügenschen Slawenbevölkerung. Hier stand der Tempel des vierköpfigen Hauptgottes *Svantevit.* Ganz in der Nähe duckt sich das romantischte Heringsdorf **Vitt** tief in eine Kuhle. Und die schönste Dorfkirche auf der Insel steht in **Altenkirchen.** Schließlich und nicht zuletzt kann man sich auf Wittow einfach die frische, salzige Seeluft um die Nase wehen lassen und durch die wogenden Felder streifen, die das flache Land bedecken.

Breege/Juliusruh

Breege liegt am Anfang der Schaabe. Der Ort besteht aus zwei Teilen. Nicht nur rein geographisch gesehen, sondern auch vom Charakter, der unterschiedlicher kaum sein könnte. An der Außenküste liegt der Badeort **Juliusruh,** der wie Glowe ganz auf die Badegäste eingestellt ist, die zur Schaabe pilgern. Seine Existenz hat das Seebad dem Spleen des einst größten Gutsbesitzers auf Wittow, *Julius von der Lancken* zu verdanken. Der Edelmann ließ 1795 auf dem sandigen und sumpfigen, völlig unfruchtbaren Ödland zwischen Schaabe und Breeger Bodden einen 40 ha großen **Landschaftspark** im französischen Stil mit Schloß anlegen. Das Schloß ist weg, der Park noch da. Er liegt etwas versteckt an der Straße Richtung Breege. Nach 100 m liegt rechts ein Parkplatz direkt am Parkeingang. Im Sommer herrscht hier großer Rummel, im Winter wird der Ort fast zum Geisterdorf. Ganz anders zeigt sich das am Bodden liegende **Breege.** Das Fischerdörflein mit seinen Rohrdachkaten ist von großem Reiz und auch zur

095omv Foto: rh

Hochsaison, im Vergleich zur Außenküste, ruhig und beschaulich. Im Hafenbecken dümpeln die kleinen Fischkutter, mit denen die Breeger „Fischerslüd" Tag für Tag auf Fischzug gehen. Der verlockende Duft von frischgeräuchertem Fisch weht herüber. In der Blütezeit der Segelschiffahrt war Breege das reichste Dorf Rügens, was man den schönen Kapitäns- und Fischerhäusern noch ansieht. An die Segeltradition will das Dorf nun wieder anknüpfen. Die vielen Jachten und Sportboote, die im Sommer im kleinen Hafen vor Anker liegen, zeigen das Gelingen an.

Info

- **Informationsamt,** Wittower Str. 5, 18556 Juliusruh, Tel./Fax (038391) 311 (Mai-Sept. Mo-Fr 9-18 Uhr, Sa 10-15 Uhr; Okt.-April Mo-Fr 9-16 Uhr)

Das Fischerdorf Breege war einst das reichste Dorf Rügens

Unterkunft

- **Hotel Dünenhaus,** in Juliusruh, Ringstr. 5, Tel. 4070, Fax 40769 (unmittelbar am Strand gelegen, mit Restaurant)
- **Pension Hinter der Düne,** in Juliusruh, Ringstr. 17, Tel./Fax 12126 (ruhige Lage nur 50 m vom Strand)
- **Hotel Am Wasser,** in Breege, Dorfstr. 79, Tel./Fax 613 (direkt am Wasser gelegen, mit Fahrrad-, Ruder-, Motorbootverleih)
- **Feriendorf Windland,** in Juliusruh, Waldweg 18, Tel./Fax 12456 (preisgünstige Bungalowsiedlung zw. Bodden und Ostsee, im Restaurant regionale Küche)

Gastronomie

- **Zum alten Fischer,** in Juliusruh, an der Hauptstraße
- **Plambeck,** in Breege, Dorfstr. 79 (Wasserlage, mit Hotel)

096omv Foto: rh

Altenkirchen

Der Weg hinaus zum Kap Arkona führt durch das fast 800 Jahre alte Altenkirchen. Im Namen des Dorfes steckt schon seine große Sehenswürdigkeit. Die **Dorfkirche** ist die wohl schönste Kirche der Insel und nach dem Gotteshaus in Bergen das zweitälteste auf Rügen. Die wunderhübsche, schiefe Backsteinbasilika wurde 1200 wahrscheinlich von dänischen Mönchen für *Tetzlaw,* den Bruder des Slawenfürsten *Jaromar I.,* als Hofkirche errichtet. Turmlos und schlicht, ist sie mit ihrer formvollendeten Apsis ein Kleinod der norddeutschen Backsteinkunst. Im südlichen Chorbau ist ein slawischer Kultstein eingelassen, der einen bärtigen Mann mit Füllhorn, wahrscheinlich das Abbild des Obergottes *Svantevit,* zeigt. An der Kirche wirkte von 1792 bis 1808 der Pfarrer, Dichter und Humanist *Ludwig Theobul Kosegarten.* Das Grab des Goethefreundes findet man auf dem kleinen Friedhof bei der Kirche.

Unterkunft

- **Campingplatz Altenkirchen,** im Ot. Drewoldke, Tel. (038391) 12484 (April-Okt., schöner Platz im lichten Kiefernwald am Strand, Womo-geeignet, Entsorgungseinrichtungen, Bungalowvermietung, Fahrradverleih, Surf-, Segelschule)

Putgarten/Kap Arkona

In Putgarten, der nördlichsten Gemeinde auf Rügen, endet die Straße zum Kap Arkona. Um das **Flächendenkmal Kap Arkona** vor Beschädigungen durch die sommerlichen Besucherströme zu schützen, wurden die direkte Zufahrt zum Kap

Rügens schönstes Gotteshaus –
die 1200 erbaute Dorfkirche in Altenkirchen.

und zum Dörfchen Vitt gesperrt. Vor Putgarten wurden große Parkplätze eingerichtet, von denen die Arkonabahn und Pferdekutschen die Besucher gegen entsprechendes Entgelt zu den Leuchttürmen und der Jaromarsburg weiterbefördern. Ein Fahrradverleih ist ebenfalls vorhanden.

Die attraktive Hofanlage **Gutshof Arkona** in Putgarten ist eine Art Kulturzentrum. Hier werden Handwerker- und Bauernmärkte abgehalten, Kohl-, Fischer und Erntefeste gefeiert und im Sommer Theater gespielt. Dazu gibt es eine Ausstellung landwirtschaftlicher Geräte, einen Töpfer, einen Steinschleifer, eine Glasbläserei, eine Fischräucherei, einen Rügen-Kost-Laden, ein gemütliches Café und mehr. Das Hofgut ist in einen Park eingebettet, in dem man neben zwei Teichen auch Freigehege, einen Streichelzoo, eine Pferdekoppel, Spielplatz u.a. findet.

Von weitem sieht man schon die Wahrzeichen von Kap Arkona, die beiden **Leuchttürme.** Der kleinere Leuchtturm ist der ältere der beiden. Der viereckige, 19 m hohe Turm wurde 1827 von *Karl Friedrich Schinkel* errichtet. Von der Aussichtsplattform, zu der zwei kunstvolle, gußeiserne Treppen hinaufführen, hat man einen Rundblick über die Halbinsel Wittow. In der ersten Etage zeigt eine kleine Ausstellung Schinkelbauten auf Rügen und in Pommern. In den anderen Etagen erfährt man Interessantes zum Bau des Leuchtturms, dem Leben des Leuchtturmwärters, Seezeichen u.a. Der runde, 36 m hohe Leuchtturm ersetzte 1901 den Schinkelturm. Im Leuchtturmwärterhaus werden u.a. Ausstellungen zu den Themen Schiffahrtsgeschichte, Seenotrettung und eine Multivisionsshow über das Kap und Rügen gezeigt sowie Vorträge gehalten.

Der dritte, runde Turm ist kein Leuchtturm, sondern ein ehemaliger Funkpeilturm der Kriegsmarine. In ihm ist die Ausstellung „Die ältesten Spuren der Seefahrt in Europa“ eingerichtet. Auch der Peilturm kann bestiegen werden und bietet eine wunderbaren Überblick über die **Jaromarsburg** und das Kap.

Die Ausmaße der Wallburg, die schon zu erheblichen Teilen ein Opfer der Winterstürme wurde und das steile Kliff hinunterstürzte, zeigt ein Burgmodell. Die Wälle können nicht betreten werden.

Info

- **Informationsamt Kap Arkona,** 18556 Putgarten, am Parkplatz, Tel. (038391) 4190, Fax 41917 Internet: http://kap-arkona.de; e-mail: kap-arkona@t-online.de (Juli/Aug. tägl. 9-20 Uhr, Juni, tägl. 9.30-20 Uhr, Sept./Okt./April/Mai tägl. 10-18 Uhr, Nov./Dez. tägl. 11-15 Uhr, Jan.-März tägl. 10-16 Uhr)
- **Museumsverwaltung,** Tel. 12115 (Führungen über das Flächendenkmal Arkona)

Unterkunft

- **Gutshof Arkona,** Tel. 4000, Fax 40020 (restaurierter Gutshof mit rustikalen Ferienwohnungen. Besonders exklusiv: die zwei FeWo im Leuchtturmwärterhaus oben auf dem Kap)
- **Pension Kap Arkona,** Dorfstr., Tel. 4190, Fax 41917 (Neubau, Zi. teilw. mit Blick auf Tromper Wiek)

Gastronomie

- **Zum nördlichsten Punkt**, Kap Arkona (Selbstbedienungsrestaurant mit großem Garten)
- **Gasthaus Nobbin**, in Nobbin, Tel. 608, Fax 12087 (empfehlenswerte regionaltypische Küche, Fisch- Fleisch- und Wildgerichte, mit Hotel)

Museum

- **Leuchtfeuer Arkona,** Tel. 12115 (Jan.-März 10-16 Uhr, April/Mai 10-18 Uhr, Juni 9.30-20 Uhr, Juli/Aug. 9-21 Uhr, Sept./Okt. 10-18 Uhr, Nov./Dez. 11-15 Uhr)

Vitt

Von der Jaromarsburg führt ein **Wanderweg** (1,5 km) entlang der fast 50 m senkrecht ins Meer abfallenden Steilküste zum entzückendsten Dörflein auf Rügen. Auch wenn Sie weit und breit kein Dorf erblicken, es ist da. Erst unmittelbar, bevor man es erreicht, zeigt es sich. Es duckt sich tief in die *Grote Vitte,* eine Senke an der Küste. Seine 13 reetgedeckten Katen, die sich mit ihren grauen, moosbewachsenen Schilfdächern perfekt der Umgebung anpassen, bieten ein ungemein romantisches Bild. Das ganze Dörflein steht unter Denkmalschutz. Die Bucht war früher eine der bedeutendsten *Vitten* auf Rügen, wie man die Plätze nannte, an denen sich zu Zeiten der großen Heringszüge die Fischer versammelten. Auch heute noch wird am kleinen Strand, von dem man eine tolle Sicht auf das Kap hat, Hering angelandet. Genießen kann man den Ostseefisch in der **Dorfschänke Goldener Anker.** Oben am Rand der Senke steht eine kleine, achteckige **Kapelle.** Erbaut wurde sie von *Kosegarten,* der während der Heringszeit zu den Fischern kam und unter freiem Himmel Gottesdienste abhielt. Da diese aus Wettergünden immer wieder unterbrochen werden mußten, ließ er 1806 die Schutzkapelle errichten. Das Altargemälde ist eine (schlechte) Kopie eines Gemäldes des Landschaftsmalers *Phillip Otto Runge.*

Gastronomie

- **Zum goldenen Anker,** Vitt, Tel. (038391) 12134 (natürlich frischester Ostsee-Hering)

Dranske/Bug

Am Eingang zum Bug, einem ständig weiter ins Meer hinauswachsenden Sandhaken, liegt zwischen den Wassern von Meer und Bodden der Ort Dranske. Hätte der Mensch nicht eingegriffen, wäre der Bug längst mit Hiddensee zusammengewachsen. Grund für den Eingriff war das Militär, das sich seit Kaiserzeiten auf dem Bug eingenistet hatte. Im Nazireich entstand hier ein Fliegerhorst. Die NVA unterhielt einen Schnellbootstützpunkt, für den die Fahrrinne freigebaggert wurde. Heute gehört der lange Zeit völlig gesperrte Bug, auf dem sich im Schatten des Militärs Tiere und Pflanzen ungestört entwickeln konnten, zum Refugium des *Na-*

Der versteckte Schwarbestrand ist bei Freunden der Freikörperkultur besonders beliebt.

tionalparks Vorpommersche Boddenlandschaft. Durch die unberührte Natur führen zwei ausgewiesene Wanderwege, die nicht verlassen werden dürfen. Wer fachlich geführt werden möchte, sollte an einer Exkursion zum Südbug teilnehmen, die das Nationalparkamt anbietet (Di+Sa 9 Uhr, Tel. 8730).

Dranske selbst ist als ehemalige Garnisonsstadt nicht besonders reizvoll. Das Militär ist nun weg, was dem Bug zugute kommt, den Einwohnern aber eine schwindelerregende Arbeitslosenrate beschert hat.

Der beliebteste Ort Dranskes versteckt sich am **Bakenberg** im einzigen Wald auf Wittow, der **Schwarbe.** Hier liegt Wittows schönster Badestrand. Der feine Sandstrand und der von zerzausten Windflüchtern bestandene Dünengürtel sind bei den FKK-Anhängern besonders beliebt. Zwei Drittel des Strandes gehören den Nackedeis. Im lichten Kiefernwald verbergen sich gleich 14 große Ferienhüttendörfer. Die einfachen, aber auch sehr preiswerten ehemaligen Betriebsferieneinrichtungen sind besonders für Familien eine

097omv Foto: rh

Möglichkeit, günstig Urlaub zu machen. Ein neu errichtetes Feriendorf vor dem Wald bietet mehr Komfort. Der große, sehr schön im Kiefernwald gelegene und vom *ADAC* empfohlene Campingplatz *Nonnevitz* bietet mobilen Campern Platz.

Info

- **Fremdenverkehrsamt,** K.-Liebknecht-Str. 41, 18556 Dranske, Tel. (038391) 8730, Fax 8127 (Juli / Aug. Mo-Fr 8-18 Uhr, Sa 8-12 Uhr, Sept.-Juni Mo-Fr 8-16 Uhr)

Unterkunft

- **Feriendorf Bakenberg,** Tel. 9140, Fax 91144 (neu errichtete Anlage auf der Wiese am Bakenberg, mit umfangreicher Ausstattung wie Sauna, Schwimmbad, 6-Loch-Golfplatz u.a.)
- **Camping Regenbogencamp Nonnevitz,** Tel. 89032, Fax 8765 (April-Okt., großer, sehr schön gelegener Platz im lichten Kiefernwald am Strand, Womo-geeignet, Entsorgungseinrichtungen, Zelt-, Caravan-, Fahrradverleih, Surfschule)
- **Caravancamp Ostseeblick,** Seestr. 39a, Tel. 8196 (April-Okt., 50 Stellplätze auf einer Wiese am Ufer, FKK-Strand)
- **20 Ferienhüttendörfer,** im Wald der Schwarbe verteilt (Tel.-Nummern der „Dörfer" beim Fremdenverkehrsamt)

Gastronomie

- **Seeterrasse,** Strandpromenade, Tel. 8112 (regionale Küche, mit Blick auf Wieker Bodden)
- **Heidehof,** am Bakenberg, Tel. 9130 (im gleichnamigen Feriendorf)
- **Schifferkrug,** in Kuhle, Tel. 8460 (die älteste Gaststätte Rügens, Ausschank seit 1455, in entzückendem Reethaus; deftige Rügener Hausmannskost)

Wittower Fähre

Über den 350 m breiten Wasserarm des Breetzer Boddens verkehrt eine kleine **Autofähre.** Sie erspart den großen Umweg zurück über die Schaabe nach Westrügen. Da sie jedoch nur wenige Autos faßt, ist in der Saison hier mit Wartezeiten zu rechnen. Und wer zu spät kommt, muß bis zum nächsten Morgen warten. Sie verkehrt üblicherweise zwischen 6 und 19 Uhr, im Sommer bis 21 Uhr. Sicherheitshalber jedoch nach den saisonalen Fahrzeiten erkundigen! Wer Pech hat, kann in der Pension *Wittower Fähre* absteigen, in deren Gaststätte sich auch Wartezeiten überbrücken lassen.

● **Info: Wittower Fähre,** Tel.(0171) 2722537 (tägl. zw. 6 u. 19 Uhr im Pendelverkehr, im Sommer bis 21 Uhr)
● **Unterkunft/Gastronomie: Zur Wittower Fähre,** Tel./Fax (038391) 70334 (mit Seeterrasse)
● **Landhotel Herrenhaus,** in Bohlendorf, Tel. (038391) 770, Fax 70280 (renoviertes altes Herrenhaus, beschaulich und ruhig in großem Park gelegen)

West-Rügen

Flach erhebt sich in West-Rügen das Land aus dem Meer, um langsam in sanften Hügeln anzusteigen. Alte Badeorte oder Bilderbuchstrände findet man hier nicht. Die Region ist ländlich geprägt. Fast könnte man beim Anblick der weitläufigen Landschaft mit ihren von kleinen Wäldern durchbrochenen Wiesen und Feldern vergessen, daß man auf einer Insel ist. Das Land mit seinen kleinen Dörfchen und Weilern, oft nur durch Sandpisten mit der Außenwelt verbunden, erinnert stark an das Mecklenburger Land. Wenn da die flachen Randseen und Buchten nicht wären, die tief ins Land drängen und die See ins Gedächtnis zurückrufen. Besonders die Binnenküste am Großen Jasmunder Bodden ist von den Touristenströmen fast unberührt. Die kurze Fahrt vom Rügenschen Rimini, von Binz, nach Rappin ist wie eine Reise mit der Zeitmaschine. Dort mediterranes Sommerspektakel und hier das ursprüngliche, stille Bauernland. Große „Renner" wird man im Westteil Rügens nicht finden. Mit einer Ausnahme: In **Ralswiek** mit seinem prachtvollen Schloß findet in den Sommermonaten das dollste Spektakel Rügens statt, die **Störtebeker-Festspiele.**

Gingst

Das bescheidene Angerdörfchen, übrigens die erste Gemeinde Rügens, die dank ihres Pfarrers *Picht* 1774 das schwere Joch der Leibeigenschaft ab-

098omv Foto: rh

schütteln konnte, besitzt eine wunderschöne **Dorfkirche.** Hinter der ursprünglich um 1300 errichteten und nach einem Brand 1726 im barocken Stil wiederaufgebauten Backsteinkirche steht eine alte **Mordwange** aus dem 14. Jh. Sie erinnert an einen Priestermord, der großes Leid über Gingst brachte. Als Strafe verlor der Flecken sein Marktrecht und damit seine Haupteinnahmequelle. Eines der zauberhaftesten Museen auf Rügen sind die **historischen Handwerkerstuben** von Gingst. Liebevoll zusammengetragen und eingerichtet, präsentieren sich die Werkstätten alter Zünfte und Gewerke. Original eingerichtete Werk- und Wirkungsstätten von Schuhmacher, Schneider, Apotheker, Glaser, Weißnäher und Friseur veranschaulichen lebendig das Handwerkerleben vergangener Zeiten. Dazu ist das **Efeuhaus,** ein altes, vollkommen vom Efeu überwuchertes Weberhäuschen, wohl eines der

Proben am Mittag – Die Störtebeker Festspiele sind ein einmaliges Spektakel unter freiem Himmel.

entzückendsten Gebäude auf der ganzen Insel. (Nach seiner Renovierung, zu dem der Efeu zurückgeschnitten werden mußte, wird es es noch eine Weile dauern, bis es wieder in seiner ganzen Herrlichkeit ergrünt.)

Info

- **Fremdenverkehrsverein,** Markt 19, 18569 Gingst, Tel. (038305) 245, Fax 284 (keine geregelten Öffnungszeiten)
Zimmervermittlung Tel. 435

Unterkunft

- **Hotel Gingster Hof,** Mühlenstr. 33, Tel. 500, Fax 50190 (mit Restaurant, Fahrradverleih)
- **Camping Haidhof,** Haidhof 2, Tel. 344 (ganzjährig geöffnet, intimer Platz mit 15 Stellplätzen, Womo-geeignet, Entsorgungseinrichtungen, Bungalowvermietung, Fahrradverleih)

Museum

- **Hist. Handwerkerstuben,** Tel. 304 (Mai-Sept. tägl. 10-18 Uhr, Okt.-April tägl. 10-16 Uhr)

Waase/Ummanz

Alte Reisebeschreibungen schildern die 19 km² große **Insel Ummanz** als „das Ende der Welt", deren Bewohner vier Feinde hätten: den Regen, das Hochwasser, die Wildschweine und die wilden Vögel. Das Hochwasser ist für die Insel auch heute noch ein Feind. Die wilden Vögel aber sind zu der großen Attraktion von Ummanz geworden. In riesigen Schwärmen fallen sie beim großen Vogeltreck von und nach Süden auf der Insel und in den umliegenden, seichten Boddengewässern ein. Besonders die majestätischen Kraniche bieten bei ihrem Aufenthalt ein unvergeßliches Schauspiel (s. Kasten „Der Zug der Kraniche"). Vielfältige Vogelei herrscht aber das ganze Jahr über auf der „Kranichinsel". Die gesamte Insel gehört als besonders wichtiges Brut- und Rastgebiet für zahlreiche Wasser- und Watvogelarten zum *Nationalpark Vorpommersche Boddenlandschaften.* Es ist ein eindringliches Naturerlebnis, bei Suhrendorf auf den Dünen zu sitzen und die Dämmerung über sich hereinbrechen zu lassen. Über dem **Udarser Wiek** erhebt sich dann ein vielstimmiges Schnattern, Tucken, Trompeten, Kreischen und Gurren. Als Horizont taucht aus dem Wasser eine Baumallee auf, die aus dem Wasser zu wachsen scheint. Es sind die Kiefern auf dem extrem flachen Hiddenseer Gellen. Ein wahrlich wundervoller Anblick.

Zur Vogelinsel führt eine 250 m lange Brücke hinüber. Jenseits der Landverbindung liegt das Fischer- und Bauerndorf **Waase.** Die kleine Dorfkirche birgt als ganz besonderen Schatz den berühmten **Waaser Schnitzaltar** (tägl. 10-18 Uhr). Der prunkvolle, kunsthistorisch höchst bedeutende Flügelaltar wurde 1520 in den berühmten Antwerpener Schnitzwerkstätten gefertigt. Bis 1707 stand er im Stralsunder Heilgeistkloster, dem die Insel Ummanz von 1341 bis zur Bodenreform von 1945 gehörte. Warum das wertvolle Stück dann für wenig Geld nach Waase verkauft wurde, ist ungeklärt.

Info

- **Ummanz-Information,** Neue Str. 63, 18569 Waase, Tel. (038305) 8135, Fax 8136 (Juni-Sept. Mo-Fr 9-16 Uhr, Sa/So 11-13 Uhr; Okt.-Mai Mo-Fr 9-15 Uhr)

Unterkunft

- **Pension Haide-Hof,** in Haide, Tel./Fax 55360 (schönes Reethaus in paradiesisch stiller Lage)
- **Pension Zum Kranich,** in Tankow, Tel. 8179, Fax 55383 (niedliches Reethaus absolut einsam am Ende der Welt, am Kranichrastgebiet NSG Udarser Wiek, im Restaurant ländliche regionale Küche)
- **Camping Suhrendorf,** Tel. 82234, Fax 8165 (ganzjährig geöffnet, direkt am kleinen Strand, Womo-geeignet, Ver- und Entsorgungseinrichtungen, Zelt-, Wohnwagen-, Boots-, Surfbrett-, Fahrradverleih)

Schaprode

Schaprode ist das **Tor nach Hiddensee.** Von hier verkehren fahrplanmäßige Personenfähren und private Wassertaxis. Da Hiddensee autofrei ist, steht Hiddenseeurlaubern gegen Gebühren ein eingezäunter, bewachter Parkplatz zur Verfügung. Für Tagestouristen wurde am Ortseingang ein

099omv Foto: rh

großer Parkplatz eingerichtet, auf dem man allerdings nicht nächtigen darf. Der Campingplatz ist in den Sommermonaten oft überfüllt. Auch die Bauern haben zwischenzeitlich die Parkplatzfrage als Einkommensquelle entdeckt und offerieren gegen Bares ihre Wiesen als Stellfläche. Ein Tip: Am Feldweg Richtung Charlottenburg hat ein Bauer eine Camperstellfläche auf der Wiese eingerichtet. Zum Frühstück gibts frische Milch und Eier.

Wer auf die Fähre warten muß und sich etwas die Beine vertreten will, der sollte zur **Dorfkirche** spazieren. Der schöne Backsteinbau ist eine der ältesten Kirchen auf Rügen. Man vermutet, daß er bereits um 1200 begonnen wurde. Wer sich lieber einen Kaffee oder ein Bier gönnen will, dem sei am Hafen **Keils Gasthaus** empfohlen. Die vielen alten Bilder und Fotos an der Wand erzählen von den Stars und Sternchen, die auf ihrer Reise nach Hiddensee bei *Keil* einkehrten.

Wassertaxi nach Hiddensee – Schaprode ist das Tor zum autofreien Inselparadies.

Fähre

● **Infoline:** Tel. (0180) 3212150; Reederei Hiddensee, Achtern Diek 4, Vitte, Tel. (038300) 210, Fax 50170; Hafen Neuendorf Tel. 344, Hafen Vitte Tel. 210, Hafen Kloster Tel. 228; Hafen Schaprode Tel. (038309) 21110; Weiße Flotte Stralsund, Tel. (03831) 268116, Fax 268130

Unterkunft

● **Hotel Zur Alten Schmiede,** Poggenhof 25, Tel. 2100, Fax 21043, 4-Sterne-Haus mit Atelier, Galerie, Café und Sauna
● **Camping Schaproder Bodden,** Lange Str. 26, Tel. 1234 (April-Okt., in Hafennähe direkt am Bodden, Womo-geeignet, Entsorgungseinrichtungen, Fahrradverleih)

Ralswiek

Nahe der verkehrsreichen B 96 verbirgt sich in einer still gelegenen Bucht am Großen Jasmunder Bodden das winzige Dorf Ralswiek. Von den 40 m

100omv Foto: rh

hohen Schwarzen Bergen führt ein Sträßlein steil hinab in das kleine Idyll. Über der Bucht thront das feudale **Schloß Ralswiek.** Das von einem großen Park umgebene Schloß im Stile der Neurenaissance ließ sich 1896 der Großgrundbesitzer *Graf Douglas* errichten. Es kann nur von außen besichtigt werden. Vor dem Schloß fällt ein sanfter Wiesenhang hinab zum Ufer des Jasmunder Boddens. Im Juli und August dient der Hang als Tribüne für ein grandioses Spektakel. 120 Mitwirkende, fünf Koggen, 20 Pferde und vieles mehr inszenieren dann hier auf der Freilichtbühne und dem Jasmunder Bodden die **Störtebeker-Festspiele.** Die kolossale Masseninszenierung mit abschließendem Feuerwerk über dem Bodden ist ein Erlebnis! Rechtzeitige Kartenreservierung wird empfohlen.

Info

- **Informationsbüro,** Am Bodden 24, 18528 Ralswiek, Tel. (03838) 31218 (Mo-Do 7-18 Uhr, Fr 7-15 Uhr)
- **Störtebeker-Festspiele,** Am Bodden 100 (Spielplan, Vorbestellung, Karten von DM 12,- bis DM 42,-
Info / Karten Tel. 31100, Fax 313192
Internet: http://www.stoertebeker.de;
e-mail: stoertebeker-festspiele@t-online.de

Unterkunft/ Gastronomie

- **Hotel Zum Likedeeler,** Am Bodden 21, Tel. 31130, Fax 311313 (mit schönem Wintergarten und Terrasse mit Wasserblick)
- **Pension Zum Schloßgarten,** Parkstr. 44, Tel. 31140, Fax 311419 (im Hausrestaurant werden die Produkte der eigenen Gärtnerei verwendet)
- **Camping Banselvitzer Berge,** ca. 6 km bei Banselvitz am Boddenufer, Tel. (03838) 31248, Fax 31260 (März-Okt., in stiller Lage am Großen Jasmunder Bodden, teils leicht terrassiert, mit lichtem Baumbestand und Wiesenstrand. Sauna, Solarium, Boots-, Surfbrett-, Fahrradverleih)

Das Schloß Ralswiek ist ein Relikt aus Rügens Feudalzeit.

Hiddensee

Überblick

„Ein Schiff aus der Urzeit. Vom Sturm der Jahrtausende übersehen, fährt es gen Norden. Vorn felsig gegen Wasser und Himmel aufgestellt, hinten flach und gelb hängend wie ein zerfetztes und verlorenes Segel. Das ist meine Insel Hiddensee." Alle, die es einmal gesehen haben, das *„Söte Länneken"* Hiddensee, geraten in ähnliche Verzückung wie *Wilhelm Schmidtbaum,* von dem diese Zeilen stammen. Gleich welches Büchlein über Hiddensee man aufschlägt, sie alle enthalten schwärmerische Hymnen auf das kleine Eiland vor Rügens Westküste. *„Diese Klarheit! Dieses stumme und mächtige Strömen des Lichts!"*, schreibt begeistert der Wahlhiddenseer *Gerhart Hauptmann.* Und der Pfarrer *Arnold Gustavs* beginnt seine *Aufzeichnungen eines Inselpfarrers* mit den Worten: *„Dieses Buch ist ein Hohelied der Liebe, der Liebe zu einem unsagbar schönen Fleckchen Erde – zu der Insel Hiddensee."*

So vielfältig und überschwenglich die Hohen Lieder auf Hiddensee auch sind, sie greifen alle zu kurz. Zu einmalig ist es, um seine flirrende Aura mit Vergleichen einzufangen, zu einzigartig seine

101omv Foto: rh

lieblich herbe nordische Natur, um sie in Worten zu beschreiben, zu unbeschreiblich seine erquickliche Wirkung auf Sinne und Seele, um sie in Sätze pressen zu können. Am 29. Juli 1885 betritt *Gerhart Hauptmann* zum ersten Mal Hiddenseer Boden. Sofort in Bann geschlagen, kehrt er immer wieder zurück und läßt sich schließlich 1921 endgültig auf seinem innig geliebten Eilande nieder. Ihm folgen so ziemlich alle großen Namen, die die deutsche Geisteswelt aufzubieten hatte. Alle waren sie da, von *Einstein* bis *Freud,* von *Brecht* bis *Kafka,* von *Kandinsky* bis *Macke,* von *Morgenstern* bis *Ringelnatz.* Hiddensee wurde der Wallfahrtsort der großen Denker und Dichter, Musiker und Maler, Schauspieler und Komponisten, Wissenschaftler und Architekten, Tänzer und Theatermacher. In den Jahren der DDR wurde die romantische Insel eine Art exterritoriales Gebiet. Nur verdiente Genossen oder Kulturschaffende hatten die Chance, einmal auf das schöne Hiddensee zu gelangen. Für den Normalbürger war ein Urlaub auf Hiddensee so etwas wie ein Sechser im Lotto.

Landschaft

Wie ein in der sanften Dünung treibendes, zartgliedriges Seepferdchen liegt die schmale Insel vor der Westküste Rügens. Von Kopf bis Fuß nicht mehr als gute 17 km lang und am Bauche gerade einmal knapp 4 km breit. So klein und doch so unglaublich abwechslungsreich. Struppig und zackig ist sein Nackenkamm, der **Dornbusch** mit seinem steil abfallenden Hochufer. Von dornigen Büschen bedeckt, geht der Kopf zur Boddenseite in sanfte Hügel über, die duftende Wacholderheide über-

Der kleine Hafen von Neuendorf

zieht. Am **Bessin,** dem Kopf unseres Seepferdchens, wächst das flache Schwemmland immer weiter dem benachbarten Bug zu. Der struppige Nacken läuft aus in das gelbe Band des Sandstrandes, der sich einem Rückgrat gleich an der Außenküste bis hinunter zum **Gellen,** dem schmalen, grazilen Schwanz, hinzieht. Auch der Gellen ist Neuland, das von Jahr zu Jahr dem Bock entgegenwächst. Gellen wie Bessin sind wichtige Brut- und Rastgebiete für viele Vogelarten und dürfen deshalb nicht betreten werden. Die Mitte der Insel zwischen Vitte und Neuendorf bedeckt herrliche **Dünenheide.** Die einzigartige Vielfalt der Naturräume Hidddensees steht unter dem Schutz des *Nationalparks Vorpommersche Boddenlandschaften.*

Anreise

Wer einen Ausflug oder Urlaub auf Hiddensee plant, muß bei der **Vorbereitung** einige wichtige Dinge berücksichtigen. Hiddensee ist autofrei! Das Auto muß auf Rügen zurückgelassen werden. Auch bei der Ankunft kann man kein Taxi rufen, sondern muß sein Gepäck bis zur Unterkunft selbst tragen – oder einen Pferdewagen bestellen. Auf Hiddensee geht man zu Fuß oder radelt. Ein Fahrrad ist das beste Fortbewegungsmittel auf der Insel und kann vor Ort ausgeliehen werden. Bedenkenswert ist weiterhin, daß Hiddensee weder Campingplätze noch große Hotels besitzt. Zelten ist grundsätzlich nicht erlaubt. Die Anzahl der Betten ist also begrenzt. Deshalb sollte man sich frühzeitig um eine Übernachtungsgelegenheit kümmern.

Regelmäßige, ganzjährige **Fährverbindungen** nach Hiddensee bestehen nur ab Stralsund und Schaprode. Wer mit der Bahn bis Stralsund reist, kann direkt bis nach Hiddensee lösen. Dann übernimmt die DB die Gepäckbeförderung bis auf die Insel. In Schaprode gibt es einen umzäunten, bewachten Parkplatz, auf dem man sein Auto beruhigt zurücklassen kann. Er ist von 8-20 Uhr geöffnet, d.h. nachts verschlossen. Während der Sommersaison fahren von verschiedenen anderen Orten wie von Zingst, von Wiek, Dranske oder Breege **Ausflugsboote** nach Hiddensee. Fahrzeiten sind bei den jeweiligen Fremdenverkehrsämter zu erfahren. Es gibt auch private Wassertaxis, die rund um die Uhr angefordert werden können.

Außerdem gibt es noch einige **weitere Regeln** auf Hiddensee zu beachten. Hunde sind grundsätzlich an der Leine zu halten! (Am besten gleich zu Hause lassen.) Feuermachen ist nicht gestattet. Die Einschränkungen, die in den verschiedenen Schutzzonen des Nationalparks gelten, sollte man unbedingt beachten. Damit Hiddensee so bleibt, wie es ist. Denn *„Hiddensee ist schön, schön zu jeder Jahreszeit und bei jedem Wetter. Besonders schön, wenn im August der wilde Thymian blüht. Schön im Herbst, wenn die Klashanicks schreien. Schön im hellen Sonnenschein oder auch, wenn uns der Sturm das Haar zerzaust. Schön in dunkler Nacht, wenn sich die gewaltig ausgreifenden Lichtarme des Leuchtturms über unserem Haupt drehen." (Arnold Gustavs,* Inselpfarrer 1903-1946)

- **Info: Insel-Information Hiddensee,** Norderende 162, 18565 Vitte, Tel. (038300) 642-26, Fax 642-25 Internet: http:/www.insel-hiddensee.de (Mo-Fr 7-17 Uhr, in der Saison zus. Sa. 10-13 Uhr)
- **Zimmervermittlung; Nationalparkamt, Gemeindeamt Vitte,** Tel. 64277 (Info, Führungen,etc.)
- **Fähre:** Infoline: Tel. (0180) 3212150; **Reederei Hiddensee,** Achtern Diek 4, Vitte, Tel. (038300) 210, Fax 50170; **Hafen Neuendorf** Tel. 344, Hafen Vitte Tel. 210, **Hafen Kloster** Tel. 228; **Hafen Schaprode** Tel. (038309) 21110; **Weiße Flotte Stralsund,** Tel. (03831) 268116, Fax 268130
- **Wassertaxi:** Wassertaxi (24 Std.)
Pirat Tel. (0171) 7457713,
Störtebeker Tel. (0171) 7457710,
Anna Maria II Tel. (0171) 6428021
- **Gepäcktransport: Fuhrmann Neubauer,** Hafenstr. 10, Kloster, Tel./Fax 487 (auch Kutschfahrten, Reiten)
- **Löwe / Tiburtius,** Süderende 1, Vitte, Tel. 68015 (auch Kutsch-, Kremserfahrten)
- **Fahrradverleih „Die 3". Neuendorf,** Freizeit-Center, Schaulbarg 7, Tel. 477; **Vitte, Verleih Kula,** Süderende 6, Tel. 472; **Kloster Verleih Pehl,** Hafenweg 4, Tel. 437 (Holland-Tourenräder mit Langzeit-, Familienrabatt; Einwegverkehr, inselweiter Pannendienst)

Kloster

Kloster ist das nördlichste der drei Dörfer Hiddensees. Es zieht sich vom Boddenufer am Hang hinauf zum Dornbusch. Hier begann auch die offizielle Geschichte der Besiedlung von *Hithis Oe*, von *„Hithins Insel"*, wie das Eiland zur Zeit der Christianisierung Rügens genannt wurde. 1296 schenkte *Witzlaw II.* die „rings vom Salzmeere umflossene" Insel dem Kloster Neuenkamp. Die Zisterzienser errichten etwa dort, wo heute das Hotel *Hitthim* steht, ein Kloster. Das Kloster verfiel, nachdem es im Zuge der Reformation um 1534 säkularisiert worden war. Heute erinnert nur noch der Ortsname daran. Nach wie vor ist Kloster jedoch das kulturelle Zentrum Hiddensees. Hier steht die Inselkirche, hier liegen die Insulaner begraben. Hier hat sich das Inselmuseum niedergelassen, und hier ist *Gerhart Hauptmanns* Villa, die einst der geistige und gesellschaftliche Mittelpunkt der Künstler- und Kulturszene war. *Hauptmann* war übrigens bei den Insulanern nicht besonders beliebt. Er soll etwas arrogant, in Gutsherrenmanier, aufgetreten sein. In Hauptmanns original eingerichteter Sommerresidenz *Haus Seedorn* erinnert das **Gerhart-Hauptmann-Museum** an den großen Dramatiker. Das mit einem Findling versehene und von Efeu eingewachsene **Hauptmann-Grab** liegt auf dem kleinen, schönen Friedhof beim Inselkirchlein. Neben alten, verwitterten Grabwangen sind die **Hausmarken-Grabsteine** des Friedhofs interessant. Die **Inselkirche** ging aus einer 1332 von den Mönchen errichteten Wegkapelle hervor. Besonders schön ist das Innere. In Weiß und Blau getüncht, mit ihrer mit Rosen ausgemalten Gewölbedecke vermittelt sie einen frischen, heiteren Eindruck. Von der Decke hängt eine pummelige Putte, die einen ausgesprochen beschränkten Gesichtsausdruck hat. Direkt drunter stellen und hochgucken! An der Chorwand ist die Grabplatte des 1466- 1475 als Abt am Kloster wirkenden *Johannes Runenberg* eingelassen.

102omv Foto: rh

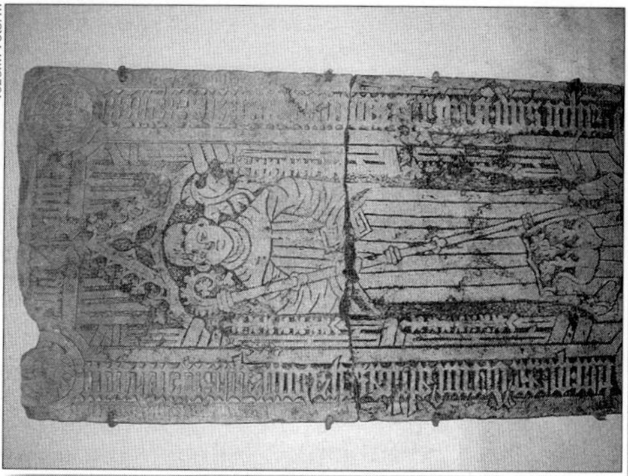

Das kleine **Heimatmuseum** der Insel Hiddensee ist am Ortsausgang Richtung Vitte in der ehemaligen Seenotrettungsstation zu finden. Zu seinen Schätzen gehört unter anderem ein Duplikat des berühmten Hiddenseer Goldschatzes, der von schweren Sturmfluten 1872/74 am Strand von Neuendorf freigespült wurde. Das Original befindet sich im Stralsunder Kulturhistorischen Museum. Am Hang hinauf zum Dornbusch fällt ein schloßartiges Backsteingebäude auf. Es ist die **Lietzenburg,** die 1904 der Maler *Oskar Kruse* bauen ließ und in der dann seine Schwester, die berühmte Puppenmacherin *Käthe Kruse,* wohnte. Auch *Kruses* Haus sah viele illustre Gäste und Gesellschaften.

Von Kloster führen verschiedene Wanderwege hinauf zum **Dornbusch.** Einer führt direkt am bis zu 70 m hohen Kliff an der Abbruchkante entlang, von dem lange, steile Treppen (Puste und gute Schuhe sind angebracht!) hinab zum geröllübersäten Ufer

Der Mönchs-Grabstein in der Inselkirche

103omv Foto: rh

Die Lietzenburg – Haus von Käthe Kruse

führen. Andere schlängeln sich über die wacholderbestanden Wiesenhügel hinauf zum **Leuchtturm** (April-Okt. tägl. 10.30-16 Uhr, Fr auch 19-21 Uhr). Eine herrliche Aussicht über ganz Hiddensee bis hinab zum Gellen und hinüber nach Rügen macht die kleine Wanderung zum Erlebnis. Oben auf dem Dornbusch wartet dann die Ausflugsgaststätte **Zum Klausner** auf müde Wandersleut.

Wer auf dem Dornbusch umherwandert und etwas Glück hat, kann dort dem bekannten **Wetterfrosch Kachelmann** begegnen, der am Leuchtturm eine Wetterstation und das ARD-Wetterstudio Nord betreibt.

Unterkunft/ Gastronomie

- **Haus Hiddensee,** Kirchweg 31, Tel. 335, Fax 691218 (in der Ortsmitte bei der Inselkirche)
- **Pension Zum Klausner,** auf dem Dornbusch, Tel. 6610, Fax 50134 (idyllische Alleinlage oben auf dem Balkon Hiddensees, mit Restaurant)
- **Pension Wieseneck,** Kirchweg 18, Tel. 316, Fax 8024 (hübsche Herberge mit Restaurant)

- **Kleiner Inselblick,** Birkenweg 2, Tel. 234 (ein liebenswertes Unikum, denn es ist Lokal und Trödelladen in einem. Alles Mobiliar ist ausgepreist und käuflich; dazu gibt's ebenso eine gute wie preiswerte Küche.)
- **Pension Zum Enddorn,** in Grieben, Tel. 460, Fax 68094 (im ca. 2 km entfernten Weiler Grieben am Fuße des Enddorn, Sauna, Solarium, Boots-, Angelverleih, Restaurant)
- **Hotel Hitthim,** Hafenweg 8, Tel. 6660, Fax 66618 (am Hafen, mit großem, schönem Biergarten)
- **Restaurant Hedin's Oe**, Hügelweg 22, Tel. 273 (idyllisch und ruhig gelegenes Reethaus, köstliche Inselspezialitäten und 80 (!) erlesene Weine)

Museen

- **Gerhart-Hauptmann-Museum,** Haus Seedorn, Tel. 397 (April-Okt. tägl. 10-17 Uhr, Nov.-März tägl. 11-15 Uhr)
- **Heimatmuseum der Insel Hiddensee,** Ortsausgang am Strand Richt. Vitte, Tel. 363 (April-Okt. tägl. 10-16 Uhr, Nov.-März Fr/Sa 11-15 Uhr)

Vitte

Vitte ist das größte Dorf der Insel und Sitz der Inselverwaltung. Hier sitzt auch das für ganz Hiddensee zuständige Fremdenverkehrsamt. Es entwickelte sich aus einer sogenannten *Vitte,* einem Heringsfangplatz, der nur in der Zeit der Heringszüge bewohnt war. Das Dorfbild von Vitte ist uneinheitlich. Neben alten, reetbedeckten Rauchkaten stehen schmucke, aber auffällige Villen und Sommerhäuser exzentrischer Filmdiven.

Gleich am Weg von Kloster nach Vitte fallen am boddenseitigen Ortsrand zwei eigenartige Gebäude auf. Dem einen sitzt das Dach so schief auf, daß es augenblicklich herunterzurutschen scheint. Es wurde vom Architekten *Max Taut* erbaut und ist unter dem Namen **Henni-Porten-Haus** bekannt. Es ist jedoch wahrscheinlich, daß die Filmdiva weder auf Hiddensee ansässig war noch ein Haus besaß. Wahrscheinlich ist, daß der berühmte Baumeister das skurrile Häuslein für eine Kapitänswitwe errichtete. Das Henni-Porten-Haus wird fälschlicherweise häufig für die Sommerresidenz der dänischen Filmschauspielerin *Asta Nilsen* gehalten. Das **Asta-Nielsen-Haus** ist der entzückende Bau mit „runden Ecken" direkt daneben, das Karussell. Im alten Ortskern von Vitte steht die **Blaue Scheune,** der letzte auf Hiddensee erhaltene Rauchkaten. Dieser schornsteinlose Reetkaten war einst das typische Haus der Insel. Fast alle der malerischen Katen zerstörte die große Sturmflut von 1872. Der blau gestrichene, wunderbar eingewachsene Rauchkaten, in dem heute die Hiddenseer Künstler ihre Werke ausstellen, ist ein Fest für's Auge.

Zwischen Vitte und Neuendorf bedeckt die **Dünenheide** auf 120 ha das Süderland. Besenheide und Krähenbeere wachsen auf dem welligen Dünenrelief, das der Wind immer aufs Neue durch Sandverwehung gestaltet. Der boddenseitige Teil der Heide darf nicht betreten werden. Durch den zugänglichen Teil führt ein **Lehrpfad,** der mit Informationstafel die Besonderheiten dieser Landschaft erläutert.

Unterkunft/Gastronomie

- **Strandhotel,** Sprenge 22, Tel./Fax 241 (Turmvilla in Hafennähe)
- **Hotel Godewind,** Süderende 53, Tel. 6600, Fax 66022 (zentrale Ortslage, mit Restaurant und Gartenlokal)
- **Heiderose,** In den Dünen 127, Tel. 63125, Fax 63124 (Hotel, kleine Reetferienhäuser mit Fischräucherei, Restaurant, Backhaus mitten in der Dünenheide)

104omv Foto: rh

●**Hotel Mühlenhof,** Wiesenweg 58, Tel./Fax 217 (alter Bauernhof, wo die Chefin selbst kocht, mit Cafégarten und Fremdenzimmer)
●**Jugendschiff Caprivari,** im Hafen, Tel./Fax 50162 (sehr preiswerte, einfache Unterkunft auf dem Schiff, besonders für Gruppen geeignet)
●**Inselreif,** Süderende 9, Tel. 50007 (Spezialitätenrestaurant mit regionaler Küche)
●**Feuerstübchen,** Süderende 192, Tel. 438 (kleine, gemütliche Gaststätte direkt an der Strandpromenade)

Galerie/Ausstellung

●**Blaue Scheune** (Mai-Sept. Mi/So 10-12 Uhr)
●**Nationalparkhaus** (Ausstellung: „Alles fließt"), Norderende 1, Tel. 242 (Mai-Sept. tägl. 10-17 Uhr, April-Okt. tägl. 10-16 Uhr)

Neuendorf/Plogshagen

Ganz im Süden liegt Neuendorf, das viele für das schönste Dorf Hiddensees halten. Nähert man sich mit dem Schiff, so wirken die auf aufgeschütteten Sandhügeln stehenden Häuser, als schwämmen sie auf dem Wasser. Zum Bodden hin liegt Neuendorf, das viel ältere Plogshagen an der Außenküste. Da die Insel hier bereits sehr schmal ist, liegen die beiden Ortsteile nebeneinander. Die schwere Sturmflut von 1872 hat hier die Insel in zwei Hälften zerrissen. Zusammengenäht wurde sie wieder mit dem „dicken Faden", einem Damm. Nirgends wird der autofreie Zustand Hiddensees augenfälliger als in Neuendorf. Zu den weißgetünchten Häusern führen nur schmale, sandige Trampelpfade. Neuendorf steht wegen seines am ursprünglichsten erhaltenen Ortsbildes unter Denkmalschutz. Auch die Einwohner haben die Arbeit

Das Asta-Nielsen-Haus in Vitte

105omv Foto: ph

ihrer Väter und Großväter noch nicht vergessen. Obwohl auch in Neuendorf Feriengäste eine wichtige Einnahmequelle sind, fahren die Männer noch Tag für Tag zum Fischen hinaus. Auch die sogenannten **Hausmarken** sind hier noch an jeder Haustür zu sehen. Die Hausmarken sind Symbole, die sich, wie man annimmt, aus altgermanischen Runen entwickelt haben. Sie ersetzen den Familiennamen. Jede Familie hat ihr eigenes Symbol, mit dem auch zum Haushalt gehörenden Geräte markiert wurden. Selbst auf den Grabsteinen steht oft weder Name noch Datum. Die eingemeißelte Hausmarke zeigt, wer hier liegt.

Südlich von Neuendorf steht die *Luchte,* der südliche **Leuchtturm** von Hiddensee. Bilderbuchschön weiß-rot gestreift, ragt er, von bizarren Windflüchtern umgeben, auf dem Strandwall auf. Der feinsandige Strand am abgelegenen Leuchtturm ist bei den Nacktbadern besonders beliebt. Wenig hinter dem Leuchtturm beginnt der **Gellen.** Die langgezogene Sandbank ist Vogelschutzgebiet und darf nicht betreten werden.

Unterkunft/ Gastronomie

- **Pension Am Windflüchter,** Pluderbarg 1, Tel. 364, Fax 365 (an der Außenküste)
- **Up Westend,** Plogshagen 7+9, Tel./Fax 50125 (Gasthof mit Zimmern und Ferienwohnungen)
- **Strandcafé,** am Badestrand, Tel. 50188 (gemütliches Restaurant / Café mit Garten, Zimmer u. Appartements)

Der Leuchtturm südlich von Dornbusch

111omv Foto: rh

Vorpommern

Überblick

„Maikäfer flieg, dein Vater ist im Krieg, deine Mutter ist in Pommerland, Pommerland ist abgebrannt, Maikäfer flieg!" Jedes Kind kennt den Reim, doch vom nach 1945 geteilten Pommernland wissen nur noch wenige. So bekannt und vielbesucht die Küste Vorpommerns mit ihren Inseln Fischland-Darß-Zingst, Rügen, Hiddensee und Usedom ist, so unbekannt und unbeachtet ist das Hinterland der Region. Historisch bestand das Gebiet aus Schwedisch-Vorpommern, das sich zwischen den Flußläufen der Trebel und der Oder erstreckte, und Preußisch-Vorpommern, das der Lauf der Peene vom schwedischen Teil trennte. Diese Teilung weist schon auf das geschichtliche Schicksal des Landstrichs hin. Vorpommern ist **Grenzregion,** heute wie vor langer Zeit. Und Grenzgebiete sind umkämpfte Gebiete. Der Vers vom abgebrannten Pommernland stammt aus dem Dreißigjährigen Krieg, der den Landstrich besonders schwer verheerte. Doch auch der letzte große Krieg suchte Bewohner und Orte Pommerns schwer heim. Die Feuerwalze der Front überrollte ganz Pommern in aller Wucht und löschte viele seiner kleinen Städte und Dörfer fast völlig aus. Die schweren, kaum vernarbten Wunden im Gesicht seiner Ortschaften sind bis heute unübersehbar.

Vorpommern ist nicht nur Deutschlands vergessenster Landstrich, sondern auch einer seiner ländlichsten. Größte Stadt ist Greifswald mit 85.000 Einwohnern. Sonst findet man in dem stillen **Bauernland,** wo man noch durchaus Pferdegespannen begegnen kann, nur kleine, unspektakuläre Landstädtchen. Auch großartige Schlösser und andere Bauwerke sind dünn gesät. Dafür findet man in vielen der Dörfchen kleine Landschlößchen und Herrensitze der alten Gutsherren. Vor allem aber findet man in Vorpommern viel Ruhe und Natur und deutlich niedrigere Preise als an der Küste.

Greifswald

Überblick

„Ziemlich groß. In sehr antikem Geschmack gebaut, doch große und ansehnliche Häuser. Vorzüglich ist am Markt ganz gotische Bauart. Sehr viele Zieraten, und die Giebel, die fast alle nach der Straße zu stehen, in eine Menge von Stockwerken abgeteilt." Es war der Sprachforscher, Dichter und Staatsmann *Wilhelm von Humboldt,* der solcherart knapp seinen 1796 auf einer Pommernreise gewonnenen Eindruck von Greifswald wiedergibt.

Wie beim Nachbarn Stralsund tauchen lange vor der Ankunft die mächtigen Türme der drei Greifswalder Stadtkirchen am Horizont auf und zeugen von der einstigen Macht und dem Reichtum der alten Hansestadt. Doch sonst vermittelt Greifswald auf den ersten Blick das Bild einer verschlafenen Provinzstadt. Aber der Eindruck trügt. Greifswald ist Universitätsstadt. Die **Ernst-Moritz-Arndt-Universität** ist die zweitälteste *Alma mater* Norddeutschlands. Ähnlich wie an anderen Orten, deren Geschichte jahrhundertelang eng mit Universitäten verknüpft ist, ist auch Greifswalds Charakter und Aura davon geprägt. Viele junge Leute bevölkern die Plätze und Straßen, die Cafés und Kneipen. Hier vermischt sich das Alte und Historische auf das Angenehmste mit dem Neuen und Jungen. Die Altstadt mit ihren hanseatischen Kaufmannshäusern und alten Giebelspeichern ist nicht nur schöne Kulisse. Sie atmet und lebt.

Geschichte

Die Geschichte der Stadt beginnt mit der Gründung des Klosters Hilda (später in Eldena umbenannt) nördlich der heutigen Stadt am Südufer des Ryck. Auf Einladung des Rügenfürsten *Jaromar I.* errichtet sich hier der Zisterzienserorden eine neue Wirkungsstätte, nachdem ihr Kloster Dargun 1198 im Kriege zwischen Dänemark und Brandenburg zerstört worden war. Grund für die Wahl dieses Platzes ist

1 Giebelhäuser

2 Rubenow-Denkmal

3 Soziokulturelles Zentrum St.-Spiritus

4 Friedrichsche Seifensiederei

5 Traufenhäuser

6 Speicher

7 Rathaus

8 Ratsapotheke

9 Zoolog. Sammlung

10 Information

11 Stadtmuseum (ehem. Kloster)

12 Theater

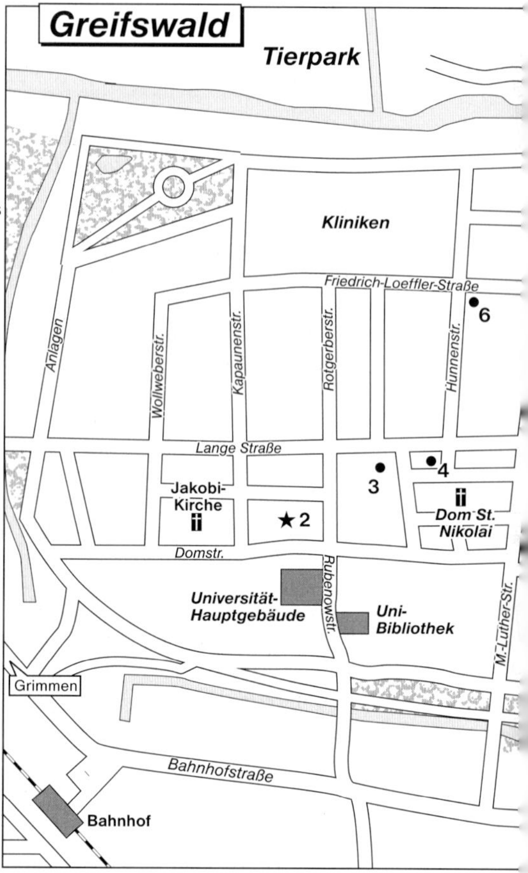

eine Saline, die dem Kloster regelmäßige Einkünfte sichert. Da das Kloster Marktrecht besitzt und mit dem Recht ausgestattet ist, Siedler ins Land zu holen, wächst schnell eine Siedlung heran, in der sich Kaufleute, Händler und Handwerker niederlassen. Der Stadtname taucht 1248 erstmals als *Gripheswald* in einer Urkunde auf. Vermutlich ist er auf das Wappen der pommerschen Herzöge zurückzuführen, das einen Greif zeigt. 1250 erhält Greifswald das lübische Stadtrecht verliehen. 1278 schließt sich der aufstrebende Hafen- und Handelsplatz mit anderen Hafenstädten zum

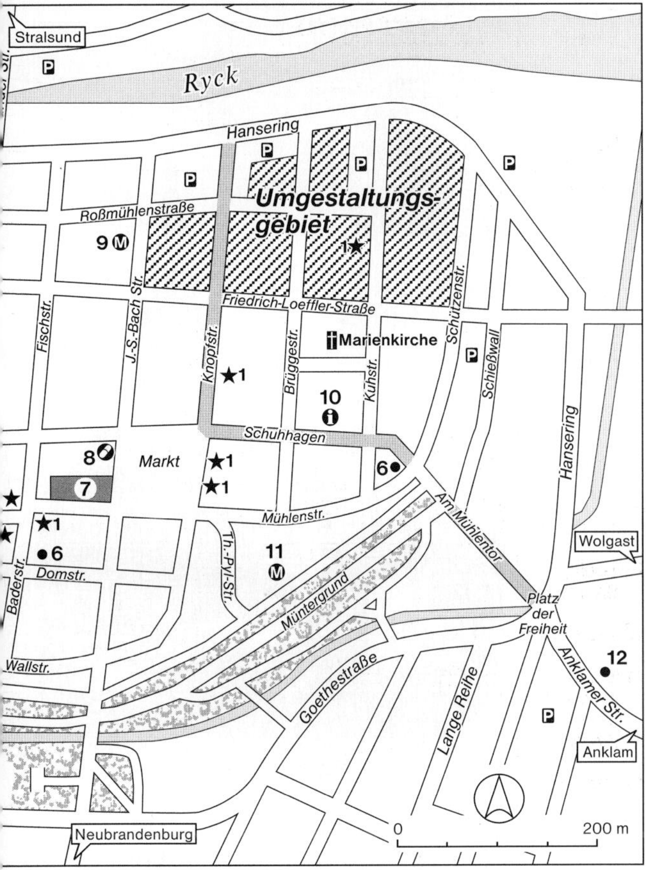

Schutzbund der **Hanse** zusammen. Dieser größte und mächtigste Städtebund des Mittelalters, dessen Mitglied die Stadt bis ins 17. Jahrhundert bleibt, sichert Greifswald ständig wachsenden Reichtum und Einfluß.

Daß die Hansestadt zur **Universitätsstadt** wird, verdankt sie ihrem Bürgermeister *Heinrich Rubenow*. Dem promovierten Juristen gelingt es nach jahrelangem Ringen mit der päpstlichen Kurie, die Genehmigung zur Gründung einer Universität zu erhalten. Er investiert sein gesamtes Privatvermögen in ihren Aufbau und wird ihr erster

Rektor. Weil *Rubenow* vehement für seine freie Stadt und gegen die Begehrlichkeiten des pommerschen Herzoghauses kämpft, wird er im Auftrag von Herzog *Erich* am 31.12.1462 ermordet. Doch Greifswald bleibt frei und wird dank seiner Hochschule das geistige und kulturelle Zentrum der Region. Viele große Namen wie *Ulrich von Hutten, Ernst-Moritz Arndt, Ferdinand Sauerbruch* oder der Turnvater *Jahn* unterrichten in der liberalen Stadt. Auch der große Sohn der Stadt, der Landschaftsmaler *Caspar David Friedrich,* lernte seine Kunst hier.

Blick vom Markt auf den Dom

Daß Greifswald nicht dasselbe Schicksal wie so viele andere Städte Pommerns erleidet, die in den letzten Monaten des **2. Weltkrieges** in Schutt und Asche fallen, verdankt es einer mutigen Gruppe um den damaligen Stadtkommandanten *Petershagen.* Nach dem Anlaufen der Winteroffensive an der Weichselfront wird das von Flüchtlingen überfüllte Greifswald zur Festung erklärt, die bis zur letzten Patrone verteidigt werden soll. Trotz der Drohung des SD, ihn sofort zu erschießen, nimmt der Oberst auf eigene Faust Kontakt zu der heranrückenden Sowjetarmee auf. Am 30.4. 1945 übergibt er die zur Sprengung vorbereitete Stadt kampflos und rettet so Greifswalds historisches und kulturelles Erbe der Nachwelt.

Sehenswertes

Dank *Oberst Petershagen und Co.* sind große Teile des mittelalterlichen Greifswald erhalten geblieben. Fast wäre die historische Altstadt doch noch der Spitzhacke zum Opfer gefallen. 1978 begann man mit der umfassenden *„Erneuerung der verschlissenen Bauwerke durch neue in der rationellen Großplattenbauweise, die für die Anwendung in kulturhistorisch bedeutenden Bereichen weiterentwickelt wurden"*. Den städtebaulichen Frevel kann man im sogenannten Umgestaltungsgebiet zwischen Fleischer- und Schützenstraße bewundern. Die sogenannte „Weiterentwicklung" ist der ziemlich jämmerliche Versuch, mit historisierenden Giebelfassaden die Plattenbauweise zu kaschieren. Ein paar Blumenkübel dazwischen, und fertig ist das aus westdeutschen Fußgängerzonen sattsam bekannte „Idyll".

Rathaus

Ein wahres Fest für das Auge ist dagegen der **Marktplatz,** den ein Ensemble wundervoller historischer Bauwerke aus verschiedenen Epochen umgibt. Beherrscht wird der Markt vom **Rathaus**. Wie das Stralsunder Rathaus wurde das um 1400 errichtete Gebäude mit seinen spitzbogigen Laubengängen als *Kophus,* also Kaufhaus, gebaut. Seine mächtige zweiflüglige Reliefbronzetür erinnert mit ihrem Bilderzyklus an die kampflose Übergabe der Stadt 1945. Neben dem Rathaus erblickt

113omv Foto: ph

man die 1880 errichtete **Ratsapotheke**. Die Fassade des klassizistischen Gebäudes ist durch Pfeiler mit Fialen und Blendenmaßwerk gegliedert und mit neogotischem Dekor verziert. Besonders prachtvoll zeigen sich zwei **Giebelhäuser** an der Ostseite des Marktplatzes. Das linke trägt einen sehr schönen, 1425 geschaffenen Stufengiebel, ein hervorragendes Beispiel für die Bauweise mittelalterlicher Wohnspeicher.

Geht man am Rathaus links in die Badstraße, kommt man zum **ältesten Wohnspeicherhaus** der Stadt. An der aus dem 14. Jh. stammenden Giebelfassade sind die vier Speicheretagen, in denen die Waren lagerten, schön zu erkennen. Wenige Schritte weiter trifft man auf das **Zeughaus**, einen 1650 errichteten Speicher.

Der Marktplatz

Der Dom St. Nicolai

Die Domstraße führt zur größten der drei Greifswalder Stadtkirchen, dem **Dom St. Nicolai.** Die vom Volksmund *„der lange Nikolaus"* genannte gotische Backsteinbasilika erhielt diesen Spitznamen wegen ihres mächtigen, fast 100 m hohen und mit einer Zwiebelhaube abgeschlossenen Turms. Er gilt als der schönste an der deutschen Ostseeküste und ist das Wahrzeichen der Stadt. Das Innere des schlanken, hochaufragenden Domes ist hell und lichtdurchflutet. Die Innengestaltung ist allerdings neueren Datums. Nachdem man 1710 die gotischen und barocken Fresken einfarbig übertüncht hatte, begann man 1824 un-

114omv Foto: ph

ter der Leitung des Malers *J. G. Giese* und des Kunsttischlers *Ch. Friedrich* (ein Bruder des berühmten Malers) mit der grundlegenden Neugestaltung. Die gesamte Einrichtung wurde entfernt. Zentrales Element wurde ein großes goldenes Kreuz, von dem kein anderes Element ablenken sollte. Das Ergebnis wird sehr unterschiedlich be-

Der Dom St. Nicolai, Innenansicht

wertet. Hielt es Altmeister *Schinkel* für „größtenteils gelungen" und manch Kunstsinniger gar für „genial", halten es andere für „akademisch steif" oder gar „verdorben". In der unserer Meinung nach sehr gelungenen und wirkungsvollen nüchternen Atmosphäre des Doms finden seit 1946 regelmäßig die Greifswalder Bachwochen statt.

In unmittelbarer Nähe des Doms liegt das Anwesen des ehemaligen **St.-Spiritus-Hospitals.** Es wurde im 13. Jh. von den reichen Kaufleuten der Stadt als Heim für Alte und Gebrechliche gestiftet. Die heutige Bebauung des Geländes datiert aus dem 18. Jh. Wie ein winziges Dörfchen gruppieren sich die schiefen, eingeschossigen Fachwerkhäuschen um den kleinen Hof. Eine Oase der Ruhe inmitten der Stadt. In den Sommermonaten finden in dem romantischen Winkel Serenaden statt. Die hübschen Häuschen werden für kulturelle Zwecke wie Ausstellungen genutzt.

Die Domstraße führt zum **Universitätsviertel**. Direkt an der Domstraße liegt das **Universitäts-Hauptgebäude**. Der langgestreckte, 1747-50 entstandene strenge Ziegelbau ist ein Werk des Mathematikprofessors *A. Meyer.* Die meisten der historischen Räume fielen einem Umbau zum Opfer. Erhalten geblieben ist nur die alte Bibliothek, die nun als Aula dient und der alte Karzer. Vor dem Hauptgebäude liegt der kleine **Rubenow-Platz.** In der Mitte der Grünanlage ragt das 12 m hohe Rubenow-Denkmal auf. Das Monument, 1856 zum 400jährigen Jubiläum der Universität zu Ehren ihres Begründers aufgestellt, wurde als neugotischer Turm gestaltet.

Beim Rubenow-Platz ragt die **Jakobi-Kirche** auf. Sie ist die kleinste Stadtkirche und wird deshalb der *„kleine Jakob"* genannt. Die mittelalterliche Ausstattung der dreischiffigen Hallenkirche ging verloren. Ihr nüchtern schmuckloses Inneres wird von den unverputzten Backsteinpfeilern bestimmt.

Die dritte Greifswalder Kirche findet man in der Brüggstraße. Die wuchtige, gedrungene **Marien-**

kirche ist das vermutlich älteste Bauwerk der Stadt. Im letzten Viertel des 13. Jh. begonnen, wurde die *„dicke Marie“* 1360 fertiggestellt. Das Innere der Kirche ist weitgehend schmucklos, aber nicht ohne Wirkung. Die braunroten Ziegel verdunkeln das große, fast rechteckige Schiff und tauchen es in ein mystisches Halblicht, das die Wuchtigkeit des Raumes unterstreicht. Einziges Schmuckelement ist die reich mit Intarsien verzierte Kanzel, ein Werk des Kunsttischlers *Mekelenborg* aus dem Jahre 1587. Vom Turm der *dicken Marie* reicht der Blick über die Dächer der Stadt weit über die Ostsee bis zu den vorpommerschen Inseln.

116omv Foto: ph

Von der Marienkirche führt die Brüggstraße zur **Fußgängerzone Schuhhagen.** Etwas versteckt liegt am Rande der Altstadt in der Th.-Pyl-Straße das **Stadtmuseum**. Es ist im letzten erhaltenen Gebäude des ehemaligen Franziskanerklosters untergebracht. Der dreigeschossige Satteldachbau stammt von 1320. Die Ausstellungsräume erstrecken sich über alle drei Stockwerke und zeigen neben Ausstellungen zur Universitäts- und Stadtgeschichte sowie der Geschichte des Klosters Eldena eine kleine Sammlung von Werken des berühmtesten Greifswalders, des Landschaftsmalers *Caspar David Friedrich.*

Info

- **Fremdenverkehrsverein,** Schuhhagen 22, 17489 Greifswald, Tel. (03834) 19433, Fax 3788 (Mai-Sept. Mo-Fr 9-18 Uhr, Sa 10-13 Uhr;Okt.-April Mo-Fr 9-17 Uhr)

Unterkunft

- **Hotel Am Dom,** Lange Str. 44, Tel. 79750, Fax 797511 (im hist. Bürgerhaus von 1595 in der Fußgängerzone mitten in der Altstadt; im Restaurant regionale und vegetarische Küche)
- **Hotel Möller,** Hans-Fallada-Str. 4, Tel. 502229, Fax 502324 (am Rand der Altstadt; großer, ruhiger Garten mit Teich und Liegewiese, Sauna; im Restaurant u.a. franz. Spezialitäten; sehr gut sortierte Weinkarte)
- **Jugendhotel,** Brandteichstr., Tel. 573010 (große, preiswerte Herberge mit Fitnesscenter, Billard, Bowling)
- **Hotel Maria,** Dorfstr. 45a, OT Wieck, Tel. 841426, Fax 840136 (kleine, gemütliche Herberge in Strandnähe, im Hausrestaurant Fischspezialitäten)
- **Camping Loissin,** in Loissin, Tel. (038352) 243, Fax 725 (ganzjährig geöffnet, Lage direkt am Strand, Womo-geeignet, Entsorgungseinrichtungen, Bungalowvermietung, Boots-, Fahrradverleih)

Alter Karzer in der Uni (nur mit Führung zu besichtigen)

Gastronomie

- **Braugasthaus Zum Alten Fritz,** Am Markt 13, Tel. 578320 (rustikales Restaurant in gotischem Giebelhaus aus dem 13. Jh.; mit Bierkeller im Gewölbe und Biergarten)
- **Alter Speicher,** Roßmühlenstr. 25, Tel. 2974 (regionale Küche in altem Speicherhaus)
- **Zum Logenhaus,** Am Mühlentor 3, Tel. 2526
- **Alte Schmiede,** OT Eldena, Wolgaster Landstr. 42, Tel. 840342 (futtern wie bei Muttern im rustikalen Ambiente)
- **Zur Fischerhütte,** OT Wiek, an der Klappbrücke, Tel. 839654 (Fischspezialitäten aus dem Bodden)

Kultur

- **Stadtmuseum,** Th.-Pyl-Str. 1, Tel. 2720 (Mi-So 10-18 Uhr, Juli/Aug. auch Mo+Di 10-18 Uhr)
- **Tierpark,** Credener-Anlagen (am Ryck) (tägl. 9-18 Uhr)
- **St.-Spiritus-Hospital,** Lange Str. 49, Tel. 3463 (Ausstellungen, Lesungen, Club-, Frauencafé etc.)
- **Theater Vorpommern,** R.-Blum-Str., Karten-Tel. 57220
- **Sternwarte,** Domstr. 10a (physik. Institut)

Umgebung

Wiek

Das alte Fischerdorf Wiek am Nordufer des Ryck konnte sich sein ursprüngliches Gesicht als Fischerdorf weitgehend bewahren und steht deshalb unter Denkmalschutz. Malerische Fischerkaten und Kapitänshäuser gruppieren sich um den kleinen Hafen, in dem die Fischer ihren Fang sortieren. Die Attraktion des hübschen Dörfchens ist die **hölzerne Klappbrücke,** die den Ryck überquert. Das 1887 nach holländischem Vorbild errichtete technische Denkmal ist noch voll funktions-

116omv Foto: ph

fähig. Über sie kann man hinüber nach Eldena. Allerdings nur, wenn man dafür DM 5,- bezahlt und nicht schwerer als 1,5 Tonnen ist. Schwergewichte müssen, um zu den Klosterruinen von Eldena zu gelangen, den Umweg zurück über Greifswald machen.

Die Klosterruine Eldena

Eldena

„Ora et labora" war die Maxime des Ordens der Zisterzienser, die 1199 am Südufer der Mündung des Ryck ins Dänische Wiek ein Kloster errichteten. Durch großzügige Schenkungen seitens des Fürsten *Jaromar I.* wurde das **Kloster Eldena** schnell sehr vermögend und zu einem prunkvollen Anwesen ausgebaut. Auch die Lebenshaltung der Äbte und Mönche rückte, durch den Mammon korrumpiert, schnell vom kargen Grundsatz *„bete und arbeite"* ab. In rauschenden Gelagen wurde das Klostervermögen verpraßt. 1490 versetzte *Abt Gregorius Groper* goldene Kelche und Kreuze, ja gar seinen Hirtenstab, um eine Orgie mit *„Gauklern, Possenreißern und leichtfertigen Frauen"* zu finanzieren. Nach der Reformation diente das verlassene Kloster den Greifswaldern als Steinbruch. So wurden beispielsweise die ersten Universitätsgebäude mit Ziegeln des Klosters Eldena gebaut. Die Bilder, die der Greifswalder Maler *Caspar David Friedrich* von den Ruinen des Klosters malte, erregten am preußischen Königshof solch großes Aufsehen und Interesse, daß man die Ruinen des Klosters Eldena unter Schutz stellte und dann den Gartenbaumeister *Lenné* beauftragte, um sie herum einen Park zu gestalten. Wie zu *Friedrichs* Zeiten sind die berühmten Klosterruinen ein ungemein romantischer Anblick, den man sich nicht entgehen lassen sollte.

Lenné

Anklam

Die Otto-Lilienthal-Stadt

Die alte Hanse- und Hafenstadt Anklam liegt am Unterlauf der Peene, die 8 km weiter in das Achterwasser mündet. Mit 17.000 Einwohner zählt sie zu den großen Gemeinden Vorpommerns. Sie liegt inmitten der großen Niederung des Peene-Urstromtals. Das Land ist platt wie eine Flunder,

und der Himmel ist endlos weit. Nicht eine Erhebung begrenzt den Horizont. Vielleicht war es dieser grenzenlose Himmel über Anklam, der eine Prophezeihung des genialen Denkers und Konstrukteurs *Leonardo da Vinci* ausgerechnet hier an diesem unscheinbaren Ort Wirklichkeit werden ließ. *„Es wird seinen ersten Flug nehmen der große Vogel vom Rücken des Hügels aus. Das Universum mit Verblüffung, alle Schriften mit seinem Ruhm füllend. Und ewige Glorie dem Ort wo er geboren ward."* Die ewige Glorie gebührt Anklam. Hier wurde der alte Menschheitstraum vom Fliegen Wirklichkeit. Hier ist er geboren, der Vater aller Flugapparate, der Maschinenbauingenieur *Otto Lilienthal. „Vom Schritt zum Sprung, vom Sprung zum Flug"*, war die Devise des Tüftlers, der den leichten, eleganten Flug der Vögel zum Vorbild nahm. Und die gab und gibt es im urwüchsigen Peenetal bei Anklam in seltener Vielfalt.

Fluggerät im Lilienthal-Museum

Lilienthal

In Anklam, einer heute recht gesichtslosen Provinzsstadt, die fast alle auf dem Weg zur Ostsee schnell durcheilen, dreht sich alles um das Fliegen. Hier gibt es natürlich einen Flugplatz und den Segelfliegerclub *Otto Lilienthal.* Hier veranstaltet der Mecklenburg-Brandenburgische Ballonsportverein Ballonmeetings, und der Modellflugzeugsport blickt auf eine lange Tradition zurück. Natürlich gibt es einen Verein der Freunde der Ultraleichtflieger und Hängegleiter. Und es gibt das *Otto-Lilienthal-Museum,* das mit originalgetreuen Nachbauten der Experimentier- und Flugapparate *Lilienthals* glänzt.

Geschichte

Die älteste Urkunde, in der Anklam als Stadt erwähnt wird, stammt von 1264, als Herzog *Barnim I.* die *„Bürger, die in der Stadt Anklam verweilen",* von jedem Zoll befreit. Diese Befreiung und andere Privilegien wie das Münzrecht lassen die günstig an der schiffbaren Peene gelegene Hafenstadt gedeihen und ihre Bürger zu Wohlstand kommen. 1283 tritt Anklam der Hanse bei. Die Stadt wird unter 57 pommerschen Städten die fünftgrößte und erhält im Landtag den Rang einer „vorsitzenden Stadt". 1648 wird Anklam durch das Abkommen im Westfälischen Frieden schwedisch. 1676 wird es durch preußische Truppen belagert und beschossen. 1720 wird die Stadt preußisch, der Peenedamm bleibt aber schwedisch. Nun ist Anklam Grenzsstadt. *Otto Lilienthal (Liliendal),* der am 23.5.1848 in Anklam geboren wird, ist mit großer Wahrscheinlichkeit schwedischer Abstammung. Im 2. Weltkrieg wird die Stadt durch Luftangiffe und Kriegshandlungen zu 70 % zerstört.

Sehenswertes

Die fürchterlichen Zerstörungen des Krieges haben nur wenige historische Bauten überstanden. Von der mächtigen Stadtbefestigung, die die reiche Hansestadt einst schützte, zeugt noch das große **Steintor** aus dem 13. Jh. In dem zinnengekrönten, 32 m hohen Backsteinturm führen 111 Stufen hinauf und eröffnen eine schöne Vogelperspektive über die Stadt und die Peeneniederung. In den fünf Turmetagen ist das **Museum im Steintor** untergebracht.

Besuchermagnet der Stadt ist aber das **Lilienthal-Museum** in der Ellbogenstraße nahe dem Bahnhof. Neben Modellen von *Lilienthals* verschiedenen Flugapparaten zeigt es anhand vieler originalgetreuer Nachbauten von Flugmaschinenkonstruktionen den langen Weg bis zum ersten flugtüchtigen Segelapparat. Das Museum bietet viele Möglichkeiten, ganz praktisch den Traum vom Fliegen zu erleben. Im Freigelände stehen Trainingsgeräte und eine Modellfluganlage, und im oberen Stockwerk kann man gar selbst Lilienthal spielen. Nicht nur für Flugbegeisterte ein Erlebnis ist das **Flugplatz-Festival,** das jedes Jahr im Juli stattfindet. Ein Wochenende lang dreht sich auf den vielen Veranstaltungen alles ums Fliegen. Auf dem Markt erhebt sich das schlanke **Lilienthal-Denkmal**, an dessen Fuß die Aufschrift *„Die Macht des Verstandes wird dich auch im Fluge tragen"* zu lesen ist.

Den Krieg überlebt hat auch die **Marienkirche**, eine gotische Hallenkirche mit wertvoller Ausstattung. Der ausgebrannte Turm der **Nicolaikirche** mahnt dagegen an die Schrecken des Krieges. Anklams Wahrzeichen steht außerhalb der Stadt. An der B 109 ragt der **Große Stein**, ein mittelalterlicher Wartturm, auf.

Info

- **Anklam-Information,** Kleiner Wall 11, 17389 Anklam, Tel. (03971) 210541, Fax 835155 (Juni / Juli / Aug. Mo-Fr 9-18 Uhr, Mai-Sept. zus. Sa 9-12 Uhr, Okt.-April Mo-Fr 10-17 Uhr)

Unterkunft

- **Hotel Am Stadtwall,** Demminer Str. 5, Tel. 833136, Fax 833137 (kleines Hotel im hübschen alten Backsteinbau)
- **Hotel Anklam,** Pasewalker Allee 90, Tel. 833191 (mit Restaurant Peenegrund)
- **Landhotel Bömitz,** Dorfstr. 14, ca. 10 km nördl. in Bömitz, Tel. (039724) 22240, Fax 22541 (abgeschieden und idyllisch still in einem Park gelegen, mit Liegewiese, Reiterhof; im Restaurant gehobene Küche)
- **JH**, im OT Murchin, Jugendherberge 1, Tel. 210732 (mit Zeltplatz)
- **Camping Lassan,** ca. 12 km in Lassan am Achterwasser, Garthof 5, Tel./Fax (038374) 80373 (Ostern-Okt., direkt am Strand, Womo-geeignet, Fahrradverleih)

Museen

- **Museum im Steintor**, Schulstr. 1, Tel. 245503
- **Otto-Lilienthal-Museum**, Ellbogenstr. 1, Tel. 245500

Öffnungszeiten für **beide** Museen: (Mai-Sept. Di-Fr 10-17 Uhr, Sa/So 14-17 Uhr, Okt.-April Di-Fr 10-16 Uhr, So 14-17 Uhr)

Umgebung

NSG Peene-niederung

Das Peeneurstromtal ist eine in Mitteleuropa einzigartige Flußlandschaft. In vielen Kurven und Kehren mäandert die Peene, die aus dem Kummerower See entspringt, durch ihr von menschlichen Eingriffen weitgehend verschont gebliebenes Tal. Besonders die Peeneniederung, die sich von Anklam bis zur Peenemündung erstreckt, ist ein wahres Kleinod. In den ausgedehnten Moor- und Sumpfgebieten finden noch viele Tier- und Pflanzenarten Lebensraum, die andernorts längst verschwunden sind. Hier leben noch Fischotter und Biber, See- und Schreiadler, Kranich und Storch, Korn- und Wiesenweihe. Seltene Orchideen blühen in vielfältigen Formen und Farben. Nur ein Feldweg führt durch das Moorgebiet von der Straße nach Ueckermünde beim Lucienhof hinaus zum winzigen **Haffischerdorf Kamp**. Vom Ufer des malerischen Fischerdörfchen hat man einen guten Ausblick auf die 1874-76 errichtete größte **Eisenbahnhubbrücke,** die einst die Bahnverbindung zur Insel Usedom herstellte und 1945 zerstört wurde.

Müggen-burg
10 km SW

Inmitten der stillen Landschaft ragt ein neugotisches **Wasserschloß** auf. Von der alten Burg, die vor dem 1889-91 errichteten Schloß hier stand, stammt noch der mächtige Wehrturm, der in den Neubau integriert wurde.

Spantekow
15 km SW

Das Dorf verfügt über eine besondere Sehenswürdigkeit: die gut erhaltene Ruine einer **Flachlandfestung,** wie es sie in Mecklenburg-Vorpommern sonst nur noch in Dömitz an der Elbe gibt. Die alten Kasematten sind begehbar. Inmitten des

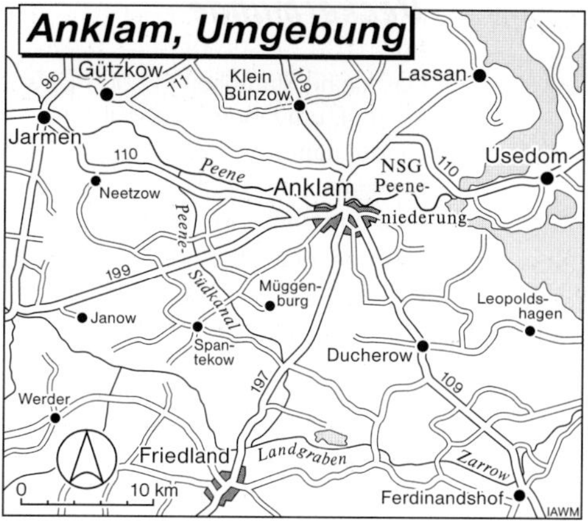

viereckigen Festungshofes steht ein Renaissanceschloß, das einst die Hauptburg der Schweriner Herzöge war.

Janow/ Burg Landeskron
20 km SW

Bei Neuendorf B (Neuendorf A liegt bei Ueckermünde) führt eine kleine Straße zum Dorf Janow. Etwas außerhalb liegen im landschaftlich sehr schönen Landesgraben die romantisch überwachsenen Ruinen des **Renaissanceschlosses Landeskron.** Der Wassergraben war einst die Grenze zu Mecklenburg-Strelitz. Die alte Grenzfeste wurde 1576 vom Schweriner Herzog *Ulrich II.* errichtet. Bei der Ruine liegt das **Naturdenkmal Landgrabenwiese,** eine artenreiche Feuchtwiese.

Neetzow
26 km SW

Inmitten der Ackerlandschaft am Peeneufer dehnt sich ein 20 ha großer **Landschaftspark** aus, in dessen Mitte das sehenswerte **Schloß Neetzow** liegt. Das prunkvolle, 1848 im Tudorstil errichtete Schloß ist eines der größten und schönsten in Vorpommern.

Ueckermünde

Das kleine Städtchen (12.000 Einw.) Ueckermünde liegt, umgeben vom Wald der Ueckermünder Heide, nahe der Mündung der Uecker ins Stettiner Haff. Im Abseits aller Touristenströme gelegen, finden nur wenige Besucher in die beschaulich verschlafene Stadt. Ihr Name leitet sich vom slawischen Stamm der Ukrer ab, der die Gegend ab dem 12. Jh. besiedelte. 1260 bekam der Handelsplatz das Stadtrecht verliehen. Die Haupterwerbsquelle war lange Zeit aber die Fischerei. Mit der Entdeckung von Raseneisenerz entstanden zu Beginn des 19. Jh. mehrere Eisengießereien. Zum Ende des 2. Weltkriegs wurde das Städtchen durch die kampflose Übergabe an die Rote Armee vor Zerstörungen bewahrt. Auf einem Hügel am Ufer der Uecker thront das **Stadtschloß,** das im 14. und 15. Jh. oft als Tagungsstätte für Landtage diente. Der heutige Bau wurde anstelle einer um 1260 angelegten Burg von dem Pommernherzog *Phillip I.* errichtet. In dem Renaissanceschloß ist das **Haffmuseum** untergebracht. Gleich neben dem Schloß liegt der kleine **Stadthafen.** Der Bummel durch die kleine Fachwerkstadt führt zum zentralen **Marktplatz,** an dem die **Marienkirche** steht. Der 1752-66 errichtete Saalbau besitzt eine bemalte Holzdecke und einen prächtigen Kanzelaltar mit reichem Rokokodekor. Der Kirchturm ist besteigbar und bietet einen herrlichen Blick über Heide und Haff. Etwa 2 km außerhalb vom Zentrum liegt ein 18 ha großer **Tierpark,** der über 400 Tierarten, darunter Affen, Krokodile und eine hier freilebende, 300 Brutpaare umfassende Graureiherkolonie, besitzt.

Der Strand von Ueckermünde

Info

- **Fremdenverkehrsverein Stettiner Haff,** Schulstr. 18/19, 17373 Ueckermünde, Tel./Fax (039771) 23233
Internet: http://www.ueckermuende.de;
e-mail: rathaus@ueckermuende.de
(Mai-Sept. Mo-Fr 9-18 Uhr, Sa/So 9-12 Uhr, Okt.-April Mo-Fr 9-16 Uhr)

Unterkunft

- **Hotel Pommernyacht,** Altes Bollwerk 1, Tel. 2150, Fax 24395 (regionale Küche, Fahrradverleih)
- **Hotel Stadtkrug,** Markt 3, Tel. 800, Fax 80409 (Fahrradverleih, im Restaurant Fisch- und Wildgerichte)
- **Hotel Haffhus,** in Bellin, Dorfstr. 35, Tel. 2080, Fax 20850 (hübsches Reetdachhaus in stiller Lage direkt am Haff mit eigenem Strand)
- **Finn-Bungalows,** in Ahlbeck OT Gegensee, Dorfstr. 26a, Tel. (039775) 20351, Fax 20014 (5 romantische finnische Blockhäuser in einsamer, stiller Lage am Waldrand, ein Paradies für Naturliebhaber)
- **JH**, in Bellin, Altwarper Str., Tel. 22411
- **Campingpark Oderhaff,** in Grambin, Dorfstr. 66, Tel. (039774) 20420 (Mai-Sept., im lichten Birkenwald direkt am Haff, Womo-geeignet, Entsorgungseinrichtungen, Boots-, Fahrradverleih)
- **Camping Kron-Bellin**, in Bellin, Tel. (039771)23126 (ganzjährig geöffnet, Lage direkt am Haff mit Hotel, Womo-geeignet, Entsorgungseinrichtungen, Bungalowvermietung, Motorboot-, Angelverleih; Restaurant mit mecklenburger Küche und toller Terrasse am Wasser)

Vorpommern

118omv Foto: ph

119omv Foto: ph

Reusen in Altwarp

Gastronomie

- **Landgasthof Luckow**, in Luckow, Tel. (039754) 22876 (deftige pommersche Küche, Fischspezialitäten frisch aus dem Haff, eigene Fischräucherei)
- **Wirtshaus am Speicher,** Bergstr. 109, Tel. 26358 (pommersche Fischspezialitäten im hist. Ambiente)

Museen

- **Haffmuseum,** Im Schloß, Tel. 28442 (Di 9-12 u.13-17 Uhr, Mi/Do 9-12 u. 13-16 Uhr, Fr 9-12 u. 13-15 Uhr, in der Saison zus. Sa 13-16 Uhr, So 10-12 u. 13-16 Uhr)
- **Tierpark,** Chausseestr. 76, Tel. 22748 (Mai-Sept. tägl. 9-18 Uhr, Okt.-April tägl. 9-16 Uhr)

Umgebung

Ueckermünder Heide

Die Internationale der Naturfreunde hat die Region beiderseits der Odermündung 1993 nicht von ungefähr zur „Landschaft des Jahres“ erklärt. Die von der deutsch-polnischen Grenze durchschnittene Landschaft ist mit Sicherheit einer der abgeschiedensten Winkel ganz Deutschlands. Das riesige **Waldgebiet** der Ueckermünder Heide ist ein echtes Paradies für denjenigen, der im Urlaub Stille und unberührte Natur sucht. Einschränkend muß jedoch gesagt werden, daß nicht alle Bereiche der Heide den Radlern und Wanderern offen stehen. In den Wäldern versteckt sich (leider) auch allerhand Militär. Dennoch gibt es in der weiten Wald- und Wiesenregion rund 300 km ausgeschilderter Wander- und Radwege.

Zu den seltenen Tieren, die man auf Streifzügen beobachten kann, gehören beispielsweise Adler und Storch. In die stille, von kleinen Bächen durchströmte Landschaft eingestreut liegen kleine, weltabgeschiedene **Dörfchen.** Von dem fast vergessenen Fischerdorf Altwarp verkehrt eine Fähre hinüber ins polnische Nowe Warpno. Wer die Heideregion genauer erkunden möchte, dem sei das Heft *„Wandern und Radfahren in der Ueckermünder Heide"* empfohlen, das bei den örtlichen Fremdenverkehrsämtern erhältlich ist.

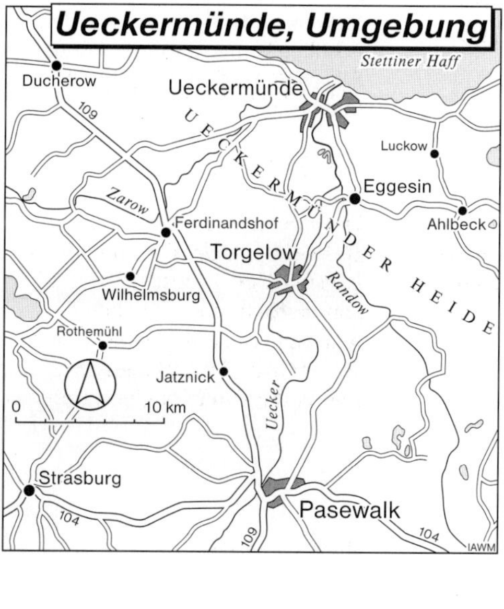

Torgelow
13 km S

Die Kleinstadt Torgelow liegt mitten in der Ueckermünder Heide. Das unscheinbare Städtchen entstand um eine Eisenhütte, die *Friedrich II.* 1754 ansiedeln ließ. Insgesamt 14 Eisengießereien arbeiteten hier um die Jahrhundertwende. Die kleine **Heimatstube** zeigt neben anderem auch Erzeugnisse der Gießerei. In der ehemaligen königlich-preußischen Eisenhütte gibt die ständige **Ausstellung „Historische Gießereitechnik"** Auskunft über das alte Gewerbe.

An der Straße nach Hammer liegt das sehenswerte **Freilichtmuseum Ukranenland,** ein nach archäologischen Befunden mit Bohlen- und Flechtwandhäusern orginal rekonstruiertes **slawisches Händler- und Handwerkerdorf** aus dem 9. und 10. Jh. In den frühmittelalterlichen Werkstätten kann man Schmied, Töpfer, Korbmacher, Kammacher über die Schulter schauen oder (nach Anmeldung) selbst flechten, filzen, mahlen, backen oder schnitzen oder auf dem historischen Spielplatz speerwerfen oder bogenschießen. Der Clou ist Deutschlands einziges orginal rekonstruiertes **Slawenschiff SVAROG,** mit dem auf der Uecker Ausflüge gemacht werden können. Im Dorf finden zwischen April und Oktober zahlreiche Feste und Märkte statt.

120omv Foto: ph

● **Info: Informationsservice,** Am Bahnhof 2, 17358 Torgelow, Tel./Fax (03976) 252152
Internet: http://www.torgelow@t-online.de,
e-mail: Stadt.Torgelow.de
(Mo/Mi/Do 8-12 u. 13-16 Uhr, Di 8-12 u. 13-17.30 Uhr, Fr 8-12 Uhr)
● **Unterkunft: Hotel Zum Forsthaus,** Anklamer Str. 10, Tel. 432697, Fax 432698 (mit Restaurant)
● **Gastronomie: Kaiserpalast,** Wilhelmstr. 47, Tel. 202737 (bei Wenjun Fen gibts sehr gute orginal chin. Küche im exotischen Ambiente mit mehr als 100 Gerichten à la card)
● **Museum: Freilichtmuseum „Ukranenland",** Borkenstr., Tel. 202397, Fax 202303 (Sommer tägl. 10-18 Uhr; Winter tägl. 10-16 Uhr, Übernachtungsmögl. für Gruppen)

Pasewalk
26 km S

Die 16.000 Einwohner zählende Stadt Pasewalk liegt in der nördlichen Uckermark am Mittellauf der Uecker. Sie ist eine der ältesten Städte Vorpommerns, wie die urkundliche Erwähnung von 1177 zeigt. Die an einem Flußübergang entstandene Kaufmannssiedlung erhielt 1250 das Magdeburger Stadtrecht. Wie viele andere Orte Vorpommerns wurde die Stadt gegen Ende des 2. Weltkriegs fast völlig zerstört. Nur wenige alte Bauwerke blieben erhalten. Zu ihnen gehören Teile der alten **Stadtmauer,** die beiden Stadttore **Mühlentor** und **Prenzlauer Tor** sowie der **Turm „Kiek in de Mark"**, das Wahrzeichen Pasewalks.

● **Info: Stadtinformation,** Am Markt 2, 17309 Pasewalk, Tel./Fax (03073) 213995
(Mo-Do 8.30-12.30 Uhr u. 13-16 Uhr, Fr 9-13 Uhr)
● **Unterkunft: Villa Knobelsdorff,** Ringstr. 13, Tel. 20910, Fax 209110 (hübsche alte Villa mit Restaurant, rustikalem Bierkeller und Café)
● **Schloßparkhotel Krugsdorf,** ca. 8 km östl. in Krugsdorf, Zerrinthiner Str. 2, Tel. (039743) 322, Fax 237 (schön und ruhig gelegenes altes Herrenhaus)
Museum: Museum Pasewalk, Prenzlauer Str. 22 (im Prenzlauer Tor), Tel. 433182 (Di-Do 10-12 und 14-16 Uhr, Sa/So 14-16 Uhr)

Strasburg/ Brohmer Berge
34 km SW

Die Uckermärker Kleinstadt Strasburg ist ein günstiger Ausgangspunkt zu Ausflügen in das **LSG Brohmer Berge,** das sich nördlich der Stadt zwischen Brohm und Jatznik erstreckt. Lehrbuchhaft lassen sich hier die Auswirkungen der eiszeitlichen Gletscher studieren. Topfeben gehobelt wurde die Niederung der Friedländer **„Großen Wiese“.** In der Mitte des 12.000 ha großen Niedermoores liegt der Galenbecker See. Unvermittelt steigen die bewaldeten Moränenhöhenzüge der **Brohmer Berge** aus der Ebene. Die mit 148 m höchste Erhebung liegt bei Matzdorf. Das beschauliche, von Laubwald bestandene Kuppenland lädt zu ausgedehnten Spaziergängen in stiller Natur ein.

121omv Foto: ph

Westlich von Strasburg findet man im Dorf **Groß Miltzow** ein in eine Parkanlage eingebettetes schönes **Schloß.** Südwestlich von Strasburg liegt die bekannte **Mühlenstadt Woldegk**. Die kleine Stadt besitzt gleich fünf liebevoll restaurierte Windmühlen, in denen ein Café, ein kleines Museum und eine Töpferei eingezogen sind. Eine der Mühlen ist noch voll funktionsfähig.

- **Info: Tourist-Information Strasburg / Fremdenverkehrsverein Brohmer Berge,** Pfarrstr. 22a, 17335 Strasburg, Tel. (039753) 22584, Fax 20046 (Di 9-12 u.13-18 Uhr, Mi/Do 9-12 u. 13-16 Uhr, Fr 9-12 Uhr)
- **Unterkunft/Gastronomie: Hotel Im Wasserturm,** Lindenstr. 2, Tel. 2700, Fax 22250 (außergewöhnlich schlafen und speisen in einem 35 m hohen, alten Wasserturm);
- **Pension Burgwall**, Burgwall 2, Tel. 20418 (historisches Ausflugslokal am Fuß der Brohmer Berge, herrlich ruhige Lage am See, im Restaurant mecklenburger Küche);
- **Landgaststätte Galenbecker See,** in Galenbeck, Dorfstr. 1, Tel. (039607) 20580 (rustikale Dorfgaststätte mit mecklenburger Küche, Hausmannskost und selbstgemachtem Kuchen)
- **Museum: Mühlenmuseum,** in Woldegk, Mühlendamm (Di-Fr 10-12 und 13-16.30 Uhr, Sa/So 14-17 Uhr)

131omv Foto: rh

Usedom

Überblick

Wie ein natürlicher Wellenbrecher liegt Usedom quer vor der vorpommerschen Küste. Die Odermündung trennt es von seiner Schwesterinsel Wollin, die fast spiegelbildlich der polnischen Küste vorgelagert ist. Seit 1945 gehört auch Usedoms östlichster Zipfel mit dem alten Seebad Swinemünde (heute Swinnoujscie) zum Territorium der Nachbarrepublik. Auf 445 km^2 dehnt sich die Insel zwischen Oderhaff, Oderbucht und Peenestrom. Das Achterwasser teilt sie gleichsam in zwei Teile. Der größere, östliche Teil ist vielseitiger und landschaftlich abwechslungsreicher als der westliche. Die „Grenze" bildet die schmalste Stelle der Insel bei Koserow, die nur etwa 200 m mißt und mehrfach von Sturmfluten tatsächlich zerrissen wurde. Die landschaftlichen Reize der Insel leben von dem Gegensatz zwischen der fast strichgeraden, der offenen See zugewandten Ausgleichsküste und dem wirren Geflecht von Land und Wasser an der dem Land zugewandten Seite. Hier drängen sich die Boddengewässer tief in die Insel hinein und schaffen eine äußerst zerlappte Küstenlinie. Obwohl Usedom nur 42 km lang ist, bringt es die landseitige Küstenlinie so auf runde 160 km. Usedom, die Boddengewässer und ein schmaler Küstenstrich am Festland bilden zusammen den 542 km^2 großen **Naturpark Usedom.**

Auch touristisch gesehen lebt die Insel von der Spannung zwischen Außen- und Binnenküste. Der sagenhafte, 40 km lange Traumstrand, der sich praktisch auf der ganzen Insellänge vom Peenemünder Haken bis zur polnischen Grenze hinzieht, macht Usedom zur **Badeinsel** schlechthin. Und zur Camperinsel. Im Küstenschutzwald unmittelbar am Strand verstecken sich so viele Campingplätze wie sonst nirgends an der Ostseeküste. Die „Badewanne Berlins" wurde Usedom vor dem Kriege genannt, als Expreßzüge zigtausende Gäste im Eiltempo auf das Badeparadies brachten.

Und obwohl der Zug heute doppelt so lange braucht wie damals, strömen die Hauptstädter nun wieder wie in alten Zeiten zu ihrer geliebten Badewanne. Aus den guten alten Zeiten stammen die traditionsreichen Seebäder, die sich entlang der Ostseeküste wie Perlen auf einer Schnur aneinanderreihen. Vom Glanze der Kaiserzeit berichten die prachtvollen Villen und Logierhäuser im Seebäderstil, die die Stürme der Zeit überstanden und nun in alter Herrlichkeit erblühen.

Still und ruhig geht es an der von Schilf gesäumten **Boddenküste** zu. Hier haben Wanderer, Angler und Naturliebhaber ihr Refugium. In den Steilufern nisten seltene Uferschwalben, und im goldgelben Binsengürtel rascheln und tuckern allerlei Enten und andere Vögel. Der vom Badetourismus kaum berührte Lieper Winkel und die bewaldete Region an der Staatsgrenze zu Polen vermitteln den Eindruck, als wäre seit Jahrzehnten die Zeit stehengeblieben.

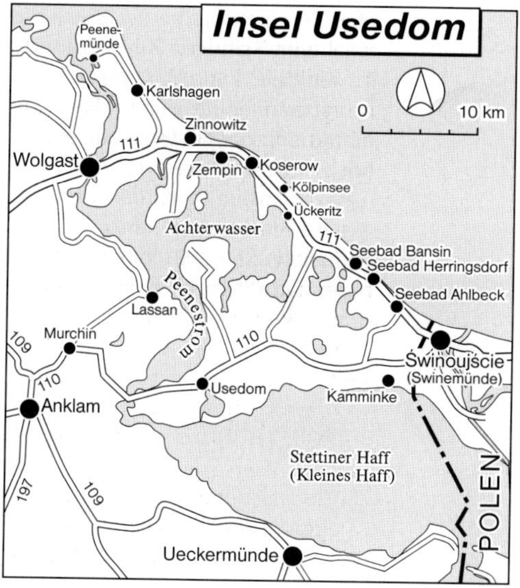

Wolgast

Kaffeemühle

Das kleine, bescheidene Städtchen Wolgast am Peenestrom ist das Tor zu Westusedom. Über die Wolgaster Klappbrücke schiebt sich in Urlaubszeiten ein endloser Autostrom mitten durch das Städtchen auf die Badeinsel. An der Stelle von Wolgast lag einst eine slawische Zollstation, die den bedeutenden Handel über den Peenestrom kontrollierte. Der strategisch wichtige Ort war viel umkämpft. Im Jahre 919 gelang es schließlich den Dänen, die Slawenburg zu erobern. Nun konnten sie selbst die Hand aufhalten, und Wolgast wuchs schnell zum Handels- und Hafenort heran. 1282 mit dem Stadtrecht versehen, konnte Wolgast dennoch nicht mit den benachbarten Hafenstädten Stralsund und Greifswald mithalten. Wesentlicher Entwicklungsbremser war der Umstand, daß sie 1295 Residenzstadt des Herzogtums Pommern-Wolgast wurde und bis 1625 blieb. Und die Herzöge duldeten keinen freien, selbstbewußten Kaufmannstand. 1713 brach die große Katastrophe über die Stadt herein. Russische Truppen hatten sie im 7jährigen Krieg erobert und brannten sie auf Befehl von Zar *Peter I.* planmäßig nieder. Fährt man heute durch die kleine Werftstadt, drängt sich der Eindruck auf, sie habe sich davon noch nicht wieder erholt.

Am höchsten Punkt der Stadt, wo einst der slawische Tempel stand, thront die wuchtige **St.-Petri-Kirche.** Die dreischiffige, gotische Backsteinbasilika aus dem 14. Jh. war die Hof- und Begräb-

Der kolossale Getreidespeicher ist ein Meisterwerk der Fachwerkkunst.

niskirche der pommerschen Herzöge. Neun zinnerne Prunksärge birgt die Fürstengruft noch. 184 Stufen führen auf die 40 m hohe Aussichtsgalerie des Kirchturms hinauf. Ein exzellenter Ausblick über die Stadt hinüber zur Insel entschädigt für die Mühen des Aufstiegs. Unweit der Kirche erblickt man den **Marktplatz.** In seiner Mitte steht das mit einem laubenartigen Vorbau versehene barocke **Rathaus** (1724). Nur wenige Schritte vom Rathaus entfernt steht eines der ältesten Gebäude der Stadt, das wegen seiner eigenwilligen Dachform vom Volksmund *Kaffeemühle* genannt wird. Das Fachwerkhaus von 1676 beheimatet nun das **Stadtmuseum.** Ein Raum des Museums widmet sich dem berühmtesten Sohn der Stadt, dem Maler der deutschen Frühromantik, *Phillip Otto Runge* (1777-1810). Das **Runge-Geburtshaus** steht in der Kronwiekstraße 45. Unten am Hafen beherrscht ein imposanter alter **Getreidespeicher** die Kulisse. Mit 80 m Länge und einem Fassungsvermögen von 5.000 Tonnen ist der denkmalgeschützte Fachwerkspeicher einer der größten seiner Art an der Ostseeküste. Ein architektonisches Kleinod findet man auf dem alten Friedhof an der Chausseestraße. Die zwölfeckige, äußerlich eher

132omv Foto: rh

schlicht wirkende **Gertrudenkapelle** entpuppt sich beim Betreten als bauliches Meisterwerk. Von der mittigen Rundsäule gehen 24 Gewölbegurte ab, aus denen sich ein prächtiges Sternengewölbe entwickelt. Die Kapelle wurde 1420 nach dem Vorbild der Jerusalemer Erlöserkirche errichtet.

Info

• **Wolgast-Information,** Rathausplatz 1, 17438 Wolgast, Tel./Fax (03836) 600118
(Juni-Aug. Mo-Fr 9-18 Uhr, Sa 10-14 Uhr; Sept.-Mai Mo-Fr 9-17 Uhr)

Unterkunft

• **Hotel Zur Insel,** im OT Mahlzow, Str. der Freundschaft 54, Tel.201077, Fax 202075
• **Pension Kirschstein,** Schützenstr. 25, Tel. 27220, Fax 272250

Gastronomie

• **Zum Alten Speicher**, Schloßinsel, Tel. 205994 (in eben solchem)
• **Conditorei & Café Biedenweg,** Lange Str. 15, Tel. 202372

Museen

• **Stadtmuseum „Kaffeemühle“,** Am Rathausplatz 6, Tel. 203041
(Di-Fr 10-17 Uhr, Sa 9-12 Uhr)
• **Rungehaus,** Kronwiekstr. 45, Tel. 202000
• **Fährschiff „Stralsund“,** im Museumshafen (hist. Eisenbahn-Dampffährschiff)
Öffnungszeiten für **alle drei Museen:**
(Juni-Aug. Di-Fr 10-18 Uhr, Sa/So 10-14 Uhr; Sept.-Mai Di-Fr 10-17 Uhr, Sa 10-14 Uhr)

Trassenheide/Karlshagen

Der erste Badeort, den man erreicht, wenn man über die *Brücke der Freundschaft* von Wolgast hinüber auf die Insel Usedom fährt, ist das kleine Trassenheide. Wie das benachbarte Karlshagen ist der Ort eine planmäßige Ansiedlung. Auf Initiative des pommerschen Oberpräsidenten *Sack* sollten an den „öden Strandstellen“ Fischer angesiedelt werden. Da die Bauern aber keinen Grund abgeben wollten, wurden 1829 staatliche Waldparzel-

133omv Foto: rh

len ausgeschrieben und verkauft. Trassenheide trug erst den Namen Hammelstall. Da man das aber etwas unpäßlich fand, um Sommerfrischler anzulocken, benannte man es dann nach der nahen Försterei im Trassenmoor um. Karlshagen trägt den Namen seines Gründers *Karl Triest*. Während auf Ost-Usedom das Bädergeschäft bereits boomte, stellten sich in den beiden Fischersiedlungen nur wenige, Ruhe suchende Badegäste ein. Zwar erhielten Trassenheide 1870 und Karlshagen 1903 offiziell den Titel Badeort, aber schon ihr Ortsbild zeigt, daß sie mit den mondänen Seebädern nicht mithalten konnten.

Alle Pläne, den Fremdenverkehr zu fördern, wurden 1936 zunichte gemacht, als die Wehrmacht den gesamten östlichen Inselteil ab Lüttenort bei Koserow abriegelte und zum Sperrgebiet erklärte.

Immer ein romantischer Anblick – Fischerboote am Strand von Trassenheide.

Die Einwohner wurden vertrieben und im Wald zwischen Karlshagen und Peenemünde die gigantische Heeresversuchsanstalt gebaut. Nach dem Krieg übernahm die Volksarmee das Gelände. Hinter Karlshagen blockierte eine Stasi-Schranke die Straße. Aus Karlshagen wurde eine Garnisonsstadt mit den typischen Mietblocks.

Zwar können Karlshagen und Trassenheide weder mit ihrem Ortsbild besonders glänzen, noch haben sie Sehenswürdigkeiten vorzuweisen. Eines haben sie aber beide: Strand, Strand, Strand. Auch heute ist West-Usedom weniger frequentiert als der Ostteil, trotz des 50 m breiten, feinsten Sandstrandes, der sich hinaus bis Peenemünde zieht.

Am Ortseingang von Karlshagen erinnert eine **Mahnstätte** an die Opfer der Bombardierung Peenemündes, bei der irrtümlich auch die Zwangsarbeiterlager angegriffen wurden und viele tausend Kriegsgefangene und KZ-Häftlinge zu Tode kamen. Es ist sicher nicht unangebracht, an dieser Mahnstätte sich die zahllosen Opfer in Erinnerung zu rufen, die die Raketen der Heeresversuchsanstalt in England und anderswo und die Bombardierungen der Anlage auf Usedom forderten, bevor man allzu kritiklos das Kriegsgerät in Peenemünde bestaunt.

Ein Abstecher lohnt das kleine Dorf Mölschow. Dort erwartet Sie der **Kulturhof Mölschow,** und der **Landwirtschaftliche Erlebnisbereich Mölschow** mit Ausstellungen, Öko-, und Kräutergarten u.a. Der Kulturhof pflegt das traditionelle Handwerk Pommerns. Unter kundiger Anleitung kann man dort selbst korbflechten, spinnen, weben, filzen, schnitzen und mehr versuchen.

Info

- **Kurverwaltung**, Strandstr. 36, 17449 Trassenheide, Tel. (038371) 20928, Fax 20913
Internet: http://www.nig.nord-ost.de/theide
(Mai-Sept. Mo-Fr 9-18 Uhr, Sa/So 9-12 Uhr; April-Okt. Mo-Mi 9-16 Uhr, Do 9-18 Uhr, Fr 9-14 Uhr)
- **Fremdenverkehrsamt „An der Peenemündung“**, Hauptstr. 16, 17449 Karlshagen, Tel./Fax: (038371) 20758 (Mai-Sept.9-12 u. 12.30-18 Uhr, Juni-15. Sept. zus. Sa/So 9-12 Uhr, Okt.-April Mo-Fr 9-12 u. 12.30-16 Uhr)

Unterkunft

- **Hotel Waldhof,** Trassenheide, Forststr.9, Tel. 500, Fax 20561 (ruhig am Waldrand gelegen)
- **Hotel Nordkap,** in Karlshagen, Strandstr. 8, Tel. 550, Fax 55100 (Neubau in Strandnähe mit großzügiger Saunalandschaft und Wintergarten-Restaurant)
- **Camping Ostseeblick,** Trassenheide, Zeltplatzstr., Tel. 20928 (April-Okt., im lichten Kiefernwald direkt am Strand, Womo-geeignet, Entsorgungseinrichtungen, Wohnwagen-, Fahrradverleih)
- **Camping Karlshagen,** Zeltplatzstr. 12, Tel. 20291 (April-Sept., im lichten Kiefernwald direkt am Strand, Womo-geeignet, Bungalowvermietung)

Gastronomie

- **Panorama,** Strandstr. 22, Tel. 20931, Trassenheide (griechische und ital. Küche, mit Meeresblickterrasse)
- **Dünencafé,** Strandstr., Tel. 20516, Karlshagen (direkt am Strandzugang, mit Terrasse)

Kultur

- **Kulturhof Mölschow,** Trassenheider Str. 1, Tel. (038377) 41423 (15.Mai-Sept. Di-Sa 10-18 Uhr; Okt.-14. Mai Di-Sa 10-16 Uhr)
- **Naturschutzzentrum „Insel Usedom",** in Karlshagen, Dünenstr. Tel. 21750 (Mai-Sept. Di-Fr 10-18 Uhr, Sa/So 11-17 Uhr; Okt.-April Di-Fr 10-16 Uhr, Sa/So 13-16 Uhr)
- **Landwirtschaftl. Erlebnisbereich Mölschow,** Tel. 40630 (Mai-Okt. tägl. 10-18 Uhr)

Peenemünde

Peenemünde, die Wiege der Weltraumfahrt. Auch wer nicht weiß, wo es überhaupt ist, den Namen Peenemünde kennt fast jeder. Tatsächlich startete hier am 3.11.1942 der erste von Menschenhand gebaute Flugapparat, der in den Weltraum vordrang. Es war eine von *Wernher von Braun* konstruierte V2, die nach vielen Fehlschlägen nun 192 km weit flog, bevor sie in die Ostsee stürzte.

Wernher von Braun

Von dem gigantischen Forschungszentrum der **Heeresversuchsanstalt (HVA)** in den Peenemünder Wäldern, in der 1.500 Wissenschaftler und 8.000 Spezialisten an vielen Projekten forschten, ist heute außer zerborstenem Beton, überwuchertem Stahl und moosbewachsenen Rohrleitungen nichts mehr zu sehen. Da im Wald noch scharfe

Die Heeresversuchsanstalt Peenemünde

Begonnen hatte die Entwicklung von Raketen in Kummersdorf bei Berlin, wo eine Handvoll begeisterter Wissenschaftler mit Strahltriebwerken experimentierte. Unter ihnen war ein besonders fähiger und tatendurstiger junger Wissenschaftler namens *Wernher von Braun.* Nachdem die Arbeit der Gruppe lange verspottet und ignoriert wurde, erkannte ein Teil des Militärs die Möglichkeiten eines solchen Antriebs für ihre Zwecke. Die Kummersdorfer erhielten nun großzügige finanzielle Förderung, um ein neues Testgelände und die notwendigen Versuchsanlagen zu bauen. Erst fiel die Wahl *von Brauns* auf die Schmale Heide bei Binz auf Rügen. Dieses Gelände hatte sich aber kurz zuvor die Naziorganisation *Kraft durch Freude* unter den Nagel gerissen und baute dort eine große Ferienanlage. Die Ruinen der Anlage, die nie fertig wurde, sind dort heute noch zu besichtigen (s. auch Kap. Rügen/Schmale Heide). So entschied man sich für Usedom, weil man von dort aus ebenfalls über 400 km weit über unbewohntes Gebiet, d. h. die Ostsee, schießen konnte. Die abgeschiedene Lage, geringe Besiedlung und die zur Tarnung günstigen Kiefernwälder bildeten ideale Voraussetzungen zur Geheimhaltung des Projekts.

Nachdem man sämtliche Einwohner West-Usedoms vertrieben hatte, wurde 1936 mit dem Bau der gigantischen Anlage begonnen. 350 Millionen Reichsmark, eine für die damaligen Verhältnisse unglaubliche Summe, wurden für die größte Baustelle des Reiches bereitgestellt. Mit der Arbeitskraft Zehntausender Zwangsarbeiter und KZ-Häftlinge durchzog man den ganzen Inselzipfel mit Entwässerungsgräben und senkte so den Grundwasserspiegel um 1,5 m ab. Ein künstlich angelegter See sammelte das Wasser. Über 70 km S-Bahn-Schienen wurden verlegt, die die einzelnen Gebäude der Anlage, die sich über den gesamten Inselteil erstreckte, verbanden. Größter Einzelbau war die Halle des Versuchsserienwerkes, in der die V 2 stehend montiert wurde. Die Halle war 200 m lang, 75 m breit und 20 m hoch. Ebenfalls gebaut wurde der größte Windkanal der damaligen Welt, in dem fünffache Schallgeschwindigkeit erzeugt werden konnte. Während der ersten Bauphase begannen die Wissenschaftler mit dem Versuchsschießen kleiner Raketen von dem kleinen, der Usedomer Küste vorgelagerten Eiland Greifswalder Oie.

In Peenemünde wurde dann unter Leitung des Heeres, verkörpert durch *General Dornberger,* die erste Großrakete der Welt, die V 2, entwickelt und gebaut. Die Flugbombe V 1 entstammte den Laboratorien der ebenfalls in Peenemünde ansässigen Luftwaffe, die von Raketen gar nichts hielt. (Wohl weil sie dachte, im Falle des Gelingens überflüssig zu werden.)

Nach vielen Fehlschlägen gelang schließlich am 3.10.1942 der erste erfolgreiche Start einer V 2. Sie flog über 90 km hoch und 200 km weit. Zum ersten Mal in der Geschichte der Menschheit hatte damit ein Flugapparat die Atmosphäre verlassen und war in den Weltraum vorgedrungen.

In Peenemünde wurde aber nicht nur an Raketen geforscht. Die Anlage stellte sozusagen einen großen Wissenschaftlerpool, einen der ersten Technologieparks, dar. Es wurde an vielen Projekten parallel gearbeitet. So bei-

134omv Foto: rh

spielsweise an der ersten Flugabwehrrakete „Wasserfall", an Großrechenanlagen, am ersten Strahlflugzeug der Welt, der HE 176, das vom Peenemünder Flughafen zu seinem ersten Flug abhob. Der Ingenieur *Bruch* entwickelte hier die erste Fernsehkamera, die er in die Köpfe der Geschosse einbaute, Vorläufer der *smart bombs* und *guided missiles,* die jeder vom letzten Golfkrieg her kennt.

Obwohl man die ganze Anlage streng geheim hielt und perfekt tarnte, wurden die Alliierten durch die Kondensstreifen der Raketen, die man bis nach Schweden sehen konnte, auf Peenemünde aufmerksam. Einige Fehlschüsse, von denen auch einer in Schweden niederging, bestätigten ihren Verdacht. Ein Fehlschuß zerstörte übrigens auf dem Peenemünder Flughafen drei eigene HE-111-Bomber. Ein anderer Irrläufer schlug nahe von Buddenhagen bei Wolgast ein und riß einen Krater von 40 m Durchmesser. Der Krater, der noch heute vorhanden ist, diente den Schulen der Umgebung häufig als Ausflugsziel.

Am 17./18.8.1943 griffen dann 600 alliierte Bomber die Anlagen an und beschädigten die Werke sowie die umliegenden Gemeinden schwer. Weil man die Baracken der Zwangsarbeiter für Kasernen der Wachmannschaften hielt, wurden auch diese angegriffen. Hunderte der gequälten Häftlinge fanden dabei den Tod. Danach wurden sämtliche Arbeitskräfte durch Insassen der KZs Sachsenhausen und Ravensbrück ersetzt. Eine zweite Angriffswelle am 18. Juli 1944 zerstörte die Anlagen völlig. Die Raketenproduktion wurde daraufhin in unterirdische Stollenanlagen, das sogenannte Mittelwerk bei Nordhausen am südlichen Rand des Harzes verlegt. Insgesamt wurden während des Krieges knapp 6000 V-2-Raketen hergestellt und verschossen.

135omv Foto: rh

Munition und Blindgänger vermutet werden, sollte er nicht betreten werden! Eines der wenigen Relikte ist das monströse Betongerippe der ehemaligen **Sauerstoffabrik,** die düster mitten im Dörfchen aufragt. Von den vielen Gerüchten und Mythen, die sich um die Heeresversuchsanstalt ranken, ist schlicht nichts wahr. Wie es wirklich war und wie die Forscherstadt einmal ausgesehen hat, darüber kann man sich im **Historisch-technischen Informationszentrum** informieren. Neben Modellen von der Gesamtanlage der HVA, Raketen, Flügelbomben, ausgemusterten sowjetischen Düsenjägern, Hubschraubern u.a. führt die Multivisionsschau *„Es begann in Peenemünde"* zu den Wurzeln der Raumfahrt zurück. Aber auch an die Opfer von Hitlers „Wunderwaffen" (die Bezeichnung V steht für Vergeltung) wird erinnert.

Russenjet vor dem HVA-Kohlekraftwerk; im Peenemünder Museumsgelände ist allerhand Kriegsgerät zu sehen.

Auch 10 Jahre nach dem Mauerfall dämmert das so lange drangsalierte Dorf noch immer im Dornröschenschlaf, da die riesigen militärischen Liegenschaften im Ort und ringsherum an das Bundesvermögensamt fielen und so für eine touristische Entwicklung blockiert waren. Nun hat sich die *„Innovative Usedom"* darangemacht, den Tiefseehafen zu einem maritimen Zentrum mit Törns auf alten Großseglern, Tauchschule, Angelfahrten, Restaurant etc. auszubauen und so (dringendst benötigte) Arbeit ins darbende Peenemünde bringt.

An Peenemündes Geschichte vor der V1 und V2 erinnert der **Gustav-Adolf-Gedenkstein** vor der kleinen **Kapelle** beim Parkplatz der Technikausstellung. Der Schwedenkönig landete 1630 mit seiner Armee hier bei Peenemünde auf Usedom, um (sehr erfolgreich) in den 30jährigen Krieg einzugreifen.

Museum

- **Historisch-technisches Informationszentrum,** Bahnhofstr. 28, 17449 Peenemünde, Tel. (038371) 20573, Fax 20574 (April-Okt. Di-So 9-18 Uhr, Nov.-März Di-So 10-16 Uhr, Okt.-Mai Mo geschl.)

Aktivitäten

- **Maritimes Zentrum Peenemünde,** Info / Buchung Tel./Fax (038377) 41499 od. Tel./Fax (038371) 20829 (individuell organisierte tourist. Diestleistungen von Piratenfahrt über Tauchausbildung, Segel-, Angeltörns, Reiseleitung, Unterkunft, Naturpark Usedom-Exkursion bis excl. Hochzeit an Bord)

Zinnowitz

Das alte **Seebad** Zinnowitz ist der größte und schönste Badeort auf West-Usedom. Umgeben von Wald, liegt es auf einem 2 km breiten Landstreifen zwischen Ostsee und Achterwasser. Erst 1851 gelang es den Zinnowitzern, gegen viel Widerstand vom *Königlichen Hochlöblichen Herrn Landrat von Ferno in Swinemünde* die amtliche „Badekonsens" zu erhalten. Geknüpft an die *„ausdrückliche Bedingung, durch Marken zu bezeich-*

nen, wie tief die Badenden ohne Gefahr in die See hineingehen können sowie Badekarren aufzustellen". Sehr schnell entwickelte sich Zinnowitz vom Strandnest zum beliebtesten Seebad auf Usedom. Der Plan, durch niedrige Preise eine Art „Bad fürs Volk" zu werden, war voll aufgegangen.

In der *Aktion Rose* wurden 1953 alle privaten Hotel- und Pensionseigentümer an der Ostsee enteignet. Die Einrichtungen von Zinnowitz übernahm die *SDAG Wismut,* und das Bad wurde zum *„Badeort der Werktätigen",* zum Erholungsort für Zehntausende von Kumpels, die sich in den Uranminen Sachsens die Gesundheit ruinierten. Bis auf den unschönen Klotz des **Hotels Baltic** glänzt das Seebad wieder mit neu renovierten alten Villen im Stile der Bäderarchitektur. Hauptbeschäftigung aller Zinnowitzfahrer ist Baden und Flanieren. Endlose Kilometer zieht sich der Superstrand mit FKK-Abschnitten von Horizont zu Horizont. Nach dem Strandvergnügen spaziert und zeigt man sich auf der **Strandpromenade** und der **Seebrücke.** Und wenn das Wetter nicht mitspielt, weicht man in das große **Meerwasserhallenbad** aus oder man diniert in einem der vielen Restaurants.

Ideal zum Spazierensitzen ist das gemütliche Museums-Café des **Hotels Preussenhof,** von dem man nicht nur den Flaneueren und -innen zuschauen kann, sondern sich auch dem nostalgischen Flair *„Badewesen der Jahrhundertwende"* hingeben kann. In dem schönen Hotel direkt am Zugang zur Seebrücke, in dem 1925 schon der preußische Kronprinz Quartier nahm, ist auch das Heimatmuseum von Zinnowitz untergebracht.

Info

- **Kurverwaltung,** Neue Strandstr. 30, 17454 Zinnowitz, Tel. (038377) 4920, Fax 42229 (Mai-Sept. Mo-Fr 9-20 Uhr, Sa 10-16 Uhr, So 10-14 Uhr; Okt.-April Mo-Fr 9-18 Uhr, Sa 10-14 Uhr)

Unterkunft

- **Preussenhof,** Dünenstr. 10, Tel. 390, Fax 39510 (traditionsreiche, prächtig restaurierte Herberge mit einladendem Museums-Café und nostalgisch schöner Tanzbar; im Haus ist auch das kleine Heimatmuseum)

136omv Foto: rh

●**Ferienparadies Lütow,** in Lütow, Tel. (038377) 4930, Fax 49319 (Urlaubszentrum mit Hotel, Ferienwohnungen, -häusern in ruhiger Lage auf großem Wiesen-, Waldgrund auf dem schönen Gnitz 500 m vom Achterwasser; mit großer Bade-, Saunalandschaft, Solarium, Beautyfarm, Volleyball-, Flutlicht-Tennis-Platz u.a.)
●**Hotel Dünenschloß,** Neue Strandstr. 27, Tel. 790, Fax 79259 (hübsches, altes Seebadhaus direkt am Strandzugang)
●**Hotel Kormoran,** Dünenstr. 14, Tel. 40702, Fax 40704 (hübsche, alte Villa direkt an der Strandpromenade)
●**Hotel Asgard,** Dünenstr. 20, Tel. 4670, Fax 467124 (prächtige Jugendstilvilla, an der Strandpromenade, mit Gourmet-Restaurant)
●**Hotel Vineta,Strandpromenade** 1, Tel. 40888, Fax 40889 (Zimmer mit Seeblick und Balkon, Restaurant mit pommerscher Küche)
●**Pension Weiss,** W.-Potenberg-Str. 11, Tel. 42675 (Familienpension in großem Garten und ruhiger Ortslage)
●**Camping Pommernland,** Dr.-Wachsmann-Str. 40, Tel. 40348 (ganzjährig geöffnet, im Küstenschutzwald, 5 min. zum Strand, Womo-geeignet, Entsorgungseinrichtungen, Blockhaus-Vermietung, Fahrradverleih)

Gastronomie

●**Zum Klabautermann,** Dr.-Wachsmann-Str. 10, Tel. 2897
●**Pommerscher Hof,** Kiefernweg 4, Tel. 2643

Ein Hotel an der Strandpromenade

Zempin

Nahe der schmalsten Stelle von Usedom liegt das kleine Dorf Zempin. Nur etwa 10 min. Fußweg trennen hier die Ostsee vom Achterwasser. Versteckt in den Dünen am Strand liegen malerische, alte **Salzhütten,** in denen einst der Hering eingesalzen wurde. Sehr lohnenswert ist eine kleine Wanderung von Zempin hinaus auf die Landzunge des **Gnitz,** der wie eine Keule weit in das Achterwasser hinausragt. Die Spitze des Gnitz um den 38 m hohen **Weißen Berg** ist ein ungemein romantisches Fleckchen Erde. Im sandigen Steilufer nisten seltene

137omv Foto: rh

Uferschwalben. Vom Wanderweg entlang der Abbruchkante kann man weit über das Achterwasser hinweg bis hinüber zum Festland schauen.

Info

- **Fremdenverkehrsamt Zempin,** Fischerstr.1, 17459 Zempin, Tel./Fax: (038377) 42162 (Juni-Aug. Mo-Fr 7.30-19 Uhr, Sa/So 9-12 Uhr; Sept.-Mai Mo-Fr 7.30-12 Uhr u. 13-16 Uhr)

Unterkunft

- **Hotel Wikinger,** Seestr. 6, Tel. 750, Fax 75115 (moderner Bau mit Sauna, Solarium, Restaurant/Café)
- **Ferienhof Schön,** Fischerstr. 13, Tel. 40033 (schöner, sehr still direkt am Achterwasser gelegener Reetdachhof)
- **Camping Am Dünengelände,** Tel. 41363 (April-Okt., im Küstenschutzwald beim Strand, Womo-geeignet, Entsorgungseinrichtungen, Caravan-, Boots-, Fahrradverleih)
- **Naturcamping Usedom, Lütow/Gnitz**, Tel. (038377) 40581, Fax 41553 (ganzjährig, großer Platz im NSG am Weißen Berg, ruhige Lage am Achterwasser, Womo-geeignet, Entsorgungseinrichtungen, Bungalowvermietung, Fahrradverleih)

Koserow/Lüttenort

„Kose sanft, nie kose roh, so wie man kost in Koserow." Der Badeort Koserow liegt am **Streckelsberg,** der das höchste und eindrucksvollste Steilufer an Usedoms Außenküste bildet. Da der 56 m hohe, sagenumwobene Berg widrige Winde abhält, ist der Strand von Koserow der beliebteste **FKK-Strand** der Insel. Vor dem Streckelsberg, etwa 4 km im Meer, soll auch die sagenhafte Stadt **Vineta** gelegen haben. Ihre unermeßlich reichen Bewohner, so erzählt die Legende, sollen zur Strafe für ihren lasterhaften und verschwendungssüchtigen Lebensstil mitsamt der ganzen Stadt vom Meer verschlungen worden sein. Fast so berühmt wie die Vinetalegende wurde Mitte letzten Jahrhunderts der **Pfar-**

Strandkörbe kann man sich fast an jedem Strandzugang mieten.

rer Meinhold. Er hatte in einem alten Kirchenbuch die Eintragung über einen Hexenprozeß gefunden *(die Rösesche Zauberin von Zempin nach Mölschow gebracht, wo sie exekutieret worden)* und daraus den Roman *„Maria Schweidler, die Bernsteinhexe“* gemacht. Das Buch wurde ein Bestseller, und da es in Form einer Chronik aus dem 17. Jh. verfaßt wurde, von vielen Lesern als wahr genommen. Vineta und die Bernsteinhexe lockten Neugierige an, und auch das arme Fischerdorf Koserow blühte bald als beliebtes Seebad auf.

Unweit von der **Seebrücke** liegen im Strandbereich einige malerische, reetgedeckte alte **Salzhütten.** Neben dem Streckelsberg hat Koserow, genauer gesagt der Ortsteil **Lüttenort,** eine der schönsten Sehenswürdigkeiten Usedoms zu bieten. An der Taille der Insel, wo sie mehrfach durch winterliche Sturmfluten auseinandergerissen wurde, liegt das **Otto-Niemeyer-Holstein-Gedenkatelier.** Lüttenort war das Anwesen und Atelier des Malers *Niemeyer-Holstein,* eines der angesehensten Künstler der DDR. Niemeyer hatte sich 1936 für 60 Reichsmark einen ausrangierten S-Bahnwagen in Berlin gekauft und ihn unter vielen Schwierigkeiten nach Usedom schaffen lassen. Vom Treiben der Nazihorden angewidert, zog er sich in seinen Wagen zurück. Um diesen Waggon baute er nach und nach sein kleines Paradies. In den kleinen, liebevoll angelegten Gärten stehen überall große und kleine Kunstwerke, halb eingewachsene Skulpturen und andere Überraschungen. So klein Lüttenort auch ist, mit seiner wundervollen Unaufdringlichkeit, dem feinen Sinn für das kleine Detail, mit dem Niemeyer sein Reich arrangierte und komponierte, ist es ganz groß. Die Besichtigung ist sehr zu empfehlen. Da die Gruppen auf maximal 10 Personen begrenzt sind, rechtzeitig anmelden!

Info

- **Fremdenverkehrsamt,** Hauptstr. 34, 17459 Koserow, Tel. (038375) 20415, Fax 20417
(Juli/Aug. Mo-fr 8-18 Uhr, Sa/So 9-12 Uhr;Juni/Sept. Mo-Fr 8-18 Uhr, Sa 9-12 Uhr; Okt.-Mai Mo-Fr 9-16 Uhr)

138omv Foto: rh

Unterkunft

- **Hotel Forsthaus Damerow,** im Wald zw. Koserow und Zempin, Tel. 560, Fax 56400 (ruhige Einzellage, Restaurant mit Wild- und Fischspezialitäten)
- **Pension Waldschloß Parow**, Förster-Schrödter-Str. 25, Tel. 20248 (hübsche alte Villa in ruhiger Waldlage, mit Restaurant und angeschl. Bungalowanlage)
- **Hotel Wald & Meer,** Förster-Schrödter-Str. 30, Tel. 2620, Fax 26240 (ruhige Waldlage, 2 min. zum Strand, mit Restaurant, Biergarten)
- **Camping Am Sandfeld,** Am Sandfeld 5, Tel. 20759 (April-Sept., im lichten Kiefernwald, Womo-geeignet, Entsorgungseinrichtungen, Fahrradverleih)

Gastronomie

- **Kelch's Fischgaststätte,** Karlstr. 9, Tel. 20458 (Fischrestaurant mit 80jähriger Tradition, mit ruhiger, sonniger Terrasse)
- **Koserower Salzhütte**, in den Stranddünen, Tel. 206080 (maritimes Fischrestaurant in malerischer alter Reethütte in den Dünen, mit preisgekrönter Küche)
- **Knüppel's Tischlein Deck Dich,** Hauptstr., Tel. 20297 (solide Hausmannskost ist die Politik des Hauses)

Museen

- **Otto-Niemeyer-Gedenkatelier,** Lüttenort, Tel. (038375) 20213 (Mai-Sept. tägl. 10/11/14/15 Uhr; Okt.-April Mi-So 11/13/14/15 Führung, Dauer 1 Stunde)
- **"Uns Fischers Arbeitshütt",** Salzhütte an der Seebrücke (Mai-Sept. Sa-Do 10-15 Uhr)

Auf zum zollfreien Einkauf – von der Seebrücke verkehren Ausflugsboote nicht nur nach Polen

Loddin/Kölpinsee

04.-09.05.2005 www.schwedenrot.de

Die Gemeinde Loddin erstreckt sich quer über die Insel östlich vom Streckelsberg von der Außenküste bis zur Binnenküste der weit ins Achterwasser vorspringenden Landzunge **„Loddiner Höft"**. Mit seinem malerisch zwischen Streckelsberg, Ostsee und dem Kölpinsee gelegenen gleichnamigen kleinen Seebad und dem ländlich geprägten Loddin ist der Ort einer der ruhigsten und landschaftlich reizvollsten auf West-Usedom.

Ihren besonderen Reiz gewinnt die 1895 als Badeort gegründete Kolonie Kölpinsee durch den sagenumwobenen Kölpinsee, den nur ein schmaler Dünenwall vom offenen Meer trennt. *„Vor Zeiten brach die Ostseewelle / verheerend über Dün' und Land! / Nun seht nur, was an dieser Stelle / gleich für ein Wunderwerk entstand!"* lautet die zweite Strophe aus der *„Legende vom Kölpinsee"*. Tatsächlich war der 35 ha große See einmal eine Ostseebucht, die durch Sandanschwemmungen abgeschnürt wurde. Aber Legenden sind eben schöner als Strömungen.

Damals wie heute ist Kölpinsee nicht nur landschaftlich sehr reizvoll, sondern auch stiller und beschaulicher als die vielbesuchten großen Seebäder. Am breiten Sandstrand liegen noch ein paar bunte Fischerboote, und auf dem fischreichen See schwimmen majestätische Schwäne und Entenfamilien hin und her. Die Kolonie versteckt sich weitgehend im bewaldeten Hang am Streckelsberg, und am See mit Miniinsel lädt ein Café zur Ruhepause. Und das auf der Landzunge gelegene Loddin ist in seinem alten Kern nach wie vor ein betulich verschlafenes Fischer- und Bauerndorf mit kleinem Bootshafen. Am Ende der Dorfstraße beginnt beim Restaurant *„Waterblick"* ein Spazier-, Radweg hinaus auf die Spitze des Loddiner Höfts, an dessen Ende man einen schönen Blick über das friedlich stille Achterwasser genießen kann.

Info

●**Kurverwaltung,** Strandstr. 23, 17459 Kölpinsee, Tel.: (038375) 20426, Fax 20612
(Mai-Sept. Mo-Fr 9-16 Uhr, Sa/So 9-12 Uhr; Okt.-April Mo/Mi/Do 9-12 u. 14-16 Uhr, Di 9-18 Uhr, Fr 9-12 Uhr)

Unterkunft

●**Hotel Seeschlößchen**, Strandstr. 15, Tel. 2610, Fax 2614 (neuerrichtetes, familiär geführtes Haus 300 m vom Strand, im Restaurant ausgezeichnete Küche)
●**Hotel Seerose,** Strandstr. 1, Tel. 540, Fax 54199 (neues Hotel direkt über dem Strand mit großer Badelandschaft und schöner Seeterrasse)
●**Camping Stubbenfelde,** Strandstr. 30a, Tel. 20640 (April-Okt., sehr reizvoll im Küstenwald an Ostsee und Kölpinsee gelegen, Womo-geeignet, Bungalowvermietung)

Gastronomie

●**Nixe, Waldstr. 2,** Tel. 20177 (Jugendstilvilla in sehr ruhiger Waldlage 300 m vom Strand, mit Kellerrestaurant, beschaulichem Biergarten und Pension)
●**Waterblick,** in Loddin, Mühlenberg 5, Tel.: 20294 (gutes Fischrestaurant in Hanglage mit toller Aussicht auf das Achterwasser; hauseigene Räucherei)

Ückeritz

Alte Bäderführer priesen Ückeritz als *„das waldreichste Seebad auf der Insel Usedom"*. Wie auch die Nachbarorte auf dem Mittelteil Usedoms hat Ückeritz seinen historischen Ursprung am Achterwasser. Erstmals erwähnt wird es 1270 in einer Urkunde des *Bischofs von Kammin.* 1388 erteilt Herzog *Bogislaw IV.* die Erlaubnis, *„daß Heinrich Netzeband soll bauen einen Krug bei dem Wokenin (Wockninsee) bei dem Strande um armer Leute willen, die da wandern und warten und Not leiden um der Herberge willen"*. Der Krug ist weg, doch an Unterkunft fehlt es trotzdem nicht. Ückeritz hat den mit Abstand größten Campingplatz auf Usedom. Schon zu DDR-Zeiten war die riesige Zeltstadt Legende. Auf über 4 km zieht sich der 10 ha große Platz am Strand hin. In der Saison tobt hier der Bär. Wer dem Rummel einmal entkommen will, hat um Ückeritz herum dafür viele Möglichkeiten. Der **Wockninsee** und seine Umgebung ist ein 50 ha großes NSG, durch das ein **Naturlehrpfad** führt. Der große Wald um Ückeritz erstreckt sich bis Bansin und zum großen **Schmollensee.**

Info

- **Kurverwaltung,** Bäderstr.4, 17459 Ückeritz, Tel./Fax (038375) 20265 (Mai-Sept. Mo-Fr 9-12 u. 13-18 Uhr, Sa 9-14 Uhr, So 9-12 Uhr; Okt.-April Mo-Do 9-12 u. 13-15.30 Uhr, Fr 9-12 u. 13-14 Uhr)

Unterkunft

- **Camping Ückeritz,** Tel. 20923 (April-Okt., gigantischer Platz im lichten Kiefernwald am Strand beim NSG Wockninsee; eine Stadt für sich mit Kaufhallen, Gaststätten, Cafés, Kino etc., Womo-geeignet, Entsorgungseinrichtungen, Bungalowvermietung, Fahrradverleih)

Gastronomie

- **Deutsches Haus,** Nebenstr. 1, Tel. 20940 (pommersche Spezialitäten mit 50jähriger Familientradition)
- **Strandcafé Utkiek,** am Strand, Tel. 408 (Fischrestaurant mit herrlichem Blick auf die Ostsee und eigener Hausbäckerei)

Die Kaiserbäder

Der absolute Mittelpunkt der Badeinsel Usedom sind die drei Schwestern, die traditionsreichen **Seebäder** Bansin, Heringsdorf und Ahlbeck. Hier liegt das Epizentrum des sommerlichen Strandvergnügens. Im Laufe der Jahre sind die Orte mehr oder weniger zusammengewachsen. Nachdem in Swinemünde 1824 der erste Badebetrieb auf Usedom eröffnete, setzte auch in den drei benachbarten Fischerdörfchen ein gewaltiger Boom ein. Aktiengesellschaften investierten mächtig in das neue Geschäft. Mit Erfolg: Die drei Badeorte wurden zum sommerlichen Treff der oberen Kreise aus Adel und Politik. Heringsdorf wurde gar „kaiserliches Seebad". Und wo die feinen Leute logieren, sind nicht nur die Leute fein. Sommervillen, Spielcasinos, Pferderennbahnen, Grandhotels, Strandpromenaden, alles was teuer war, wurde gebaut. Der mondäne Glanz der vergangenen

139omv Foto: rh

Kaiserzeiten hat sich in der Architektur der drei Schwestern bewahrt. Die berühmte Bäderarchitektur prägt auch heute noch das Dreigestirn, das größte Urlauberzentrum Usedoms. Und auf der Strandpromenade kann man von Bansin bis nach Ahlbeck promenieren.

Um das charmante Flair der drei Schönen nicht in Abgasen und Blechlawinen zu ersticken, sollte man unbedingt die Parkplätze vor den Bädern benutzen. „Draußen parken und drinnen wohlfühlen" ist die Devise.

Bansin

Das Seebad Bansin ist die kleinste und die jüngste der drei schönen Schwestern. Es hatte kein altes Fischerdorf als Kern, sondern wurde von Anfang an als reines Seebad erbaut. Nicht nur als reines See-

Giebelbild einer Bädervilla – die Kaiserbäder erstrahlen wieder im alten Glanz.

bad wollte es sich verstanden wissen, sondern als *„deutsches Seebad mit christlichen Häusern, feinem Publikum und frei von Juden"*. 1897 wurde es, aus ganzen sechs Häusern bestehend, eröffnet. Im Gründungsjahr logierten gerade einmal 308 Gäste in Bansin. 1913 tummelten sich bereits 9.000 Sommergäste im Bad, in der Saison 1939 wurden sage und schreibe 240.000 Übernachtungen gezählt.

Das Sehenswerte von Bansin sind neben dem endlosen Strand die herrlichen alten Villen, die die Straßen säumen. Besonders eindrucksvoll ist die Bebauung der **Bergstraße** und der **Strandpromenade.** Wenn einmal nicht die Sonne scheint, kann man in der Goethestraße das **Tropenhaus** besuchen, das neben vielerlei exotischen Pflanzen auch mit ebenso exotischen Tieren bestückte Aquarien und Terrarien besitzt.

Im Hinterland liegen, von reizvollen Hügeln eingebettet, der **Große** und der **Kleine Krebssee** sowie der **Schmollensee.** Die sanfte Landschaft ist ein ausgesprochen schönes Spaziergebiet. Besonders schön ist das 800 ha große **NSG Gothensee.** Zum Schutzgebiet gehört auch der **Thurbruch,** ein großes Torfmoor.

Info

- **Kurverwaltung,** An der Seebrücke, 17429 Bansin, Tel. (038378) 47050, Fax 470515 (Öffnungszeit s. Ahlbeck)

Unterkunft

- **Strandhotel Atlantic,** Strandpromenade 18, Tel. 605, Fax 60600 (kleines Luxushotel in alter Villa, mit großer Café-Terrasse)
- **Hotel Zur Post,** Seestr. 5, Tel. 560, Fax 56220 (4-Sterne-Herberge in altem Logierhaus 150 m vom Strand mit Veranden, Sauna, Solarium)
- **Promenadenhotel Admiral,** Strandpromenade 27, Tel. 550, Fax 55255 (gepflegtes Haus in bester, ruhiger Lage mit herrlichem Seeblick; mit Sauna, Solarium, Whirlpool, Fahrradverleih, sehr einladender Seeterrasse und gutem Restaurant)
- **Tropenhaus Bansin,** Goethestr. 10, Tel. 2540, Fax 25499 (Wohnen im Exotenparadies, 7 Fußmin. vom Strand; das Tropenhaus vereint über 100 Tierarten wie Affen, Kaimane und Schlangen mit schönen Ferienwohnungen, Restaurant, Bar, Sauna, Solarium)

- **Golf- und Landhotel Balmer See,** Drewinscher Weg 1, Tel. 280, Fax 28222 (reizvolles Reet-Minidorf in idyllisch stiller Lage mit herrlichem Blick auf den Balmer See; mit 18-Loch-Golfplatz, der zu den landschaftlich schönsten Deutschlands zählt)
- **Schloonsee,** Am Schloonsee 1, Tel.2310, Fax 23114 (ökologische Ferienanlage mit Fewo in schöner Lage am Schloonsee)

Gastronomie

- **Forsthaus Langenberg,** Strandpromenade 36, Tel. 29101, Fax 29102 (Hotel/Restaurant in herrlicher Alleinlage im Wald nahe dem Steilufer, Str. Richtung Koserow; exzellente Küche, Wild- und Fischspezialitäten, hauseigene Patisserie)
- **Zur Post,** Seestr. 5, Tel. 560 (pommersche Küche, Fischspezialitäten)

Museen

- **Tropenhaus,** Goethestr. 10, Tel.2540 (April-Sept. tägl. 10-18 Uhr, Okt.-März 10-16 Uhr)
- **Gedenkatelier Rolf Werner,** Seestr. 60, Tel. 29228 (Führungen Mai-Sept. Di/Do/Sa/So 14.30 u. 18 Uhr, sonst tägl. 11 Uhr)

Seebad Heringsdorf

„Entzückende landschaftliche Reize, eine seltene Verbindung von Wald und See, kokette, ja pikante, mit allem Zauber der Architektonik ausgestattete Villen die den Meeresstrand umsäumen, mit allem Komfort ausgestattete Badeeinrichtungen und die friedliche Ruhe - all dies trägt dazu bei, daß Heringsdorf immer mehr zum Sommeraufenthalt wohlsituierter Berliner, Stettiner und Pommeraner wird", schreibt ein alter Bäderführer. Bis 1820 war Heringsdorf ein namenloses Fischernest. Der damalige Kronprinz *Friedrich Wilhelm* verhalf ihm zu einem Namen, als er 1820 mit seinem Vater, dem preußischen König *Friedrich Wilhelm III.*, auf Einladung des Gutsbesitzers *von Bülow* in der Fischerkolonie weilte. Von diesem alleruntertänigst gebeten, einen Namen für die Siedlung zu finden, fiel ihm angesichts der Heringe, die dort verarbeitet wurden, eben Heringsdorf ein. Und dabei blieb es. Von da an kehrte der Namenspate immer wie-

der zu Besuch in sein Dorf zurück. Heringsdorf hatte sich inzwischen zum piekfeinen Seebad der Hochfinanz und Aristokratie entwickelt, in dem auch der nun zum König ernannte *Friedrich Wilhelm* zur Sommerfrische weilte. Auch *Kaiser Wilhelm II.* entspannte standesgemäß in dem mondänen Seebad, wo die erlauchten Gäste *„so dicke goldene Uhrenketten trugen, daß man einen Bären daran hätte anbinden können"*. Der namenlose Heringsplatz war zum kaiserlichen Seebad aufgestiegen. Mit der Neugestaltung des Zentrums ist das Seebad erfolgreich bestrebt, diese Tradition wieder aufzunehmen. Dazu zählt, die längste Seebrücke Kontinentaleuropas, eine 500 m lange moderne, elegant silbern glänzende Seebrücke mit zahlreichen Läden, Restaurants und Geschäften, gehobene Herbergen wie das **Maritim Hotel Kai-**

Silberner Diamant – mit seiner modernen Seebrücke und einem Spielcasino lockt Heringsdorf wieder die betuchtere Klientel an.

serhof oder das kleine, aber feine **Hotel Oasis** und natürlich auch das elegante Spielcasino, das im ehemaligen Kurhaus mit Roulette oder Black Jack die entsprechende Klientel anzieht.

Ein ganz besonderer Gast, der russische Schriftsteller *Maxim Gorki,* versuchte 1922 von Mai bis September, sich in der Seeluft von seinem Lungenleiden zu heilen. Als er schließlich, ohne die erhoffte Genesung zu finden, weiter nach Capri reiste, schrieb er in das Gästebuch der *Villa Irmgard: „Und trotz alledem werden dennoch die Menschen mit der Zeit wie Brüder leben."* Gorkis Wunsch kann man im Orginal im **Museum für Literatur- und Regionalgeschichte** nachlesen, zu dem die *Villa Irmgard* umgestaltet wurde. Thematisch ganz anders, aber nicht weniger interessant ist das **Muschelmuseum,** das der Diplom-Biologe *E. Müller* privat betreibt. An der Promenade ermöglicht die **Sternwarte** bei einen Blick in den Nachthimmel über Heringsdorf.

Info

- **Kurverwaltung,** Kulmstr. 33, 17424 Heringsdorf, Tel. (038378) 2451, Fax 2454 (Öffnungszeit s. Ahlbeck)

Unterkunft

- **Strandhotel Ostseeblick,** Kulmstr. 28, Tel. 540, Fax 54299 (empfehlenswertes 4-Sterne-Haus in bester Lage direkt über dem Strand; umfangreiches Wellness-Angebot mit Therme, Dampfbad, Caldarium, Beauty-Salon, Massage und mehr; besonders schön: die Seeterrasse und der runde Glasbau des Panoramarestaurants „Bernstein")
- **Pension Neptun,** Maxim-Gorki-Str. 53, Tel. 2600, Fax 26060 (romantische Fachwerkvilla, 30 m vom Strand)
- **Hotel Oasis**, Strandpromenade, Tel. 2650, Fax 26599 (kleine, aber feine 4-Sterne-Herberge in alter Jugendstilvilla in Parklage; mit finn. Sauna, röm. Dampfbad und Restaurant „Poseidon" mit erlesener Küche)
- **Hotel Esplanade**, Seestr. 5, Tel. 700, Fax 70400 (prächtiges Bäderstilhaus mit großer und schöner Gartenterrasse, 2 min vom Strand)
- **Haus Flora**, Kirchsteig 2, Tel./Fax 22805 (sehr ruhig in großer Gartenanlage gelegene alte Villa; kinderfreundliches Haus)
- **JH**, Puschkinstr. 7-9, Tel. 22325 (von der Lage direkt am Strand und den malerischen Gebäuden eine der schönsten JH Deutschlands)

Gastronomie

- **Zur Klause,** Strandstr. 6, Tel. 22632 (gutbürgerliche Küche in 75jähriger Familientradition, mit Fremdenzimmer)
- **Forsthaus Wildpark,** Gothenweg, Tel. 28149 (traditionsreiche, im Wald zw. Heringsdorf und Ahlbeck gelegene Ausflugsgaststätte mit Forsthaus-Ambiente und Wildspezialitäten)
- **Des Kaisers Pavillon,** Brunnenstr. (pommersche Küche)

Kultur

- **Museum für Literatur- und Regionalgeschichte (Villa Irmgard),** M.-Gorki-Str. 13, Tel. 22361 (Di-So 10-12 + 14-18 Uhr)
- **Muschelmuseum,** Tel. 32579 Seebrücke (tägl. 10-18 Uhr)
- **Sternwarte,** Promenade, Tel. 31634 (Mo/Mi/Fr/Sa ab 19 Uhr) Gruppen nach Absprache)
- **Kunstpavillon,** Strandpromenade Tel. 22877 (Di-So 14-18 Uhr; wechselnde Ausstellungen)

Seebad Ahlbeck

Ahlbeck ist die östlichste und größte der drei Seebad-Schwestern. Wenige Kilometer entfernt verläuft die Staatsgrenze zu Polen quer über den Strand. Seinen Namen hat es von der Aalbeek, dem natürlichen Abfluß des Thurbruchs. Eigentlich waren es zwei Siedlungen, aus denen 1883 dann die Gemeinde Ahlbeck entstand. Am einen Ufer des Bachs lag „Ahlbeck-Königlich“, eine vom Preußenkönig *Friedrich II.* gegründete Kolonistensiedlung. Direkt gegenüber lag „Ahlbeck-Adlig“, eine von Rittergutsbesitzern gegründete Fischersiedlung. Die beiden alten Dorfkerne sind im Ortsbild noch gut auszumachen. Als Mitte des 19. Jahrhunderts der Bädertourismus einsetzte und den benachbarten Orten viel Geld in die Kassen spülte, besannen sich auch die Ahlbecker auf die neue Einkommensquelle. Sie setzten von Anfang an auf ein Bad für den gutsituierten Mittelstand. Die feinen Pinkel von Heringsdorf und Bansin nannten es

Sonne, Strandkorb und Seebrücke – Ahlbeck ist die meistbesuchte Sommerfrische Usedoms.

dehalb abfällig *„die Kinderbadewanne Berlins“*. Heute ist Ahlbeck zu dem mit Abstand beliebtesten Badeort auf Usedom aufgeblüht. Obwohl er fast schon kleinstädtischen Charakter hat, ist der Charme der alten Bäderarchitektur nicht verlorengegangen. Und Ahlbeck konnte sich, im Gegensatz zu allen anderen Seebädern an der Ostsee, seine historische **Seebrücke** im alten Glanze erhalten. Zwar haben zwischenzeitlich auch die anderen Badeorte alle wieder ihre Brücke hinaus aufs Meer, aber eben keinen so verspielten, grazilen Gründerzeitbau. Nicht umsonst schmückt das 1899 errichtete Wahrzeichen des Orts so viele Titelbilder. Auch als Filmkulisse ist sie sehr begehrt.

Nicht nur bei schlechtem Wetter bei Groß und Klein sehr beliebt ist die neue Ostsee-Therme (Lindenstr. 60, Tel. 2730) ein gelungen gestaltetes subtropisches Badeparadies unter riesigen Sonnenkuppeln mit vielfältigen Vergnügungen und Kurmittelhaus.

In der Talstraße vermittelt das Ahlbecker **Heimatmuseum** einen lebendigen Einblick in die Entwicklung des Badelebens in Ahlbeck und auf Usedom. Der Hit ist aber der bis zu 70 m breite **Strand,** der sich vor dem schneeweiß leuchtenden Villenen-

141omv Foto: rh

semble an der Promenade entlangzieht. Bei FKK-Freunden besonders beliebt ist der Dünengürtel zwischen Ahlbeck und der Grenze zu Polen.

Info

- **Kurverwaltung,** Dünenstr. 45, 17419 Ahlbeck, Tel. (038378) 24414, Fax 24418 (Juni-Aug. Mo-Fr 9-18 Uhr, Sa/So 10-15 Uhr, Jan-April Nov./Dez. Mo-Fr 9-16 Uhr, Sa/So 10-12 Uhr; Sept. Mo-Fr 9-16.30 Uhr, Sa/So 10-13 Uhr)

Unterkunft

- **Seehotel Ahlbecker Hof,** Dünenstr. 47, Tel. 620, Fax 62100 (verführerisch stilvolles 5-Sterne-Haus im klassizistischen Prunkbau direkt am Strand; hervorragende Ausstattung mit großem Pool, Beauty-Salon, Fitneßcenter, Solarium, Amethyst-Sauna u.a. Besonders erlebenswert: Orient an der Ostsee im Sultan-Bad und im Cleopatra-Bad)
- **Hotel Kastell,** Dünenstr. 3, Tel. 47010, Fax 470119 (alte Villa im „Chateu"stil in ruhiger Lage am Ortsrand direkt am Strand und gutem Restaurant)
- **Ostseehotel,** Dünenstr. 41, Tel. 600, Fax 60100 (schöne Herberge direkt gegenüber der Seebrücke)
- **Residenz Waldoase,** Dünenstr. 1, Tel. 500, Fax 50299 (sehr charmantes historisches Gebäude im Landhausstil im Wald am Strand)
- **Hotel Villa Augusta Viktoria,** Bismarckstr. 1, Tel. 2410, Fax 24144 (sehr hübsche alte Bädervilla)
- **Pension Carlsburg,** Stresemannstr. 2, Tel. 22570 (hübsche Villa)
- **Pension Feldmann,** Dünenstr. 56, Tel. 28124 (ruhig gelegene alte Bädervilla mit Blick aufs Meer, Fahrradverleih)
- **Camping Korswandt,** Hauptstr., ca. 3 km in Korswandt, Tel. 2110 (März-Okt., Wiesenplatz nahe der Straße nach Ahlbeck 500 m vom Gothensee, Womo-geeignet, Bungalowvermietung, Fahrradverleih)

Gastronomie

- **Seebrücke,** auf der Seebrücke Tel. 28320 (gehobenes Restaurant über den Ostseewellen auf Ahlbecks Wahrzeichen)
- **la Mer,** Dünenstr. 19, Tel. 520 (Romantik pur; bei sehr guter Küche, Kerzenlicht und Pianomusik die unvergleichlich schöne Aussicht auf die Seebrücke und über die drei Kaiserbäder genießen)
- **Galerie Café,** Kirchstr. 8, Tel. 2740 (kunstsinniges Café mit Bildern des Malers Volker Körp, selbstgemachtem Kuchen und Fischgerichten)
- **Idyll am Wolgastsee,** Hauptstr. 9, Tel. 22116 (idyllisch am Wolgastsee gelegen, mit Café-Terrasse zum See, Str. Richtung Korswandt, Fisch- und Wildgerichte)

Museum

- **Heimatstube,** Talstr. 11, Tel. 28103 (Di 9-13 und 14-16, Mi 9-11.30, Do 17-19, Fr 14.30-16.30)

Blick über die Grenze nach Swinemünde

Grenzpfahl

Der Grenzübergang bei Ahlbeck ist für PKW gesperrt. Nur Fußgänger und Radler können hinüber nach Swinemünde. Gültige Ausweispapiere genügen zum Grenzübertritt. An der Grenze steht ein sehr großer bewachter Parkplatz zur Verfügung. Jenseits des Schlagbaums warten Taxis, um Besucher ins etwa 3 km entfernte alte Seebad Swinemünde zu bringen. Das alte Zentrum an der Swinemündung (Swinemünde Ost) ist nicht sehenswert. Sehr schön ist dagegen das **Seebad Swinemünde,** das, durch ein großes Waldstück getrennt, an der Außenküste liegt. Die weltweit als beste Restauratoren anerkannten Polen haben aus dem Seebad mit seinen historischen Gebäuden eine Perle der Seebäderarchitektur gemacht. Auf der Swine herrscht starker Schiffsverkehr. Eine Fähre fährt hinüber auf die andere Uferseite. Dort beginnt der **Wolin.** Einen erheblichen Teil der Halbinsel nimmt der **Nationalpark Wolin** ein. Die Nehrung ist wunderschön, weniger überlaufen als Usedom und auch erheblich billiger. Sehr zu empfehlen.

Viele der Grenzgänger ziehen die billigen Preise hinüber nach Polen. Sie besuchen den riesigen Markt, der hinter der Grenze entstanden ist. In der Budenstadt wird alles angeboten, was das Konsumentenherz begehrt.

Info

- **Tourist-Information,** ul. Stowanskiege 15, 72600 Swinoujscie, Tel. (091) 325623, Fax 325995 Internet: http://www.swinoujscie.pl; e-mail: promosja@net.co.pl (tägl. 9-17 Uhr)
- **Zollamt Ahlbeck,** Swinemünder Chaussee (am Grenzübergang), Tel. 22590

- Nähere Information über Swinemünde und Wolin: **„Polens Ostseeküste und Masuren"**, aktuelle Auflage 1/99 von gewohnter REISE-KNOW-HOW-Qualität.

Usedomer Schweiz

Die Umgebung von **Benz** ist ein landschaftlich besonders reizvolles Hügelland. Kurvenreich schlängeln sich die kleinen Sträßchen durch die Moränenhügel, von deren Kuppen sich herrliche Ausblicke durch das eng verflochtene Zusammenspiel von Land und Wasser eröffnen. Den schönsten Blick über die Seen und das Achterwasser bietet sich vom 56 m hohen **Kückelsberg** bei Benz. Dort steht auch eine alte **Windmühle,** die der Maler *Niemeyer-Holstein* kaufte und vor dem Verfall rettete. Auch sein Grab und das seiner Frau findet man auf dem Friedhof von Benz. In der Kirche und auf der Freilichtbühne von Benz finden im Sommer Konzerte und Kulturveranstaltungen statt, teilweise mit bekannten Künstlern. Im benachbarten **Mellenthin** steht ein kleines **Wasserschloß,** das sich der Rittergutsbesitzer *Rüdiger von Neuenkirchen* 1575 erbauen ließ. Sehenswert ist der reich verzierte und bemalte Kamin im Eingangsbereich des ansonsten nicht sehr attraktiven Schlosses. Dafür läßt sich im Gewölbe der Burgschänke gut einkehren und speisen.

142omv Foto: rh

Info

- **Amt Schmollensee,** Waldstr. 1, 17429 Bansin, Tel. (038378) 3650, Fax 29322 (zuständig für Benz, Pudagla, Neppermin, Mellenthin)

Unterkunft

- **Camping Neppermin,** Dorfstr. 30, Tel. (038379) 31452 (Mai-Sept., kleiner, schön und ruhig gelegener Platz am Nepperminer See, Womo-geeignet, Boots-, Fahrradverleih)

Gastronomie

- **Burgschänke,** im Schloß Mellenthin, Tel. 20341 (im historischen Gewölbe, Wildgerichte)

Museen

- **Wasserschloß Mellenthin,** Tel. 20313 (tägl. 8.30-17 Uhr)
- **Windmühle Benz,** Führungen unter Tel. (038379) 20382

Stadt Usedom

Dort, wo die Insel Usedom von den Wassern des Peenestroms und des Usedomer Sees fast abgeschnürt wird, liegt die Stadt Usedom. Der große Treck der Badetouristen zieht achtlos an ihr vorbei hinaus zu den Seebädern an der Küste. Im Windschatten der Urlauberpfade gelegen, ist die Stadt ein kleines, verschlafenes Örtchen ohne prächtige Villen und Touristengetümmel. Kleine, geduckte Häuschen säumen die Straßen und vermitteln viel mehr den betulichen Charme eines Dorfes als den einer Stadt. Wahrzeichen Usedoms ist das **Ankla-**

Kunst in der Mühle – Niemeyer-Holsteins Windmühle fühlt sich dem Erbe des Malers verpflichtet.

mer Tor, ein spätgotisches Stadttor aus dem 15. Jh. In ihm ist ein kleines **Heimatmuseum** untergebracht. Am Markt erhebt sich die **Marienkirche** über die kleinen Häuser. Die Sehenswürdigkeit der Stadt aber sind die **Haustüren** der bescheidenen Häuschen. Ganz als ob die Bauern und Fischer ihren ganzen Stolz in ihre Türen investiert hätten, schmückt sich fast jedes Haus mit einem wundervoll verzierten und bemalten Eingang. Zumindest für denjenigen, der wie wir ein Faible für schöne alte Türen hat, ist ein Rundgang durch die Stadt Usedom sehr zu empfehlen.

Info

- **Stadtinformation,** Markt 7, 17406 Usedom, Tel. (038372) 70890, Fax 70214 (Mai-Sept. Mo-Fr 10-12 u. 13.30-17.30 Uhr, Sa 10-11 Uhr; April /Okt. Mo-Do 10-12 u. 14-16 Uhr; Nov.-März Mo-Do 9.30-11.30 u.14.15 Uhr)

Unterkunft/ Gastronomie

- **Hotel Norddeutscher Hof,** Markt 12, Tel. 70266, Fax 70712 (mit Restaurant, pommersche Küche und Fischspezialitäten)
- **Landhaus am Haff,** in Stolpe, Am Trift 1-10, Tel. 7530, Fax 75335 (neuerbaute Reetdachferienanlage in stiller Natur; mit Grill-, Spielplatz, Liegewiese, Segel-, Motorjachtvermietung)

Museum

- **Heimatstube,** Anklamer Tor, Tel. 70417 (Mo-Sa 10-12 Uhr)

Lieper Winkel

Auch der Lieper Winkel, der wie eine Keule ins Achterwasser hinausragt, liegt im Abseits der Besucherströme. Doch wer Ruhe und Erholung in stiller Natur sucht, gerne zu Fuß oder mit dem Rad durch Wald und Wiesen wandert und lieber in einer rustikalen Bauernstube tafelt als im eleganten Promenadenhotel, der ist in dem kleinen Dörfchen des Lieper Winkels richtig. Kurz hinter Suckow steht links der Straße die steinalte, gigantische **Suckower Eiche.** In Morgenitz wartet die Bauernstube mit kräftig deftiger Kost oder in Rankwitz am

kleinen Fischerhafen ein Fischverkauf mit Restaurant, in Liepe eine malerische Feldsteinkirche mit Kunstwerken drum herum und im winzigen Weiler Warthe ist dann die Welt zu Ende.

Unterkunft/ Gastronomie

- **Bauernstube,** Dorfstr. 32, in Morgenitz, Tel./Fax 70942 (rustikaler Landgasthof mit Pension; Fahrrad-, Ruderboot-, Angelverleih)
- **Am Achterwasser,** Dorfstr.12, in Warthe, Tel. 7520, Fax 75252 (neuerrichtete, 4-Sterne-Ferienanlage in absolut stiller Lage; mit Sauna, Fahrradverleih, Restaurant und Café)

Feldsteinkirche in Liepe – im abgeschiedenen Lieper Winkel läßt sich so mach malerisches Motiv entdecken.

Anhang

Weiterreise nach Polen

Polnische Botschaften

- 50968 **Köln,** Leyboldstr. 74, Tel. (0221) 937300
- A-1130 **Wien,** Hietzinger Hauptstr. 42c, Tel. (01) 8777444
- CH-3006 **Bern,** Elfenstr. 20a, Tel. (031) 3520452

Botschaften in Polen

- **Deutschland:** 03-932 Warschau, ul. Dabrowiecká 30, Tel. (022) 6173011
- **Österreich:** 00-784 Warschau, ul. Gagarina 34, Tel. (022) 3410081
- **Schweiz:** 00-540 Warschau, Aleje Ujazdowskie 27, Tel. (022) 6280481

Wichtige Adressen

- **Polnisches Fremdenverkehrsamt:** Marburger Str. 1, 10789 Berlin, Tel. (030) 2100920, Fax 21009214
- **PZM (ADAC-Partnerclub),** ul. Solec 85, 00950 Warschau, Tel. (022) 6259539

Grenzübergänge

Zur Zeit existieren von Mecklenburg-Vorpommern aus folgende Grenzübergänge nach Polen:

- **Ahlbeck – Swinoujscie** (Achtung: Für PKW gesperrt, nur für Fußgänger und Fahrräder! Wer das alte Swinemünde besuchen will, kann an der Grenze ein Taxi nehmen.)
- **Linken – Lubieszyn** (B 104)
- **Pomellen – Kolbaskowo** (BAB 11)

Besonders an der Grenzübergangsstelle Pomellen ist mit teilweise langen Wartezeiten zu rechnen. PKWs können die LKW-Schlange passieren. Die jeweiligen Wartezeiten werden vom Verkehrsfunk bekanntge geben. Weitere Übergangsstellen sind geplant oder im Bau. Den aktuellen Stand erfahren Sie von Ihrem Automobilclub oder vom Polnischen Informationsamt (siehe oben).

Einreise

Für die Einreise nach Polen bei bis zu drei Monaten Aufenthalt sind nur noch der **Reisepaß** oder **Personalausweis** erforderlich. Wer mit dem Personalausweis einreist, muß an der Grenze eine Einreisekarte ausfüllen.

Tiere

Wer Tiere bei sich führt, muß an der Grenze eine **Tollwut-Impfbescheinigung** (mindestens 21 Tage, höchstens 12 Monate alt) und ein **amtstierärztliches Gesundheitszeugnis** für seinen Liebling vorlegen. Beide Bescheinigungen müssen im internationalen Impfpaß eingetragen sein.

Devisen

Die Ein- und Ausfuhr von **Zloty** ist grundsätzlich verboten. Alle anderen frei konvertierbaren Währungen unterliegen keinerlei Bestimmungen, müssen an der Grenze aber deklariert werden. Wenn Sie im Lande tauschen, bewahren sie unbedingt die **Umtauschquittung** bis zur Ausreise auf!

So manche polnische Wechselstube stellt nicht automatisch eine Quittung aus. Bestehen Sie darauf. Das erspart Ihnen möglichen Ärger. **Eurocheques** bis 400,-- DM werden häufig, aber nicht immer und überall eingelöst.

Zoll

Zollbestimmungen, PolenZollfrei dürfen 250 Zigaretten oder 250 g Tabak und Geschenke bis zum Wert von 100 Dollar eingeführt werden. Ebenfalls zollfrei ist die Einfuhr von 20 Litern Sprit. Alle Wertgegenstände sind an der Grenze in eine **Zollerklärung** einzutragen, die ständig mitgeführt werden muß. Die **Ausfuhrbestimmungen** sind streng. Genaue Auskunft erhalten Sie an der Grenze oder beim Polnischen Informationsamt (siehe „Wichtige Adressen").

Mit dem Auto

Für die Einreise mit dem Auto sind **Führerschein, Fahrzeugschein** und eine **internationale Grüne Versicherungskarte** erforderlich. Nicht erforderlich, aber vom ADAC dringend empfohlen, wird der Abschluß einer **Kurzkasko- und Insassenunfallversicherung**.

Tanken

Tanken in Polen ist sehr preisgünstig. Die Preise pro Liter bewegen sich zwischen ca. 70 Pfennig für Diesel und ca. 90 Pfennig für Super (98 Oktan). Bleifrei ist fast überall erhältlich.

Verkehrsbestimmungen

Abweichend von unserer Straßenverkehrsordnung sind folgende Bestimmungen:

- **Höchstgeschwindigkeit:** innerorts 60 km/h, außer halb von Ortschaften 90 km/h (Gespanne 70 km/h). Auf der Autobahn 110 km/h PKW, Motorrad 90 km/h, Gespanne 70 km/h.
- Vom 1. November bis 31. März muß auch tagsüber das **Abblendlicht** eingeschaltet werden.
- Die **Promillegrenze** liegt bei 0,2 %.

Notruf

Notrufnummern, PolenEs gelten folgende einheitlichen Rufnummern:

- **Pannendienst** 981
- **Polizei** 997
- **Unfallrettung** 999

Reiseliteratur und Karten

Reiseführer

- **Polens Ostseeküste und Masuren,** REISE KNOW-HOW Verlag. Neue, aktualisierte Auflage '99 in der gewohnten Reise Know-How-Ausstattung und Güte. Der ideale Begleiter für alle, die ihre Ostseereise über die Grenze fortsetzen und Polens Küsten erkunden wollen.
- **Rügen / Hiddensee,** REISE KNOW-HOW Verlag. Umfassendes, 1998 neu erschienenes Urlaubshandbuch mit umfangreichen prakt. Reisetips zu Wassersport, Strände, Klima, Bus & Bahn u.v.m. und zahlreichen praktischen, interessanten, amüsanten Reisetips und Wissenswertem zu allen Orten Rügens; mit Insel Hiddensee, Insel Vilm und Stralsund.

Lesebücher

- **Mecklenburg-Vorpommern,** Westermann-Verlag. – Subjektive Impressionen über Kuriosa, Animositäten, Nachdenkenswertem über das Land und die Menschen; mit vielen Farbfotos.
- **Typisch Mecklenburg,** Weidlich-Verlag. – Geschichten und Histörchen über Land und Leute von Jagdanekdote bis Mecklenburger Götterspeise.
- **Mecklenburgische Reisebilder aus der DDR,** Kiepenhäuer & Witsch TB. – Persönliche Reiseeindrücke durch das Land, als es noch sozialistisch war. Interessante Einblicke in Struktur und Psyche, die die aktuellen Probleme für Wessis verständlicher machen.
- **Kleine Bettlektüre über das unvergessene Mecklenburg.** – Auswahl heimatverbundener Geschichten bekannter Dichter und Schriftsteller.
- **Rügen, Sagen und Geschichten,** Edition Temmen. - Einblick in die Mythen und Sagenwelt der Inselbewohner.
- **Streifzüge durch das Rügenland,** Brockhaus Leipzig. – Klassische Reisebeschreibung des Rügener Heimatforschers Grümbke von 1805.
- **Hiddensee. Aufzeichnungen eines Inselpfarrers.** Ev. Verlags-Anstalt. – Enthält die historischen persönlichen Aufzeichnungen des Pfarrers Arnold Gustavs und seine Begegnungen mit Land, Leuten und Prominenz zu Beginn unseres Jahrhunderts; im Pfarramt in Kloster und im G.-Hauptmann-Museum erhältlich.
- **Hiddensee. Historie, Heimat, Humor.** Verlag Königstein/Taunus.
- **Vorpommern. Begegnungen mit Land und Leuten,** Historff-Verlag. – Reportagen, Feuilletons, Skizzen zu Geschichte, Land und Persönlichkeiten.
- **Mecklenburg-Vorpommern, historische Landeskunde,** Verlag Weidlich. – Umfassende Darstellung des Landes in einzelnen Spezialkapiteln von Vorgeschichte über Sozial-,

Siedlungs-, Rechts-, Militärgeschichte bis Geographie, Kultur, Sprache, Volkskunde, Musik etc.

Bildbände

- **Mecklenburg-Vorpommern,** Verlag J. Bucher. – Großformatiger Bildband mit Texten zu den Abbildungen.
- **Mecklenburg-Vorpommern aus der Luft,** Edition Maritim. – Großformatiger Bildband mit sehr schönen Aufnahmen aus der Vogelperspektive.
- **Unterwegs zu Burgen, Schlössern und Parkanlagen in Mecklenburg-Vorpommern,** Hinstorff-Verlag. – Großformatiger Bild-Textband.

Wandern, Radeln, Paddeln

- **Wander-Atlas,** Tourist-Verlag: 2. Band: **Bad Doberan/Kühlungsborn;** 4. Band: **Rügen;** 5. Band: **Insel Usedom;** 6. Band **Fischland/Darß/Zingst.** – Neuerschienene, sehr brauchbare TB mit ausführlichen Routenbeschreibung, Karten und Fotos.
- **Wasserwanderatlas, Mecklenburg und Boddengewässer,** Tourist-Verlag. – Sehr detaillierte Wasserkarten im Maßstab 1:100.000 und 1:200.000 mit exakter Beschreibung der Gewässer und wichtigen Hinweisen. Empfehlenswert.
- **RadWanderführer Ostseeküste/Rügen,** Kompaß Radwandern. – Fundierter Führer mit Beschreibung und Karten der einzelnen Routen.

Karten

Straßenkarte MecklenburgVorpommern,
Maßstab 1:500.000, Terrac GmbH

Regionalkarten mit Ausflugszielen,
Maßstab 1:100.000 (TouristVerlag)

- **Rostock und Umgebung**
- **Rügen-Peeneniederung**
- **Usedom-Kummerower See**

- **Rügen mit Hiddensee**, 1: 75.000, Nordland

Wanderkarten

- **Darß-Fischland,** 1:50.000
- **Ostseeküste zw. Rostock und Rerik,** 1:50.000

REISE KNOW-HOW

Reise Know-How Bücher werden von Autoren geschrieben, die Freude am Reisen haben und viel persönliche Erfahrung einbringen. Sie helfen dem Leser, die eigene Reise bewußt zu gestalten und zu genießen. Wichtig ist uns, daß der Inhalt nicht nur im reisepraktischen Teil „Hand und Fuß“ hat, sondern daß er in angemessener Weise auf Land und Leute eingeht. Die Reihe **Reise Know-How** soll dazu beitragen, Menschen anderer Kulturkreise näher zu kommen, ihre Eigenarten und ihre Probleme besser zu verstehen. Wir achten darauf, daß jeder einzelne Band gemeinsam gesetzten Qualitätsmerkmalen entspricht. Um in einer Welt rascher Veränderungen laufend aktualisieren zu können, drucken wir bewußt kleinere Auflagen.

REISE STORY:

Reise-Erlebnisse für nachdenkliche Genießer bringen die Berichte der **Reise Know-How Reise Story**. Sensibel und spannend führen sie durch die fremden Kulturbereiche und bieten zugleich Sachinformationen. Sie sind eine Hilfe bei der Reiseplanung und ein Lesevergnügen für jeden Fernwehgeplagten.

Welt

Abent. Weltumradlung (Rad & Bike)
ISBN 3-929920-19-0
Äqua-Tour (Rad & Bike)
ISBN 3-929920-12-3
Auto(fern)reisen
ISBN 3-921497-17-5
CD-Rom Reise-Infos Internet
ISBN 3-89416-658-4
Fahrrad-Weltführer
ISBN 3-9800975-8-7
Der Kreuzfahrtführer
ISBN 3-89416-663-0
Motorradreisen
ISBN 3-89662-020-7
Outdoor-Praxis
ISBN 3-89416-629-0
Um-Welt-Reise (Reise Story)
ISBN 3-9800975-4-4
Die Welt im Sucher
ISBN 3-9800975-2-8
Wo es keinen Arzt gibt
ISBN 3-89416-035-7

Europa

Amsterdam
ISBN 3-89416-231-7
Bretagne
ISBN 3-89416-175-2
Budapest
ISBN 3-89416-660-6
Bulgarien
ISBN 3-89416-220-1
Costa Brava
ISBN 3-89416-646-0
Dänemarks Nordseeküste
ISBN 3-89416-634-7
England, der Süden
ISBN 3-89416-224-4
Europa Bike-Buch (Rad & Bike)
ISBN 3-89662-300-1
Gran Canaria
ISBN 3-89416-665-7
Großbritannien
ISBN 3-89416-617-7
Hollands Nordseeinseln
ISBN 3-89416-619-3
Irland-Handbuch
ISBN 3-89416-636-3

Europa

Island
ISBN 3-89662-035-5
Kärnten
ISBN 3-89662-105-x
Litauen & Königsberg
ISBN 3-89416-169-8
London
ISBN 3-89416-199-x
Madrid
ISBN 3-89416-201-5
Mallorca
ISBN 3-89662-156-4
Mallorca für Eltern und Kinder
ISBN 3-89662-158-0
Mallorca, Wandern auf
ISBN 3-89662-162-9
Malta
ISBN 3-89416-659-2
Nordtirol
ISBN 3-89662-107-6
Oxford
ISBN 3-89416-211-2
Paris
ISBN 3-89416-667-3
Polen:
Ostseeküste/Masuren
ISBN 3-89416-613-4
Prag
ISBN 3-89416-204-x
Provence
ISBN 3-89416-609-6
Pyrenäen
ISBN 3-89416-610-x
Rom
ISBN 3-89416-670-3
Schottland-Handbuch
ISBN 3-89416-621-5
Sizilien
ISBN 3-89416-627-4
Skandinavien - der Norden
ISBN 3-89416-653-3
Südtirol und Dolomiten
ISBN 3-89416-612-6
Toskana
ISBN 3-89416-664-9
Tschechien
ISBN 3-89416-600-2
Warschau/Krakau
ISBN 3-89416-209-0
Wien
ISBN 3-89416-213-9

EDITION RKH

Geschichten aus dem anderen Mallorca
ISBN 3-89662-161-0
Mallorquinische Reise (Reise Story)
ISBN 3-89662-153-x
Das Yanomami-Massaker
ISBN 3-89416-624-x

SACHBÜCHER:

Die Sachbücher vermitteln KNOW-HOW rund ums Reisen: Wie bereite ich eine Motorrad- oder Fahrradtour vor? Welche goldenen Regeln helfen mir, unterwegs gesund zu bleiben? Wie komme ich zu besseren Reisefotos? Wie sollte eine Sahara-Tour vorbereitet werden? In der Sachbuchreihe von **Reise Know-How** geben erfahrene Vielreiser Antworten auf diese Fragen und helfen mit praktischen, auch für Laien verständlichen Anleitungen bei der Reiseplanung.

Rad & Bike:

Reise Know-How Rad & Bike sind Radführer von lohnenswerten Reiseländern bzw. Radreise-Stories von außergewöhnlichen Radtouren durch außereuropäische Länder und Kontinente. Die Autoren sind entweder bekannte Biketouren-Profis oder „Newcomer", die mit ihrem Bike in kaum bekannte Länder und Regionen vorstießen. Wer immer eine Fern-Biketour plant - oder nur davon träumt – kommt an unseren Rad & Bike-Bänden nicht vorbei!

Deutschland

Berlin mit Potsdam
ISBN 3-89416-226-0
Insel Borkum
ISBN 3-89416-632-0
Harz/Ost
ISBN 3-89416-228-7
Harz/West
ISBN 3-89416-227-9
Mecklenburg/Vorp. Binnenland
ISBN 3-89416-615-0
München
ISBN 3-89416-672-x
Insel Norderney
ISBN 3-89416-652-5
Nordfriesische Inseln
ISBN 3-89416-601-0
Nordseeinseln
ISBN 3-89416-197-3
Nordseeküste Niedersachsens
ISBN 3-89416-603-7
Ostdeutschland individuell
ISBN 3-89662-480-6
Ostfriesische Inseln
ISBN 3-89416-602-9
Ostseeküste Mecklenburg-Vorpom.
ISBN 3-89416-184-1
Ostseeküste Schleswig-Holstein
ISBN 3-89416-631-2
Rügen und Hiddensee
ISBN 3-89416-654-1
Sächsische Schweiz
ISBN 3-89416-630-4
Schwarzwald
ISBN 3-89416-611-8
Schwarzwald/Nord
ISBN 3-89416-649-5
Schwarzwald/Süd
ISBN 3-89416-650-9
Thüringer Wald
ISBN 3-89416-651-7
Wasserwandern Mecklenburg/Brandenburg
ISBN 3-89416-221-x

Afrika

Afrikanische Reise (Reise Story)
ISBN 3-921497-91-4
Bikeabenteuer Afrika (Rad & Bike)
ISBN 3-929920-15-8
Durch Afrika
ISBN 3-921497-11-6
Ägypten individuell
ISBN 3-89662-470-9
Tonführer Ägypten: Kairo
ISBN 3-921838-91-6
Tonführer Ägypten: Luxor, Theben
ISBN 3-921838-90-8
Agadir, Marrakesch und der Süden Marokkos
ISBN 3-89662-072-x
Äthiopien
ISBN 3-89662-043-6
Eritrea und Tigray
ISBN 3-89662-044-4
Kairo, Luxor, Assuan
ISBN 3-89662-460-1
Kamerun
ISBN 3-89662-032-0
Libyen
ISBN 3-89662-005-3
Madagaskar, Seychellen, Mauritius, Réunion, Komoren
ISBN 3-89662-062-2
Marokko
ISBN 3-89662-081-9
Namibia
ISBN 3-89662-320-6
Nigeria - hinter den Kulissen (Reise Story)
ISBN 3-921497-30-2
Simbabwe
ISBN 3-89662-026-2
Tansania Handbuch
ISBN 3-89662-048-7
Tunesien
ISBN 3-921497-74-4
Tunesiens Küste
ISBN 3-89662-076-2
Westafrika - Küstenländer
ISBN 3-89662-002-9
Westafrika - Sahel
ISBN 3-89662-001-0
Die Wolken der Wüste (Reise Story)
ISBN 3-89416-150-7

Asien

Auf nach Asien (Rad & Bike)
ISBN 3-89662-301-x
Bali & Lombok mit Java
ISBN 3-89416-645-2
Bali: Ein Paradies wird erfunden
ISBN 3-89416-618-5
Bangkok
ISBN 3-89416-655-x
China Manual
ISBN 3-89416-626-6
China, der Norden
ISBN 3-89416-229-5
Hongkong, Macau u. Kanton
ISBN 3-89416-235-x
India obscura
ISBN 3-922376-70-3
Indien, der Norden
ISBN 3-89416-223-6
Reisen mit Kindern in Indonesien
ISBN 3-922376-95-9
Israel und Jordanien
ISBN 3-89662-450-4
Jemen
ISBN 3-89662-009-6
Kambodscha
ISBN 3-89416-233-3
Komodo/Flores/Sumbawa
ISBN 3-89416-060-8
Ladakh und Zanskar
ISBN 3-89416-176-0
Laos
ISBN 3-89416-637-1
Malaysia mit Singapur und Brunei
ISBN 3-89416-640-1
Mongolei
ISBN 3-89416-217-1
Myanmar (Burma)
ISBN 3-89662-600-0
Nepal-Handbuch
ISBN 3-89416-668-1
Oman
ISBN 3-89662-100-9
Phuket (Thailand)
ISBN 3-89416-182-5
Rajasthan
ISBN 3-89416-616-9
Saigon und der Süden Vietnams
ISBN 3-89416-607-x
Singapur
ISBN 3-89416-656-8

Asien

Sri Lanka
ISBN 3-89416-170-1
Sulawesi (Celebes)
ISBN 3-89416-635-5
Taiwan
ISBN 3-89416-614-2
Thailand Handbuch
ISBN 3-89416-675-4
Thailand: An Küsten und Stränden
ISBN 3-89416-622-3
Tokyo
ISBN 3-89416-206-6
Vereinigte Arabische Emirate
ISBN 3-89662-022-3
Vietnam-Handbuch
ISBN 3-89416-661-7

Amerika

Amerika von unten (Reise Story)
ISBN 3-9800975-5-2
Argentinien/Urug./Parag.
ISBN 3-89662-051-7
Atlanta & New Orleans
ISBN 3-89416-230-9
Barbados
ISBN 3-89416-639-8
Canada Ost/USA Nord-O
ISBN 3-89662-151-3
Canadas Westen mit Alaska
ISBN 3-89662-157-2
Chile & Osterinseln
ISBN 3-89662-054-1
Costa Rica
ISBN 3-89416-641-x
Dominikanische Republik
ISBN 3-89416-643-6
Ecuador/Galapagos
ISBN 3-89662-055-x
Guatemala
ISBN 3-89416-214-7
Hawaii
ISBN 3-89416-860-9
Honduras
ISBN 3-89416-666-5
Kolumbien
ISBN 3-89662-058-4

Amerika

Lateinamerika BikeBuch
ISBN 3-89662-302-8
Mexiko
ISBN 3-89662-310-9
Panama
ISBN 3-89416-671-1
Peru/Bolivien
ISBN 3-89662-330-3
Radabenteuer Panamericana (Rad & Bike)
ISBN 3-929920-13-1
San Francisco
ISBN 3-89416-232-5
St. Lucia, St. Vincent, Grenada
ISBN 3-89416-624-8
Traumstraße Panamerikana (Reise Story)
ISBN 3-9800975-3-6
Trinidad und Tobago
ISBN 3-89416-638-x
USA/Canada
ISBN 3-89662-154-8
USA/Canada Bikebuch (Rad & Bike)
ISBN 3-929920-17-4
USA mit Flugzeug und Mietwagen
ISBN 3-89662-150-5
USA, Gastschüler in den
ISBN 3-89662-163-7
USA für Sportfans
ISBN 3-89416-633-9
USA-Westen
ISBN 3-89662-165-3
Venezuela
ISBN 3-89662-040-1

Ozeanien

Neuseeland Campingführer
ISBN 3-921497-92-2
Neuseeland (Reise Story)
ISBN 3-921497-15-9
Bikebuch Neuseeland (Rad & Bike)
ISBN 3-929920-16-6

Wasser und Sand

Urlaubshandbücher für Wasserwanderer, Strandfans, Inselstürmer, Ostseeliebhaber und Leute, die einfach nur ausspannen wollen. Hunderte von Adressen, detaillierte Tips, verläßliche, praktische Angaben: Urlaubshandbücher von REISE KNOW-HOW

Ostseeküste Schleswig-Holstein
336 Seiten, 17 Karten und Pläne, durchgehend illustriert,
ISBN 3-89416-631-2

Rügen/Hiddensee
336 Seiten, 16 Stadtpläne und Karten, durchgehend illustriert,
ISBN 3-89416-654-1

Mecklenburg-Vorpommern Binnenland
312 Seiten, 19 Karten und Pläne, durchgehend illustriert
ISBN 3-89416-615-0

Wasserwandern in Mecklenburg und Brandenburg
20 Routen, 288 Seiten, 22 Karten und Pläne, durchgehend illustriert
ISBN 3-89416-221-x

je DM 19.80 - 24.80

Langfristige Sommerferienregelung

Bundesland	1999	2000
Baden-Württemberg	29.7-11.9.	27.7.-09.9.
Bayern	29.7.-13.9.	27.7.-11.9.
Berlin	15.7.-25.8.	20.7.-30.8.
Brandenburg	15.7.-25.8.	20.7.-30.8.
Bremen	22.7.-01.9.	13.7.-23.8.
Hamburg	15.7.-25.8.	20.7.-30.8.
Hessen	01.7.-11.8.	22.6.-02.8.
Mecklenburg-Vorpommern	15.7.-26.8.	20.7.-30.8.
Niedersachsen	22.7.-01.9.	13.7.-23.8.
Nordrhein-Westfalen	17.6.-31.7.	29.6.-09.8.
Rheinland-Pfalz	01.7.-11.8.	22.6.-02.8.
Saarland	01.7.-11.8.	22.6.-02.8.
Sachsen	22.7.-01.9.	13.7.-23.8.
Sachsen-Anhalt	22.7.-01.9.	13.7.-23.8.
Schleswig-Holstein	15.7.-25.8.	20.7.-30.8.
Thüringen	22.7.-01.9.	13.7.-23.8.

Bundesland	2001	2002
Baden-Württemberg	26.7.-08.9.	25.7.-07.9.
Bayern	26.7.-10.9.	01.8-16.9.
Berlin	19.7.-29.8.	04.7.-17.8.
Brandenburg	19.7.-29.8.	04.7.-14.8.
Bremen	28.6.-08.8.	20.6.-31.7.
Hamburg	19.7.-29.8.	04.7.-14.8.
Hessen	21.6.-01.8.	27.6.-09.8.
Mecklenburg-Vorpommern	19.7.-29.8.	04.7.-14.8.
Niedersachsen	28.8.-08.8.	20.6.-31.7.
Nordrhein-Westfalen	05.7.-15.8.	18.7.-28.8.
Rheinland-Pfalz	28.8.-08.8.	04.7.-16.8.
Saarland	21.6.-01.8.	27.6.-07.8.
Sachsen	26.6.-08.8.	20.6.-31.7.
Sachsen-Anhalt	28.6.-08.8.	20.6.-31.7.
Schleswig-Holstein	19.7.-29.8.	04.7.-14.8.
Thüringen	28.6.-08.8.	20.6.-31.7.

Ferienwohnungen in Zingst

Für Ihre schönste Zeit des Jahres...
bieten wir Ihnen im Ostseebad Zingst, zwischen den Hansestädten Rostock und Stralsund, auf der Halbinsel Fischland-Darß, mitten im Herzen des idyllischen Nationalparks Vorpommersche Boddenlandschaft, das wohnliche Ambiente in unseren komfortabel eingerichteten Ferienwohnungen.

- 40 m² - 110 m² FeWo / Häuser
- komplette Ausstattung für 2-9 Personen
- Spülmaschine, Radio, Farb-TV, Sat
- teilw. Waschmaschine, Trockner
- Kinderbett, Hochstuhl
- Balkon oder Terrasse
- PKW Einstellplatz
- ganzjährige Vermietung

Avest Immobilien GmbH
Vermietungsservice
Zur Post 19
49479 Ibbenbüren
Tel.: 05451/968911; Fax: 968920

Anhang

Register

151omv Foto: ph

150omv Foto: ph

Die Autoren

Die Brüder ***Peter*** und ***Rainer Höh,*** 1956 bzw. 1955 auf der Schwäbischen Alb geboren, arbeiten beide seit langem als Reisejournalisten und Buchautoren.

Im REISE KNOW-HOW Verlag Peter Rump sind außendem die Bücher „West-" und „Ost-Harz", „Wasserwandern in Mecklenburg/Brandenburg", „Ostseeküste Mecklenburg", „Rügen, Hiddensee", „Thüringer Wald", „Litauen mit Kaliningrad" und „Outdoor-Praxis" von ihnen erschienen.

Kartenverzeichnis